敦煌學論稿
上冊

姜亮夫　著

總序

　　浙江，我國「自古繁華」的「東南形勝」之區，名聞遐邇的中國絲綢故鄉；敦煌，從漢武帝時張騫鑿空西域之後，便成為絲綢之路的「咽喉之地」，世界四大文明交融的「大都會」。自唐代始，浙江又因絲綢經海上運輸日本，成為海上絲路的起點之一。浙江與敦煌、浙江與絲綢之路因絲綢結緣，更由於近代一大批浙江學人對敦煌文化與絲綢之路的研究、傳播、弘揚而令學界矚目。

　　近代浙江，文化繁榮昌盛，學術底蘊深厚，在時代進步的大潮流中，湧現出眾多追求舊學新知、西學中用的「弄潮兒」。二十世紀初因敦煌莫高窟藏經洞文獻流散而興起的「敦煌學」，成為「世界學術之新潮流」；中國學者首先「預流」者，即是浙江的羅振玉與王國維。兩位國學大師「導夫先路」，幾代浙江學人（包括浙江籍及在浙工作生活者）奮隨其後，薪火相傳，從趙萬里、姜亮夫、夏鼐、張其昀、常書鴻等前輩大家，到王仲犖、潘絜茲、蔣禮鴻、王伯敏、常沙娜、樊錦詩、郭在貽、項楚、黃時鑑、施萍婷、齊陳駿、黃永武、朱雷等著名專家，再到徐文堪、柴劍虹、盧向前、吳麗娛、張湧泉、王勇、黃征、劉進寶、趙豐、王惠民、許建平以及馮培紅、余欣、竇懷永等一批更年輕的研究者，既有共同的學術追求，也有各自的學術傳承與治學品格，在不同的分支學科園地辛勤耕耘，為國際「顯學」敦煌學的發展

與絲路文化的發揚光大作出了巨大貢獻。浙江的絲綢之路、敦煌學研究者，成為國際敦煌學與絲路文化研究領域舉世矚目的富有生命力的學術群體。這在近代中國的學術史上，也是一個值得關注的現象。

　　始創於一八九七年的浙江大學，不僅是浙江百年人文之淵藪，也是近代中國社會科學與自然科學英才輩出的名校。其百年一貫的求是精神，培育了一代又一代腳踏實地而又敢於創新的學者專家。即以上述研治敦煌學與絲路文化的浙江學人而言，不僅相當一部分人的學習、工作與浙江大學關係緊密，而且每每成為浙江大學和全國乃至國外其他高校、研究機構連結之紐帶、橋梁。如姜亮夫教授創辦的浙江大學古籍研究所（原杭州大學古籍研究所），一九八三年受教育部委託，即在全國率先舉辦敦煌學講習班，培養了一批敦煌學研究骨幹；本校三代學者對敦煌寫本語言文字的研究及敦煌文獻的分類整理，在全世界居於領先地位。浙江大學與敦煌研究院精誠合作，在運用當代信息技術為敦煌石窟藝術的鑑賞、保護、修復、研究及再創造上，不斷攻堅克難，取得了舉世矚目的成就，拓展了敦煌學的研究領域。在中國敦煌吐魯番學會原語言文學分會基礎上成立的浙江省敦煌學研究會，也已經成為與甘肅敦煌學學會、新疆吐魯番學會鼎足而立的重要學術平臺。由浙大學者參與主編，同浙江圖書館、浙江教育出版社合作編撰的《浙藏敦煌文獻》於二十一世紀伊始出版，則在國內散藏敦煌寫本的整理出版中起到了領跑與促進的作用。浙江學者倡導的中日韓「書籍之路」研究，大大豐富了海上絲路的文化內涵，也拓展了絲路文化研究的視野。位於西子湖畔的中國絲綢博物館，則因其獨特的

絲綢文物考析及工藝史、交流史等方面的研究優勢，並以它與國內外眾多高校及收藏、研究機構進行實質性合作取得的豐碩成果而享譽學界。

現在，我國正處於實施「一帶一路」偉大戰略的起步階段，加大研究、傳播絲綢之路、敦煌文化的力度是其中的應有之義。這對於今天的浙江學人和浙江大學而言，是在原有深厚的學術積累基礎上如何進一步傳承、發揚學術優勢的問題，也是以更開闊的胸懷與長遠的眼光承擔的系統工程，而決非「應景」、「趕時髦」之舉。近期，浙江大學創建「一帶一路」合作與發展協同創新中心，舉辦「絲路文明傳承與發展國際學術研討會」，都是在新的歷史條件下邁出的堅實步伐。現在，浙江大學組織出版這一套學術書系，正是為了珍惜與把握歷史機遇，更好地回顧浙江學人的絲綢之路、敦煌學研究歷程，奉獻資料，追本溯源，檢閱成果，總結經驗，推進交流，加強互鑑，認清歷史使命，展現燦爛前景。

浙江學者絲路敦煌學術書系編委會

二〇一五年九月三日

説明　出版

　　本書系所選輯的論著寫作時間跨度較長，涉及學科範圍較廣，引述歷史典籍版本較複雜，作者行文風格各異，部分著作人亦已去世，依照尊重歷史、尊敬作者、遵循學術規範、倡導文化多元化的原則，經與浙江大學出版社協商，書系編委會對本書系的文字編輯加工處理特做以下說明：

　　一、因內容需要，書系中若干卷採用繁體字排印；簡體字各卷中某些引文為避免產生歧義或詮釋之必須，保留個別繁體字、異體字。

　　二、編輯在審讀加工中，只對原著中明確的訛誤錯漏做改動補正，對具有時代風貌、作者遣詞造句習慣等特徵的文句，一律不改，包括原有一些歷史地名、族名等稱呼，只要不存在原則性錯誤，一般不予改動。

　　三、對著作中引述的歷史典籍或他人著作原文，只要所注版本出處明確，核對無誤，原則上不比照其他版本做文字改動。原著沒有註明版本出處的，根據學術規範要求請作者或選編者盡量予以補註。

　　四、對著作中涉及的敦煌、吐魯番所出古寫本，一般均改用通行的規範簡體字或繁體字，如因論述需要，也適當保留了一些原寫本中的通假字、俗寫字、異體字、借字等。

　　五、對著作中涉及的書名、地名、敦煌吐魯番寫本編號、石窟名

稱與序次、研究機構名稱及人名，原則上要求全卷統一，因撰著年代
不同或需要體現時代特色或學術變遷的，可括注說明；無法做到全卷
統一的則要求做到全篇一致。

書系編委會

目次

上冊

我與敦煌學

　　在成都讀書時，先生講中國歷代的書厄，孔壁、汲冢是我們很注意的發現。敦煌也發現大批文物，雖然也第一次聽見了，然而不很在心，只在讀詞時，先生介紹過《彊村叢書》中的《雲謠集曲子詞》，說是敦煌出土的。到了清華，接觸漸多，尤其是靜安先生，經常要介紹羅振玉印行的書，到圖書館借讀，也不過視為一種難得的資料，在我寫《尚書新證》時，從《涵芬樓秘籍》中，借讀過《堯典釋文》殘卷，漸漸有些認識，此後在一切研究中，往往也借點這類印本來參照一下。

　　在巴黎遇舊友王重民，他正在國民圖書館繼續編伯希和的敦煌卷子目錄。他同我說，有些關於韻學的卷子，邀我去看看，到我自己發現陸法言《切韻》諸卷，及《道德經》、《詩經》卷子，覺得極有價值，於是貪看下去，繼而攝片、抄錄、影寫，都幹得起勁，每天去國民圖書館寫本部借卷子，早出晚歸，只有敦煌卷子，忘了一切。向覺民先生在倫敦知道了，也寫信要我去倫敦看英國博物館的卷子，同時我在一些博物館，也盡量攝影像片，於是這條繩子，愈拉益長益緊，我拋棄了學習考古學的計畫，如瘋似狂的抄、攝。等到歸國前，共得其他

文物藝術製片千餘張，敦煌製片四百餘張。七七事變前三日，由西伯利亞從虎口逃到北京，悲感極多，而千餘張文物藝術製片，在八一三後逃難中，損失幾盡。曾寫出的一篇《歐洲訪古記》曾寄《國聞週報》而未發表也遺失了，僅僅剩得敦煌製片三百張不到一點，更加珍惜。這三百張製片，對我有種最大的壓力，在日寇侵華到處飛機轟炸，至為凶殘的情況下，覺得整理這點點個人所得的遺產，成了我不容推諉的責任。在這個惶恐哀傷的時日，上戰場殺敵不可能，把殺敵精神，用在對敦煌經卷研究的抻搏上去，是我在抗戰中的「責任」。於是第一步把所得的卷子，分類寫成個總目，將按此總目作研究。於是預備了一些參考書，陳垣的北京圖書館所藏卷子總目，伯希和目，斯坦因目，大谷光瑞目，從頭一一檢看。最多的佛經，確是我最難的對手。於是先弄一下佛教經典目，尋了略近十種《大藏經》目，做一個總目，來與陳、伯、斯、大等目對勘，又把三種《高僧傳》也做了一份總檢目，前前後後，這等工具都弄好了，我才在三百餘種目中，選定先後整理計畫，因為材料是語音部分比較全，所以從韻書入手，又把王靜安先生與劉半農君所錄切一、切二、切三及王仁昫《切韻》，與我的原卷，細細校對一番，使我打下了對卷子的是非得失認識的基礎，才開始作研究。而研究開始前，非得將卷子整理清楚不可，這是最最初步的工夫，所以用了一年半的工夫，親自抄寫了一份清稿。原來我在國民圖書館閱讀時，有幾種方法、方式：（一）是抄錄全稿。（二）是攝影影片。在抄錄中為清正時著想，所以針對原卷情況，用了三套寫法：（一）是照抄原文。（二）是用透明紙影寫匡格、版心及其殘斷的痕跡，而在四邊配上大字。即主要字，而非註語、反語等等。（三）是詳細記錄了每一紙的詳細情況。到這次清正時，先請兩個學生，將匡格一紙，先描繪於正式紙上，將我的抄片，點點滴滴配抄在上面，而要

時時參證我的記錄。我然後用這個學生抄片，細細與影片核對無誤，又把殘痕配入。然後用正式清寫的夾紅連士紙，影寫在這個抄片上，親自一筆一畫的描寫文字、殘痕。每一張清正本，至少花了八至九次的工力，花了八九張大紙。所以清正本，可能是第九張。我真是不惜代價——我的目力的代價。每天除授課外，平均八至十個小時，安排在這份清本上，大概是二天半至三天清寫出一張來。（在法、英抄寫時，有件至今以為耿耿的事。是卷子上有塵灰糊滿的，用老人牌刀片，輕輕的刮，刮不了的，用口液一點點輕貼一下，看出來一個字，寫一個字，往往一天只能寫二三行，到全部摹印完畢後，我的近視增加了六百度。）我又繼續為各卷作考證。主要是考定了陸法言《切韻》這個系統的各種應考事件，及王仁昫《刊謬補缺切韻》的韻部分合，把這二十多種韻書弄完，於是今本《廣韻》的母本，亡失了千餘年的陸詞《切韻》，算是恢復了，替文化史上復活了一種重要典籍，命名為《瀛涯敦煌韻輯》二十四卷。我也自取一個齋室名為成均樓。隔了近二十年，在上海印行。但令人非常歉疚的是論部、譜部兩部分，由於我正在重病，出版時的清本，是由一位農村來的青年為寫的，他文化水平不高，當時我病，未曾親校，所以多有錯誤，預備重版時，一一改正，以釋咎意。後來日本及臺灣、香港等地區，都曾把這個原本翻印過去，所以我們雖只印六百部，而這三處翻印的確在數萬部之多。

　　接著我把其餘部分，並加入了些莫高、榆林兩窟的藝術材料，編成一部《敦煌學志》，一面我把其中若干卷材料，凡友輩願為之考證者，各為之研究一二卷。其中已有成果者，有蒙文通的《老子研究》，金毓黼的《唐令品考》，徐仁甫的若干卷《切韻》考，而唐文播君於《老子》用功至勤，我更根據這些文章，重加整理，成了《道德經綜考》。我內子陶秋英，我也請她協助。她為我整理了《諸韻書正俗字譜》及

《釋氏》、《寫生、經生》、《寺觀》三錄。這些文章，統統收入了我的
《敦煌論文集》、《瀛涯敦煌韻輯》與《莫高窟年表》三書中。但《敦煌
志》一書，一則分量不小，一則有些部分在昆明時被友人、學生借
閱，頗有遺失，所以解放後，我把它分裂成為《文化寶庫》及若干種
待印稿本。

　　我自己細細審視我的這些業蹟，大抵成於教學餘暇之時，亂離逃
竄之中，到現在，偶爾翻到，很願能有餘力，一一為之清寫，為之核
對，為之改正，但同時又覺得手邊還有很多材料，也應一一交給人民
才是。譬如我的古代史、近代學術史、漢語語言、文字學等，真正我
心甘情願搞的「活路」，全部都還在睜著眼等著我。我又怎樣辦？因而
自己原諒，只要勉強有七八成，勉強拿得出，姑且拿出，與國人共究
之，所以有許多，只能說是種「工具」，也出籠了，對未來研究，也起
些作用，反正在我有生之年，我不會偷懶，但求少些干擾，可能多點
成就，如此而已。

　　我與敦煌學關涉的事還有不少，但平列一些事象，有什麼好處
呢！我無做一個敦煌學專家的野心。我只是一個「但開風習不為師」
的人而已。所以謹就寫成《瀛涯敦煌韻輯》一書的編寫經過，用來作
研究此學的一個方法方面的參考。

敦煌學論文集序

余旅法之次年，遊覽巴黎八十餘所博物館及諸藏室殆遍，多見故國文物珍貴，遂發憤重選可貴者，攝影記錄得三千餘件，寫訪古記萬餘言寄《國聞週報》，此時友人王君有三，為法國國民圖書館續編伯希和 P. Pelliot 所得敦煌卷子，時時為余稱頌，促余參此一盛業，相約以韻書字書為主，余遂排日往國民圖書館寫本部，宣讀卷子。後遂泛於全部經軸，得影本抄本及記錄約四百餘卷。此時向覺民君在倫敦為北京圖書館製敦煌卷子，余因就向君處求翟里斯借讀諸故書儒道經卷凡得百餘卷，一依例寫之，中間亦去柏林、羅馬，所得甚少，無可觀者。

盧溝橋事變之前三日，余自歐洲歸北京，與故都舊友相會。八一三上海難作，余方曝書於蘇州干將坊，十九日蘇州空城避敵人飛鳶，旅舍促余離去，無所歸，因思入滬。車至真如停不前，親見敵機炸商務印書館、東方圖書館，即電話詢滬中友人請為察看寶山路藏書，正延燒不可知矣，數週不熄，則素日節衣食所得舊籍二萬卷成灰燼矣。將斷炊，乃受東北大學之聘，於白下藍家莊友人家，勉攜兩篋殘稿，匆匆渡江至西安，急求中國旅行社，代運蘇之居停主人鮑姓干將坊所

曝書，社覆電同意，不意主人周折，此八千餘卷校好書冊稿件亦耗矣。琴書飄零，無以為生。次年與新婦質三臺北山下樓屋二間，無所事，惟歐洲所得敦煌各種經卷幸得隨，乃日伏長廊中，與妻相對嘩啄，三年成《韻輯》二十四卷，《經籍校錄》六卷，《敦煌文錄》四卷，《莫高資料編年》十二卷，《敦煌志》十卷（後解散為通俗讀物曰《敦煌——偉大的文化寶藏》）等六種，及別成《敦煌識小錄》六種，吾妻養病簀前，憐余勞，為錄成書曰：一、《隋唐宋韻書正俗字譜》，二、《敦煌釋氏錄》，三、《經卷題名錄》，四、《敦煌寺名錄》，五、《敦煌寫生錄》，六、《唐五代敦煌坊巷錄》。一九四〇年移硯昆明，與清華、北大舊友相值，有商量之樂，遂又輯不入上列各書之單篇論著為《論文集》，先後得二十餘篇，又求之通人，為考研各卷，如蒙文通之於《老子》，金君毓黻之為《唐官令品考》，徐君仁甫為《諸韻書卷子考》，而學友唐文播校《老子》最謹嚴，皆輯為論文，凡收文八篇共為《論文集》。余行能無似，徒以勞瘁於此種故紙堆中之事當有了時，此一集可謂了一事矣。此為余敦煌學之第一次結集，甲申六月，時在昆明翠湖畔。

乙卯冬，女兒自富陽歸，「吾儕相對復三人」，女樂依膝下，為整齊插架書籍，遂發憤為余編次所著書，自覺關涉敦煌者雜而多端，遂商量重排舊稿，其可類者類之為一書，計得完稿九種，《敦煌文錄》大殘，然尚有目可尋，惜之亦附之，定為《敦煌十書》，非謂其專於此而有大獲，實則敝帚自珍，且余一生精力，憔悴於此，世有知者，或能為壽之棗梨。私以為亦可作學術鼓吹，亦所甚願也，不然則藏之以待後之知吾書者。十種計：（一）《瀛涯敦煌韻輯》二十四卷已印，（二）《敦煌——偉大的文化寶藏》已印，（三）《瀛涯敦煌經籍校錄》四卷，（四）《莫高窟年表》十二卷，（五）《瀛涯敦煌雜錄》，（六）《敦煌學

論文集》四卷，（七）《敦煌識小錄》五種，（八）《敦煌隨筆》，（九）《王國維劉復兩先生所錄倫敦巴黎藏原寫本切韻校記》九卷，（十）《敦煌文錄》。此次結集，近似誇飾，其實則大病之後，恐不能永世，自為總結，其情至可悲也。

十年動亂余損失甚重，即以此論文集而論，余所最重視《翟奉達傳》、《尚書堯典殘卷疏證》、《漢魏毛詩音考》、《唐末五代敦煌寺觀經籍雜考》等文遍覓不得，可能皆已佚失，然記憶中，似有友輩借觀，或求教於人而未歸還者，其事難言，但冀其留在人間者，能漸得歸來，實為大幸。

此次整理，凡十書中可擷採篇章大體系統入錄，其入錄以兩則為準：一則其所論斷對敦煌學稍有貢獻者，不論鉅細錄之，故吳彩鸞寫韻，事近小說，以其可能關係韻書體式、李唐當世風習也。又如《曹氏世譜》，由題詞彙成，所關於瓜沙兩世家史事雖不為重，然於應用史料，可為兼收並蓄之一例而錄之。一則與研習敦煌史料有關之工具篇章，亦盡傳之，如釋氏名、寫生、寺塔諸錄，實可為研究敦煌學者一種「座標」，就此座標，可參證比例以定每一經卷壁畫之年代、作者等事，於此學至為有用，故錄之以附於卷末。

又如校錄一組中，僅用《詩》、《書》兩類，而省去《周易》、三《傳》、《禮記》諸卷，則以治《詩》、《書》者為最多，故留《易》、《禮》、三《傳》以待之將來，亦以省此輯之繁重也。於是丙辰所定《敦煌十書》，遂又割裂不成體制，俟將來更定之矣。

至本集所錄各文，似有未盡其蘊，應更進而論之者，凡此等篇章有不能已於言者：

（一）《韻輯補逸》十二紙，全為《韻輯》各卷殘段，其考證論定方法，皆一切同於《韻輯》各卷，以其同，故不更瑣瑣離析分事述之，

但定其為某卷之裂而已，其中自不無新例，讀者自可依故轍定之。

（二）《隋唐宋韻書反切異文表》與《諸隋唐宋人韻書小韻韻次異同考》等文，以歷史統計學論之，似尚可作若干小結，此事余自優為之，即吾助手女兒輩亦優為之，而不為者，其術多方，結之不勝其結，遂使說之不勝其說。一俟讀之者，自釋之、自為之為便，故遂略而不言。

（三）騫公《楚辭音》跋一文，主要含義重在《楚辭》，故輯人《楚辭論文集》中，此卷但為敘錄而已。

此次結集，不僅與上兩次大異，而刪除至多者，僅存稍愜當之作與可助研習有用之工具各篇，其所割棄，當視生命延續之長短而漸選錄成書，衰朽盲翁，非欲以悲情示人也。讀此序時請參集中《我與敦煌學》、《敦煌學規劃私議》、《敦煌學必須容納的一些古蹟文物》諸文。

敦煌學概論

第一講　我與敦煌學

　　我是從一無所知慢慢走到喜愛敦煌學的，其間經歷，相當艱苦，許多條件不允許我做得很痛快，是輾轉地想著法子，拼拼湊湊地把這個工做作下去的。現在想起這段經歷來，一面覺得有些不舒服，另一面卻又感到非常高興：因為在條件如此不充足的情況下，居然讓我做成了一些事。

　　敦煌學之所以吸引了我，與我的興趣及我的家庭教育和老師教育有關。近年來，我有一個關於教育的設想：就是一個做科研工作的人一定要同他自身的一切條件相配合。條件有兩種：一種是生理條件，一種是社會環境。譬如一個人記憶力很好，他可能搞歷史，另一個人理解力很強，他就適於搞哲學或自然科學。所以，一個人生理上的特點，與他的前途、成就，有很大的關係。在此，我想講講自己生理上的優劣。老師、親友往往說我的天賦是比較強硬的，但是，我自己覺

得是一個很遲鈍的人。也因為遲鈍，才引出幾件事情來。其一是我一輩子不做欺騙人的事情，一輩子讀書都是規規矩矩，老老實實，從頭做起，不敢偷懶的。也就是說自己知道廉恥。孔子曰：知恥近乎勇。因此，我在學術研究道路上，就有一種毫不為人所難的脾氣。三十年代，在很艱難的條件下，靠教書積攢起來的幾個錢，到歐洲去。假如沒有這個戇脾氣，我自然也不會鑽進敦煌學，因為那個時候，我沒有地位和經濟支持。等我到了巴黎，看過幾十個博物館以後，才下決心把我國文物搞回來。為此，我連從巴黎大學得博士學位的機會也放棄了，聽從王重民先生的話，加入他們的行列。這個行列，當時在歐洲祇有三個人：王重民、向達和我。他倆是以公費到歐洲去的，我卻是自費的。因此，我奮鬥的範圍是比較小的，王重民先生分我搞漢語音韻，我自己稍微擴大了一點，也搞儒家經典、道家經典等卷子。假如我不是戇頭戇腦的話，哪個不想得個博士學位歸國呢！生性使我這樣。另一方面是家庭和老師的教育。我父親是雲南東部昭通十二州縣光復時的領導人之一，年輕時，就接受梁任公、章太炎先生的影響，是非常愛國的人。他平常教我愛國思想，從小就要我讀格致教科書等科學知識的書。總結父親給我的影響，主要是這兩方面。有一回，我躲在稻草堆下看《紅樓夢》，被父親發現了。他啟發我：孩兒，你要看《紅樓夢》，是怎麼看的？講給我聽聽。我怎麼講得出來，不過是看故事嘛！父親就說：裡邊的人仔細看看，到底有哪些人？你給我找出分別來。我得了這個題目，《紅樓夢》是仔仔細細地看過的。所以，現在還稍稍有點《紅樓夢》的知識，雖然，從那以後，我不看了，從中學畢業到考上大學，再也沒有看過。我想我的情況對大家會有所啟發的，所以，希望大家了解自己，首先了解自己應該走甚麼路。譬如搞敦煌學罷，有的人對搞佛教經典有興趣，有的人對搞儒家經典有興

趣，有的人可能有興趣搞歷史，也有的人想搞藝術，等等，因人而異。你們對於自己的思想、生活及性情脾氣有個了解以後，走起路來是輕快的，是能夠堅持到底的。不然的話，見異思遷就完了。我父親有一件事情使我非常感動，他喜歡文天祥的《正氣歌》，幾乎每年都要寫一次，並且都寫成大的條屏，可以在牆上掛的。所以，我八歲時就把它背熟，父親給我講解。我一生之所以有一些愛國主義思想，恐怕要數父親的影響來得大。

我也有缺點，一生脾氣很戇的，到處和人家不合。解放初，我沒有發表過一篇文章，因為拿出去，人家不歡迎，發表以後要受批評的，所以，就不發表，這是我的缺點。我不大連繫群眾，但是，我一生職業是教書，所以，我對青年是熱愛的。為了青年，再大的苦我都吃得，這也是我的脾氣。

我從事敦煌學，也同這脾氣有關。早年在四川讀書，一位老師教我讀詩詞，告訴我朱彊村的《彊村叢書》收的第一種詞集是敦煌發現的，即《雲謠集曲子詞》。從此，我開始知道敦煌有材料，但是，還不懂。後來到北京讀書，王國維先生經常告訴我們：某個東西敦煌卷子裡邊有，你們去看看罷！某個東西敦煌卷子裡邊也有，你們去看看罷！因此，我經常去清華圖書館找敦煌的東西看，從此，產生興趣。及到後來，見了王重民，要我去搞敦煌的音韻卷子，我同意了。抄了許多卷子，拍了許多照片，又看了許多壁畫。伯希和的《敦煌圖錄》給我很大的啟發，在這本書裡，我發現我們整個文化史裡許許多多的東西，突然愛好敦煌藝術了。抗戰期間，我又在四川，他們組織了一個敦煌藝術研究所籌備委員會，請了三個人：向達、常書鴻和我，要我們到敦煌去設計一下。向達和常書鴻去了，我沒有去。向達回來告訴我：敦煌藝術的體系是怎麼樣子的，又給我看了許多照片，更激發

我對敦煌藝術的愛好。當時，我在四川三臺的東北大學教書，由於找不著材料，身邊祇有從巴黎拍攝回來的幾百張敦煌卷子的照片。既然不能研究敦煌藝術，就研究敦煌卷子罷！但是，時刻想唸著敦煌藝術。這個時候我在讀五代人的詞，看到許多同敦煌藝術有關係的材料。記得有個學生來問我：《木蘭詞》的「對鏡貼花黃」怎麼個講法？他說：我們看了若干書，都講不出來。我說我從《敦煌圖錄》裡看出來了。原來唐末五代的婦女喜歡剪些花鳥貼在臉上，譬如剪個蝴蝶、牡丹花，甚麼蟲鳥之類，貼在臉上。後來我又在溫庭筠的十八首《菩薩蠻》詞（專講婦女裝飾的）中下功夫，拿敦煌文物來證明溫庭筠的詞，得到了説明。不過，我這個説法多少還是一種感性認識，還沒有落到理性，等到我在三臺做了三年多的研究工作，完成了《瀛涯敦煌韻輯》之後，才從感性轉到理性。這裡不單單是讀讀詩詞而已，而是整個敦煌文物都在説明與中國全部文化有關係。因此，我轉而搞歷史，搞音韻學。這個時候，我完成了幾個東西，一個是《瀛涯敦煌韻輯》，一個是敦煌傳記，譬如關於敦煌王的傳記，那時稱陀西王，有兩家：張家和曹家。我給他們作了很詳細的注解，補了《唐書》和《五代史》。還寫了一篇關於敦煌科學家的傳。以上是我從事敦煌學研究的兩個階段，從藝術品慢慢地轉入遺書。到現在為止，我仍然以敦煌卷子為基礎，到底有些甚麼結果，很難説。我也不敢説我取得的一些結果就完全成熟了，現在也還想加深，修訂。

把五十年來的成果，一樣一樣地説一説，可能對從事敦煌學研究的同仁有些幫助。我的成果大體可以分為兩大類：一類是校錄，即將敦煌卷子拿出來校對並抄錄，有次序有系統地搞；一類是研究。校錄工作往往為研究工做作基礎，根據校錄好的材料進行研究。但是，我的研究工作追不上校錄工作，因此，現在還有不少校錄的東西祇能成

為校錄，沒有法子進行研究。當然這也是直接與敦煌學有關係的東西。

另外，是為敦煌學而做的工具性的東西，譬如我把敦煌所出的佛教經典做了個統計，得了一個結果，對我們將來研究敦煌學可能有用處。

我還做了一些敦煌卷子的摘錄。這些東西沒有法子考證，而是為以後研究提供一種方便的。譬如說敦煌卷子有一個尺度：卷子多大、多長，每行多少字等，有一定規矩。這個卷子寫完以後，最後寫甚麼人寫的，誰翻譯的，也有一定規矩。我就把敦煌大德、敦煌寫僧、敦煌寺觀全部摘錄下來，讓研究敦煌的人，根據我的摘錄，推測其他沒有著錄的卷子的時代。從哪個經生寫的，可以知道這是哪個時代的卷子；從某個經典有這個人名字，可以知道它是甚麼時候寫的；這個經典是哪個廟宇的，祇要看看這個廟宇的相同經典，就知道了等等。所以，現在研究卷子的人，都可以利用我這個摘錄做工作。這種校錄工作很大一部分是工具性的東西，要稍稍多講幾句。編工具書這件事，我們研究學問的人，非做不可，可惜有些學人不大看得起工具書和編工具書的工作。回憶我的老師王國維先生，他每研究一種學問，一定先編有關的工具書，譬如他研究金文，就先編成了《宋代金文著錄表》和《國朝金文著錄表》，把所能收集到的宋代、清代講金文的書全部著錄了。他研究宋元戲曲，先做了個《曲錄》，把宋元所有的戲曲抄錄下來，編成一書。所以，他研究起來，就曉得宋元戲曲有些甚麼東西，哪個戲最早，哪個戲最後，哪個戲同哪個戲的關係怎樣，歷史關係怎樣，地理關係怎樣，人物關係怎樣等等，都清清楚楚。他的《宋元戲曲史》雖然是薄薄的一本書，但是，至今已成為不可磨滅的著作。因為他的東西點點滴滴都是有詳細根據的。所以，我也喜歡做工具書，我不怕人家笑話我：你這個專家為甚麼編工具書，做一個編工具書的

人呢？我並不以此為恥，反而認為做工具書是我們每個學人應當負起的責任。如果我們每個學人都負起責任來做一些工具書的話，那麼，好些工具書都可以及早做出來了。舉一二個例子，顧頡剛先生在燕京大學教書，領著許多年輕同仁做「引得」。這些《引得》，把某書的某個問題完完整整地顯示了出來，我們現在都深得這八十一種《引得》的方便。我研究《楚辭》，也做了一個引得，因此，《楚辭》的每一個字共出現過幾次，也是清清楚楚的。研究起來，把有關的全部很方便地找齊，《楚辭》裡邊的這個字，總共有幾個意思，哪個是本義，哪些是後來變義，都可以辨得清清楚楚。所以，工具書是我們每個人都應當作的，直到現在，我做工具書的興趣也不減弱，甚至有許多東西，我乾脆就抄錄入家現成的。譬如我有一份劉師培先生著作的書目，就是把他做的書、文章，一條一條地抄錄下來的。我要是做起文章來，就把劉師培先生這個東西翻開一看，材料都在一起，就拿下來了。所以，工具書是一定要做的，現在的情況，是太少了。在我們研究所裡，要提倡這種風氣，每人都要爭取做一、二本工具書。你是研究《周禮》的，就做《周禮》的工具書；你是研究《尚書》的，就做《尚書》的工具書。這些東西也是我研究敦煌學的基礎，是我研究整個學問的一個極好的基礎。我的書桌上，書目一大堆，大概有一尺多高，都是我自己抄的，雖然它不是真正的敦煌學研究，但是，我研究敦煌學是確確實實這樣做的。譬如《瀛涯敦煌韻輯》這本書，寫好以後，我把它分類摘抄，反切抄一個，小韻抄一個，大韻抄一個……抄了五六種。不久前來了一個進修生，要讀《廣韻》，我就把這一套東西給他利用，結果把《廣韻》讀通了，也是靠工具書。

　　我的關於敦煌卷子的校錄，大概有如下幾種：一種是對經典的校錄，以《詩經》、《尚書》為最多。關於《詩經》和《尚書》的校錄，

我差不多完整了，所有敦煌卷子都收在裡頭了。我的《詩經》校錄，武漢大學有位教授要，我就抄給他了。他根據這個寫了一本書，叫《鄭康成毛詩箋》，所以說，這個東西是有用處的。《尚書》校錄，我仍在做，要努力做成的。除了《詩經》、《尚書》而外，我還有《春秋左氏傳》、《周禮》、《禮記》等校錄，看來不能再繼續了，沒有這份精力了。

第二種是諸子的校錄，集中力量搞《老子道德經》。所有敦煌《老子道德經》的卷子都抄錄完整了，並且已經寫成一篇二萬字的論文，題為《〈老子道德經〉的研究》。關於《道德經》，下面還要講，這裡先提兩件很有趣的事情，第一件是關於書名，《道德經》是現在的稱名，幾年前在山東銀雀山發現漢初寫本，不叫《道德經》，而叫《德道經》，倒轉過來說的。這是一個大寶，我的一個朋友得知以後，高興得很，寫信告訴我。我說在敦煌卷子裡已經發現了同樣的情況。第二件是關於字數。據《史記》說，《道德經》是五千言。不少敦煌的《道德經》卷子，每章標有字數，合起來為四千九百九十九字，僅差一字。有人說應當是五千零幾十個字，那麼，太史公講五千言的可靠成分到底在哪裡呢？我認為靠得住的成分是百分之九十五，靠不住是五千多兩字還是少兩字。可見，敦煌卷子可以證明史書的記載，這些都是很有趣味的東西，研究古籍的人遇到這樣的問題高興得很，所以，我做校錄是比較用力的。第三種是《道德經》以外的道家經書。佛教有個《大藏經》，是把佛教經典彙集起來的大書，故叫「大藏」。杭州大學有過一部《嘉興藏》，是在嘉興刻的，這是最了不起的《大藏經》，兩三年前被中國科學院宗教研究所調走了。這部書，據我所知，在全國祇有三個完整的本子，其他都殘了。這部書是明末人刻的，先在南京刻，後來在蘇州刻，最後在浙江完成，所以，取名叫《嘉興藏》，本名叫《徑山藏》，俗稱《嘉興藏》，其雕版大概早就毀掉了。道教也有類

似的書，宋代開寶年間刻過一部道家的藏經，稱《道藏》。《道藏》收的藏經，當然分量也很多，但是，我在敦煌卷子裡邊，細細地找，發現有《道藏》還沒有刻過的道經，就此做了一篇文章，叫《敦煌本道教佚經考》，引起國內學術界的重視。校錄工作祇是初步的，我對道教並沒有研究，祇是校錄，校出了這篇文章，成為大家重視的東西，也是我做校錄工作中自己比較滿意的東西。此外，還有韻書的校錄，我用了四個本子：一本是拍攝的照片，一本是抄錄的內容，一本是寫的提要，一本是做了匡格。韻書校錄是我最早完成的敦煌學研究工作，彙集成了《瀛涯敦煌韻輯》二十四卷這部大書。校錄中有很多很有意思的問題，如韻書卷子中有一卷，就是王仁昫那一卷，一個地方有一點胭脂，我很奇怪：為甚麼卷子上會有胭脂呢？問了很多人，都弄不清楚。我看過的卷子大概有六千多卷，沒有發現第二個有胭脂的卷子。那時我在四川三臺，和我愛人是兩張桌子兩塊硯，她講：這個東西是否有道理，從此我就注意了。翻了唐宋以來許多人的書，發現唐代、宋代、明代都有一個傳說，說唐代長安有位女仙人，叫做吳彩鸞，每天晚上都要抄一部韻書，拿去賣給赴考的讀書人，所以，吳彩鸞抄過若干部韻書。這番話假若是一個人寫的，也不足為奇，但是，唐、宋兩代人都寫，就連一生說話忠厚老實的歐陽修，在他的《歸田錄》裡也說了這件事，就是說，他也相信這一傳說。我認為有些道理，然後回想到這個卷子可能就是吳彩鸞抄的。於是，我著手研究為甚麼會有這個故事，我研究了唐代讀書人的風氣、唐代婦女的風俗習慣、唐代的考試制度等等，寫成一篇論文，就叫《吳彩鸞書切韻事辯》。大意是這樣：唐代婦女的性格不像宋以後婦女那樣軟弱，倒是很精明強幹的，肯定有這樣一部分人，幫助丈夫出去考試，寫一部韻書給他帶去。唐代人考試一定要做詩，做詩一定要做長律，做長律背不

了那麼多的韻，要家裡人幫他寫一部韻書，帶著進考場。所以，並不是說她每天晚上寫一部韻書，每天晚上寫一部韻書是文人好奇，故意擴充的，而是說有一個女人。這個卷子的字像女人筆跡，非常秀麗，不是男人手筆。唐代寫經人很多，三萬卷都是男人寫的，都是和尚、道士寫的，祇有這個卷子是女人筆調。所以，我就肯定這件事情是有的，不過，唐代人喜歡吹牛，所以，唐代傳奇把稀奇古怪的故事傳給大家，那時風氣如此。確實有一個婦女寫了這樣一部韻書，給了丈夫去考試，流傳下來就成為「女仙」。這件事情可以說明：我們每研究一樣東西，一定會牽涉到若干問題。在我們文化史上要有一點發現是不容易的。抓住一個敦煌卷子，可以做一輩子工作。我有一位年青朋友，讓我給他選一個卷子，他研究了三十年，還不敢肯定。這個卷子是說一個廟子裡的經濟，今天某佃戶借了幾升米，若干年以後，這個人還了好多米；某人又借了多少銀子，後來又怎樣……就是這樣一批帳目。我叫他去研究唐代寺院經濟同整個社會經濟的關係，他寫成了一篇論文，比較草率，我說你很多東西還不了解：你了解唐代的僧只律嗎？你了解唐代寺院裡的田地是不納稅的嗎？他又從頭到尾翻兩《唐書》，花了二年半的功夫，文章作了修改。結果還有較大的欠缺，我說除此而外，你還沒有比較，應該拿這篇文章同其他材料作比較，現在仍在修改中。所以，我們在文化史上做一件對我們文化有所幫助的事情，真是不容易。真正要做好這樣一篇文章，要花一輩子的精力。假如把這篇文章做好了，唐代整個經濟制度裡邊最重要的經濟組織部門也研究清楚了，這就是對我們文化史的大貢獻。向達先生寫成《唐代長安與西域文明》這部書，我很讚賞。後來，給他提了個意見，他也回了信。我說：你的書好得不得了，但是，我希望你在這裡邊選兩個突破前人的問題，深入研究，使第二個人不能在你這上面添加一分材

料，這樣文章寫上兩三篇就夠了。他對我的意見非常贊同，他說：那麼，你看我這本書還是本通俗書。我說我不敢說是通俗書，但是，我們更需要你做更詳盡、更精深的一兩篇文章，我們沒有第二個人能反駁你了，文章就算做到底了。

　　我研究敦煌學是如何開始的呢？七七事變的前兩天，我從莫斯科經西伯利亞，過偽滿洲國回到北京。我是逃出來的，那時候許多朋友勸我不要走這條路，和我同路的人有一個遇害了，我還好，總算冒險回來了。不過我帶回來的東西在滿洲裡被日本人全部拿走了。幸而關於敦煌學的這部分材料以及許多考古學的材料沒有帶在身邊，而是由一個公司給我寄回來的。到北京後，本來準備在北方教書，但是，情況不對，老朋友都勸我到南方來。就在我離京到天津的那天，盧溝橋事變發生了。天津站的站長也是我的老朋友，他要我趕快走，說這兩天天津也要發生事情。因此，我趕快到南方來，不幾天，果然盧溝橋事變又發展了，上海也開始抵抗了。於是，我帶著從法國運回來的書和照片，在蘇州一個小旅館裡，做起校書工作來。這與我搞敦煌學以及後來的發展很有關係，在當時條件下，這是我搞敦煌學的一個試驗。我用國外所得的敦煌材料，同國內已發表的校對，第一件工作是校對劉半農先生的《敦煌掇瑣》，對校的結果，使我無法繼續下去。劉先生這部書原是中央研究院刻的，錯誤很多，僅 S.2011 卷，即王仁昫《刊謬補闕切韻》一種，全卷共一千一百行字左右，可是，我校出來的錯誤竟有二千四百條之多。校完此書以後，我打定主意，將敦煌卷子裡的韻書部分進行全面整理，這是我研究敦煌學的第一件工作。東北大學從北京搬到西安，我跟到西安，後來又從西安搬到四川，我又跟到四川。《瀛涯敦煌韻輯》的稿子就是在哪裡搞出來的，花了整整的三年功夫。全書分二十四卷，是鄭振鐸先生給我印的，他當時是上海出

版公司的老闆。我花了三年功夫，得到的收穫是甚麼呢？我發現近來所有研究中國古代韻書的人基本上都用《廣韻》這部書，原來《廣韻》以前的韻書都亡佚了。我這部書剛好填補這個空白。

與此同時，我又寫成一本《敦煌志》，由於分量太大，沒法印出來。後來將總論部分改寫成白話，單獨出版，書名就叫《敦煌——偉大的文化寶藏》。這是我最早的成書，而《韻輯》是第二本。《敦煌志》除了總論以外，多已散失。為甚麼呢？我在西安時，把文稿寄往成都，不久就得到郵局通知，說有一條船在漢口至重慶之間，被日本飛機炸了。我寄出的文稿也蒙受大難，餵了魚。後來我把留下來的零零碎碎的稿子彙集起來，收在《敦煌學論文集》中。《敦煌志》雖然早損了，可是，我至今戀戀不忘，因為它收集了敦煌卷子中關於文學方面的卷子（包括詞、變文）以及歷史材料、社會材料，是很費了一點功夫的。抗戰勝利後，我到了上海，才看到日本大谷光瑞編的《敦煌文集》，覺得可補的東西太多了，所以，更惋惜《敦煌志》的亡佚了。將來有機會，我可能再補，但是，看看現在的身體，恐怕不大可能了，因此，希望別的同仁能把這個東西補起來。體例、規格，都存在於我的心裡，假使哪位同仁願意做這個工作，我把我的規格告訴他，我的材料也可以提供出來。

《敦煌學論文集》又是一本甚麼樣的書呢？此書共收論文三十八篇，已交上海古籍出版社，不久就可以出版。集中收集了我所有關於敦煌學的文章，其中不少是專門研究，也有作為工具書性質的文章。譬如《敦煌學私議》，就是關於研究敦煌學的詳細規劃。《三錄》即敦煌高僧的《名字錄》、敦煌抄卷子人的《名字錄》和敦煌的《寺觀錄》，根據《三錄》，可以核對全部的敦煌材料。譬如根據人名可以斷定卷子的時代；根據廟子的名字，可以看出這個廟子在甚麼年代存在；看見

寫僧的名字，也就知道這個寫僧是哪個時代的。所以，《三錄》可以幫助我們給卷子斷時代。我們研究學問的第一件主要事情就是要弄清楚研究對象的時代，不然的話，這個東西研究出來，還可能有問題。《正俗字譜》說明在唐以前的韻書就有正、俗字了。將來我們搞文字學，可以根據這個字譜來分辨正字和俗字。《敦煌學論文集》裡，至少有五分之一是這些工具書性質的文章，我可能還沒有做完，因為我當時得到的卷子祇有倫敦、巴黎和柏林這三個地方的收藏品，至於日本和蘇聯的卷子，我都沒有見到。那麼，將來研究日本、蘇聯乃至其他別的地方的卷子，也可以參考我的這些文章。

這個集子裡專題性的研究文章約分兩種：一種是關於韻書的考證，另一種是關於歷史材料的研究。重要的文章有四篇，簡述於下：

第一篇是講敦煌王張議潮父子的事蹟的。我根據唐代的資料及近代人的研究成果，替他們作了一個詳細的傳。

第二篇是關於敦煌王曹家幾代人事蹟的。我也替他們作了一個詳細的傳，而且還列了一個世系表。

這兩個家族確實在我國歷史上起過一定的作用。他們在我國的西北地區，同周圍的兄弟民族接觸甚多，在唐五代，中原沒有受到甚麼幹擾，可能與張、曹兩家在敦煌那個地方看守大門有關。同我們的歷史文化有這樣大的關係的兩大家族，應該詳細給他們寫傳。

第三篇文章是《補〈五代史·方技傳〉》。關於科學的史料，敦煌卷子裡極少，不過，也發現了幾個「曆」。敦煌這個地方原來是自己頒曆的，它有一個特殊的曆法，作者叫翟奉達。我認為他是個了不得的人，於是就寫了這篇文章。寫成後，聽說向達先生也在寫這個人，於是，與他通信，問他是怎麼寫的。原來他是根據翟奉達的歷史，來考證敦煌這個地方同翟有關係的人士以及當時的社會情況的。關於曆

書，雖然也説了一點，但是，沒有我這樣完整，所以，我們兩人是可以互相補充的。我的文章，他想要，我就給他看了，結果佚失了。我很想恢復這篇文章，可是，老底子祇有一些卡片，「文革」中又幾乎損失殆盡。為了寫成這篇文章，我曾翻閱了中國歷代的若干曆書、史書，從而，發現翟氏編著的曆書是很有特點的，以至宋代以後的曆書都吸收了它的成果，故而，在中國文化史上，它是一個很重要的東西。所以，我努力補寫了出來。

第四篇是關於文學的。在敦煌洞窟中發現了南朝宋代和尚智騫的一個殘卷，他是用楚國的語音來讀《楚辭》的，因而，他的這個卷子在國內成了大家注意的東西。最早研究它的是王重民先生，不過他祇寫了敍錄，沒有怎麼深入。深入的是聞一多與周祖謨兩位先生，他們兩位的文章，當時我沒有見到，到了解放以後，來到杭州，才看到。不過以前我雖沒有讀過聞先生的文章，但是，他給我講過。那時，他在西南聯大，我也在昆明。我的文章，他看過以後不大愉快，為甚麼呢？因為我的話同他的話許多是矛盾的，不過，他還是説：好罷！你説你的，我説我的。現在看來，聞一多先生的文章自有他的長處，他寫的東西有我沒有説到的，但是，我也有我的是非，因此，這篇文章我保留下來了。四年前，《社會科學》雜誌創刊號登了我這篇文章，編輯加了按語，説我這篇文章提出了三個很重要的問題。但是，我以為還有一個重要問題，他們沒有講到，那就是智騫的這個東西，在唐以前被認為是個了不得的東西，吹得太高了。聞、周二先生似乎也是這樣認為的，而我不但沒有這樣認為，反而幾乎否定它。這不是甚麼創見，祇是這個東西在做書的體例上給了我們很大的啟發，同時又是我們後來研究《楚辭》的重要參考書。在這本書以前，人們都是以儒家的立場和觀點來讀《楚辭》的，到了智騫，他採用不同的學説，把《山

海經》、《穆天子傳》等奇奇怪怪的書拉來證《楚辭》，從而，在《楚辭》研究上形成了一個流派。關於這一點，編輯同仁沒有講到。

關於韻書，我的《瀛涯敦煌韻輯》有一篇文章，叫《切韻系統》，現在把它抽出來，收進《敦煌學論文集》。這篇文章說明了一點：我國已經亡佚了的《切韻》，在敦煌卷子中發現了，而且有幾個卷子就是陸法言原書的抄本。這在研究聲韻上是很重要的歷史材料。不過，這部《韻輯》發表快三十年了，國內卻很少響應，國外雖然有人響應，可是，也沒有人像我這樣重視它。我寫好這部書以後，拿它同《廣韻》核對，得出一個結論：《廣韻》這部書是宋人雜採唐代諸家的學說湊成的，因此，其系統性和科學性都是不夠的。說這個話是有點大膽的，因為有人迷信《廣韻》這部書，可能會引出大的爭論來。那很好嘛，要是我失敗了，那就肯定《廣韻》是了不得的書，要是我勝利了，那就說明我這部書是有用的。我有個脾氣，就是我的學說希望有人反對，不希望人們完全贊同。反對不了我，我就成立了；反對了，你成立，這樣學術上就有了一個定論。以上就是我的《敦煌學論文集》的簡介，它是我研究敦煌學的第三本書。

第四本書是《老子道德經卷子的研究》。關於《老子》的卷子，我看到的幾乎可以說完整了，日本和德國都沒有這個卷子，祇有法國和英國有。頂好的卷子是伯希和拿走的，伯希和這個人對漢學的研究很深，所以，他拿去的卷子都是非常精緻的。我對他很討厭，但是，又佩服他。為甚麼呢？他治學很嚴謹，書也讀得很多。有一張他盜竊藏經洞的卷子時的自拍照：他蹲在洞窟裡，面對許多經卷，正在蠟燭光下一件件地翻檢……他告訴我，他拿去的卷子在所有敦煌卷子裡幾乎都是最好的，所以，我們今天研究敦煌卷子應該以在巴黎的卷子為基礎。過去說這話是要招大禍的。

　　敦煌卷子的紙質、墨色、寫的情況都有很大的差別，《道德經》卷子的紙幾乎都是非常講究的，特別加工過的，紙質硬實，至今一千多年了，拿出來還會發出吭喳吭喳的金石聲。並且，每一個字都寫得好，我們後來的一些字帖，就採用敦煌的《老子道德經》卷子的。佛教經典的卷子後面不一定有甚麼了不得寫僧的名字，而《道德經》卷後的寫僧都是有名的，甚至有幾個是高僧。這是件很特別的事情，和尚來寫《道德經》，而且是在唐代儒、釋、道三教鬥爭很嚴重的時候。其實，也不足為奇，因為唐代帝王自稱是老子之後，關於這一問題，今天暫且不去論是非。但是，唐代帝王尊崇老子，會不會影響當時的寺廟呢？會不會引出一些捧場的和尚來抄《道德經》呢？我想是有可能的。因此，《道德經》的卷子抄得極好，校勘得非常認真，如果一個字有點小毛病，就用黃顏料把它塗掉並改正過來。除了儒經中有時有這個現象外，其餘的經卷都是沒有的。《道德經》的卷子數量不多。在敦煌也發現了其他道家經典，就寫得馬虎了。譬如《莊子》在六朝以後，常與《道德經》一起，而被稱為《南華經》，就沒有《道德經》寫得好；紙差，字也差，校勘也差。《道德經》寫得最好，除了上面所講的外，大概還有以下的原因。唐太宗以後，道家的勢力慢慢地大起來了，佛教內部腐朽的東西也越來越多，許多廟子裡養起兵和娼妓來了。和尚驕橫跋扈的情況，在唐代的文獻中屢見不鮮，而道家卻少見。道家興起之後，絕對禁止這些東西，因此，民間對它的信仰還在，而對佛教的信仰則大大地減少了。這時，佛、道互相敵視，互相攻擊。其實道教有許多是抄佛經的，其目的是讓民間知道，佛教的那一套，我道教也有，從而勸大家不要相信佛教。到了五代末期，道教大興，因而，當時《道德經》寫得好，與佛、道自身的情況也是有關係的。

還有兩項研究成果，也簡要地說一說。一項是關於儒家經典的輯錄與研究，我把重點放在《尚書》和《詩經》這兩部書上。《詩經》的研究在我的《敦煌學論文集》裡已有了一個提要。大體說來，現在所傳的《詩經》，同敦煌本的《詩經》有很大出入。現在傳世的本子收集了其他所有注家的注，使《詩經》好讀一點，而敦煌本在語法上似乎不大相同，文字也很有差別。傳世的《詩經》頂早可能是宋代的刻本，可能經過宋人修改過的，而敦煌本的《詩經》和《尚書》的許多字比我們現在傳世的本子好。但是，好儘管好，卻不通俗。宋代人讀《詩經》和《尚書》，可能看到原先的刻本，以為字太艱澀，便改為通俗字。這樣一改就糟了。因此，我們可以根據敦煌卷子的《尚書》和《詩經》來校對我們現在所傳的本子，這當中是大有文章可做的。《尚書》、《詩經》的敦煌卷子，國內學術界要的人很多，我有工夫就抄一點給他們，《詩經》卷子抄給黃焯，《尚書》卷子抄給顧頡剛。但是，現在看到的顧先生關於《尚書》的論著，卻沒有引用，大概是篇幅所限的原因罷。將來我有精力，要填補這個空白的，假使精力不濟，也要指導一個學生替我做下去。

另一項是《莫高窟年表》，即將由上海古籍出版社出版。原是七十萬字的稿子，前面還有兩百多幅圖片，都是莫高窟最重要的圖片。底稿是用毛筆寫的，寫得規規矩矩，如果哪個規模大一點的圖書館要的話，我就送給他們作藏書，因為我自己也沒法子保存。這本書我原來打算把敦煌卷子裡有年代可考的，按年代編排。這樣一來就能很好地看出各個時代的風氣，看出各個時代對不同經典的重視情況。譬如在唐明皇時，《金剛經》、《金光明最勝王經》是特別重要的，而它們在別的時代就不大重要了。這是我寫這部書的目的之一。另一個目的是，把中國歷史上同宗教有關係的材料補進去。譬如唐明皇時，儒、釋、

道三家是如何鬥爭的？我把歷史上有關的材料找出來，附在唐明皇時代的敦煌卷子後面。如唐明皇自己給《金剛經》加註，給《孝經》加注，給《道德經》加注，顯然是想調和儒、釋、道三家，讓全國在他的調和思想下安定下來。這些歷史材料，我都附在有關的敦煌卷子後面。又如有一個卷子是王羲之那個時代的，於是，我就把王羲之的生卒年月、生平事蹟以及他寫的《蘭亭序》都抄錄出來，附在這個卷子的後面。又如某個卷子說某一時代頒布了僧只律，就在它的後面把僧只律的詳細內容附上。又如某一個卷子為一個日本人詳細考證過，我就把這些考證文章翻譯過來，附在這些卷子的底下。這樣一來，所附的材料很多，我想對了解中國的文化史是很有幫助的。但後來出版社的同仁認為太複雜了，為了簡便起見，於是就把這些附錄全刪掉了，祇剩下一些敦煌卷子。《莫高窟年表》也就祇有骨架，沒血沒肉了，書名也祇得改成《莫高窟資料編年》。那些被刪掉的附錄，全部毀掉了。「文革」中，幾次被抄家，連稿子也抄走了，看來恢復原樣已經不可能了。現在我把這個被刪的殘本送到上海古籍出版社，今年即可出版。這本書現在祇有一個用處，即作為工具書來用。不過用它時，要先查索引，看看有沒有你要查的東西，然後再看看我的文字，這樣一來，這一缺陷就可以彌補了。上海古籍出版社能幫我印出來，我得感謝出版社對學術的關切。

　　總之，我的研究成果就是這麼幾點，沒有甚麼了不得的，比起我的同輩向達、王重民先生來，我不及，比起我的老師王國維、陳寅恪先生來，相差更遠了。我這一生最大的缺點就是東一鋤頭西一棒，撒得太開，到現在，我已經不大可能收拾了。不過好在我們的國家現在事事都向前走，將來的敦煌學肯定是有希望的。我現在祇不過是一匹識途老馬，這匹老馬已經不能載重了，但是，這條路我曾經走過一

段，所以，我可以告訴大家：這條路怎樣走，怎樣爬山、涉水啦⋯⋯
我力所能及的大概就這一點了。

第二講　敦煌學在中國文化史上的價值

　　本講擬從歷史發展角度來談一談敦煌學在中國文化史上的價值。
這個問題大體上可以分成兩大段：第一大段是唐代以前，第二大段到
唐代為止。唐以後不講了。重點講印度文化同中國文化的關係，如印
度哲學到中國來以後，給中國文化一些甚麼影響，中國文化受了印度
思想影響之後，成了一個甚麼樣的局面等等。

　　我認為中國文化史上有過三次大變化、三個時期。第一是春秋時
代，從考古學上看，關於夏商周的歷史記載差不多是比較正確的，夏
商週三代一脈相承的文化到春秋結了一個穴。主要原因是夏商兩代文
化剛剛進人半文明社會，而它的發展是以黃河流域為基礎的。這個黃
河流域西起現在的新疆、青海、西藏，東到現在的山東、河北。周家
本來是西方民族去的，它同夏家是有關係的，可能夏家是一個靠北方
偏西一點，就是現在陝西、甘肅之間的民族。周這個民族就是陝西、
甘肅之間的民族向東走的，到東方來之後，同殷民族交鋒了，殷民族
是東方民族。周家本身以夏文化為基礎，吸收了殷文化。最重要的一
點就是《尚書》中箕子為武王稱《洪範》，這是歷史上很重要的一個影
子。我祇能説影子，因為《洪範》有好多成分是真的，好多成分是假
的，還不能斷定，但確實是一個影子。《洪範》這篇文章把殷家的乃至
於夏家的整個文化的重點幾乎都説出來了。周家以後的文化大體根據
《洪範》來，不過周人也有自己的特點。它的特點是甚麼呢？原來周文
化總結了夏文化之後，承認我們人同自然的關係，並在人的關係上固

定下來，它就是宗法。周家以前無所謂宗法社會，而是氏族社會，或氏族社會的早期。周家把宗法社會定下來了。宗法社會有兩個很重要的連鎖反應，它們又是統一的。一個是傳子，即傳嫡長為賢的繼承問題，一個是財產遺傳問題。夏商二代沒有這兩個問題。父親死後，王位一定傳給兒子，而且一定是長子，只有母親是王后，才能繼王位，假如母親是妾，就是第一個生下來也不行。以天命關係定王位繼承，繼承以後，不管你是甚麼樣人，好的，天下也算你的；壞的，天下也算你的。這樣一來，家庭內部沒有糾紛，國家也初步可以安定。譬如武王得了天下以後，傳給成王，成王是個小孩子。國家初年紛亂得不得了，幸好周公把著他的關，所以後人說周家這些宗法制度的完成、政治制度的完成都靠周公。很可能他參加過重要意見。即使殷家的降虜同周家的不孝子孫勾結起來謀王位，也搞不下去。為甚麼會勾結起來搞呢？就是夏商兩代並不一定傳嫡立長，哪個有本事就哪個上來做。但是，周家祇要你是嫡子，即使不孝之子也傳給你。王位定了，內部無所爭。王位定了，國家的財產歸了你，所謂「家天下」。這個制度，在中國歷史上形成了幾千年來不變的局面。連周家分封的諸侯也是這個制度，國家成了天下的共主，叫大宗，諸侯成了小宗。但是諸侯在他的國家內，又可以自立為大宗，他的大夫便成了小宗；大夫要是有本事，得了封邑，也可以成為封邑裡的大宗。層層下達，把天下統一在血統關係上，別人不能驚擾它。在中國歷史上，周家天下最久遠，同它有很大關係。在這個情況下，慢慢形成了儒家思想、道家思想、墨家思想等等。各人搞各人的，每個人都在周家制度下找一條路子走。宗法制度對民間風俗的影響大得不得了，一個父親把家當掙了起來，假如有三個五個兒子在哪裡爭吵，是不得了的。所以國家宗法制度行到民間來之後，成了民間風俗的樣本。總結這個歷史過程是在

春秋，春秋最重要人物當然是孔子。一個儒家，一個道家，把中國文化吸收在他們的學說裡。孔子提倡人倫，即五倫，老子宣揚「毋爭」。「毋爭」對人們有很大的影響。老子時代正是春秋戰國爭執得最厲害的時候，所以，老子提出不要爭，以柔弱為做人的基本，以不爭為做人的方法，來求得安定。孔子把宗法制度總結成儒家的人倫制度，形成儒家的道德範疇，它以君君、臣臣、父父、子子的名分做基礎來安定社會。封建統治階級很自然地吸取儒家思想，使它成為社會組織的基本原則。道家思想則被一些成年人奉為一生行事的規範。這兩個思想構成了中國文化的兩個最大的思想體系。這是第一點。

第二點，儒家發展到漢代更盛了，主要原因是秦始皇統一天下和漢武帝罷黜百家。所以，漢武帝罷黜百家表彰六經之後，紛雜的思想不講了，漢家從高祖起強調以孝治天下，這兩個東西成了漢代立國的根本。這兩個東西調和下來之後，成為漢家的主要政治措施，也是民風的趨向。到了漢武帝以後，突然發生了一種反面思想，就是昭、宣、元、成之後突然間有所謂今文學出現。原來漢武帝罷黜百家之後，百家之學在朝廷站不住腳了，全部逃到民間去躲藏起來，根據他們今文家的傳說寫了許多書，即所謂讖緯之學。讖緯之學大大興盛，幾乎把高祖所定的規模全部搞掉。但是，儒家在武帝支持下，已經大大發展，而儒家經典也已普及全國。因此，儒生起來同今文家鬥爭。今文家自己也說是孔子的，不過，他們自己也承認，孔子說的關於國家政令的東西，他們沒有看見。從此，今古文鬥爭開始。倒也奇怪，武帝以後，尤其在宣帝時，漸漸地黃老之說出來了。道家清虛自守，於是，做皇帝的也清虛自守，讓天下安安靜靜地過太平日子。今文家同道家有許多地方相類似，是否偷了道家學說，我不敢斷定。今文家從天文、宗教、迷信等許多方面來籠絡人心，並且在昭、宣時期幾乎

達到了目的。但是，勢力還不大。所以，等到光武起來以後，反對讖緯之學，今文學垮了。然後古文學興起來了。漢家政治思想、民間思想仍然恢復到儒家的人倫條件去。到這個時候要變了，東漢時期，佛教已進入中國，漸漸地中國士大夫和民間受到很大影響。但是初來的並不是釋迦牟尼真宗教，而是印度老的宗教，他們用各種方法宣傳佛教。漢代讀書人尊重老子，所以，漢末、魏晉之間，道家學說大盛。嵇康、阮籍不用說，甚至謝靈運、陶淵明也有道家思想。但是佛教學理還沒有廣泛地傳進中國來，最重要的經典也沒有完全進來。這時候，有位平陽人，是山西平陽，不是浙江平陽，叫法顯，是個和尚，俗姓龔。他同另外兩個人到印度取經，成為中國第一個到印度取經的人物，前後大概八九年，回國後，寫了一部《佛國記》。這是一部世界上關於旅遊的最早最大的書，可惜亡佚了。他把印度的戒律《摩訶僧祇律》翻譯了出來。印度哲學分三大部分：經、論和戒律。戒律就是講怎樣修養自己，到唐代就成了十戒，中國從此有了戒律。於是北方和尚，每個人都學戒律，成為高僧大德，品德極高。這裡有段插說：法顯坐船回國，被飄到美洲，到了墨西哥，所以是中國法顯第一次發現美洲，並不是哥倫布。他發現美洲之後，一看不是中國，就坐船回來了。這件事，《佛國記》裡有，然而記得不詳細。現在，墨西哥發現了很多法顯所留下的遺跡，法國人研究得最精細，我們中國還沒有人研究。日本也在研究。有本《西遊記》，過去商務印書館把它譯了出來，現在買不著了。要是在舊書店裡看到了，趕快買，這本書同中國文化的關係太重要了。他發現美洲以後，美洲才開發出來，現在墨西哥的許多民情風俗，與我國近似。這是法顯起了作用的。他把中國文化帶到美洲去。這是插話。也是從法顯開始，中國到印度取經的人慢慢地多了，印度的大德、大僧也不斷地到中國來了，大的經典也帶來

了。中間關係最大，唐代不說，唐以前應該是鳩摩羅什，又叫什公、羅公。他來中國以後，中國才有三論宗的東西，所謂三論宗即是講《十二門論》、《百論》和《中論》三部經的，實際上它是一般邏輯學和我們認識論的結合。到這時候，我國的哲學思想更系統化了。這件事非常重要。我國有講邏輯學的，舊叫名學，沒有印度名學那樣細密。名學同認識論結合以後叫因明學。前些時候，報上登載我國成立因明學會，在花大力氣研究，據我所知，宗教研究所去年開始大力準備。假如因明學成果拿出來，邏輯學是要大改變的。

在他以後，印度的大經一樣樣進來了，最重要的有幾樣，一是《法華經》，屬天台宗。智顗大師，隋代初年在天台落錫，講《法華經》、《大智度論》、《涅槃經》。他把《法華經》疏講出來，加注，一段段、一個個字地講，講得很清楚，成了中國佛教最了不得的宗派。這個時候，中國佛教宗派越來越多，除法華宗而外，同我國文化有最大關係的還有唯識宗，講《成唯識論》，所謂萬法唯識，把知識這個問題提到最高點。它從唐初開始，到現在還是大的宗派。這是中國自己創的派，近代浙江許多學者都是講唯識宗的。所有唐代政治上的人物，要麼是天台宗，要麼是唯識宗。所有宗派在唐代一一發展起來，得到印度最高經典之後，天台宗讓我們的哲學更系統化了；三論宗讓我們關於邏輯學和認識論有很大發展；唯識論讓我們對知識領域的認識廣博了，不但對人的認識廣闊了，對物的認識也廣博了，判斷物的知識也準確了。還有若干宗，對文化史，尤其對知識分子的影響極大。大體說，北方學人受戒律影響，做苦行頭陀，如到印度取經，把佛教傳到日本、朝鮮去。可是，南方這幫人，受了三論宗、唯識宗和天台宗的影響，大家都研究學問，不一定做和尚，在家做居士。這些居士學問高深，中國很多學術問題都在他們範圍裡磨煉。而且，南方大德往往

拿儒家、道家經典作比較研究，比如熊十力先生，是研究唯識論的大師，可是，到晚年讀儒書，否定佛教，以為佛教還不如儒家道理多，儒家才真正把人世看透了，佛家還沒有，祇是把人世組織看透了。於是，寫了一本《新釋儒》，講儒家的道理。南方高明之士常常最後回頭，要麼是讀道家書，要麼讀儒家書。比如陶淵明，最後還是儒家，他同慧遠、謝靈運關係這樣深，為甚麼不進佛家去？他窮得要死，「饑來驅我去」，跑到別人家去敲門，要一點吃的東西。慧遠說：你來好了，我這裡吃的東西多得很。他再也不去。為甚麼呢？陶淵明到最後還是儒家思想。所以，道家思想也好，儒家思想也好，等到佛教最高經典來了，三家經典互相砥礪。明代以後，清代三百年來，佛教在中國，雖然影響很大，但是最大影響還在於講禮，真正苦行頭陀不大有了。明代以後不大有了，清代很少很少了。倒是講道理的大儒有好些進了佛家，然後又出來，回到儒家。譬如章太炎先生是個講儒學的，他是革命家，幾次坐監牢也不怕。在革命中，他寫過一篇文章，叫《集舍論》，講佛教的最高境界。但是，晚年還是回到儒家來。所以印度哲學傳到中國，同儒家思想、道家思想互相磨煉，越磨越顯出儒家的光彩。這件事，我不是要提高儒家地位，我祇說中國人有自己的文化。中央領導同仁提倡中國特色的四化，這個話是很重要的。甚麼是中國特色的四化呢？就是要符合中國的國情。中國人做人有一定的方法，你要合得上我，我跟你走，合不上，不跟你走。這是中國文化的最大命脈。從許許多多實像看來，我們的文化大流是，不管甚麼東西進來，都得中國化。印度哲學到中國以後，成立若干派，很多派是印度沒有的，到中國才成立的，詳見梁任公《中國佛教概論》。假如民族要有性，到這個時候才能說是民族性。中國民風一般說比較淳樸，這是同世界各民族比較而言的。淳樸同儒家道家思想有關。我們人民是外

柔內剛的，外柔從道家來，內剛從儒家來，儒家要求事事向前，道家要求事事退讓，二者調和起來，自己主張是不會放棄的。但是他不同你鬥爭，而同你競爭。儒教的思想是柔順的，因此，道教同儒家可以結合，佛教同儒家不能結合。到了唐代，三教結合，其結果是人民道德偏於柔順，偏於弱，這一點魯迅先生也說到過。

到這個地方，算是中國文化的第三次大變動而得到一個最大的結局。佛教進到中國來，最早在魏晉時候，漸漸地起來了，隋到唐代，是慢慢地興盛了，到唐的末期是大盛了。佛教大盛以後，剛剛是儒釋兩家鬥爭最激烈的時候，統治者儘管要想利用佛教，有許多士大夫也想利用佛教，但是老百姓是不大容易相信的。結果是：佛教慢慢地開始出現了衰落現象。在最興盛時候的唐代末期，如韓昌黎，一個以儒家道統自居的人，儘管他反對德宗迎佛骨，可是有一次上高山，不敢下來了，膽子小得不得了，是一個和尚把他接下來的。這就是說我們讀書人心裡還是有一個把握的，這把握在哪點呢？在於做人的基本方法是儒家的，有時也願意用佛教的東西。

我們把上面這些話作個總結：我們中國的文化，一共經過三大變化，從思想來講：第一個大變化約在春秋戰國時期，變化結果集中在三晉和齊魯（所謂三晉就是現在的山西、陝西；齊魯就是現在的山東）。周秦諸子都是三晉齊魯的人，孔子不必說；法家也是三晉的；道家，雖然說老子是楚國苦縣人，即現在的南方人，但是，苦縣也是靠近北方的。所以說是以齊魯、三晉為基礎的。楚國的文化到了漢代以後，我國文藝方面的東西全部是吸收楚國文化的。漢家統一以後，漢高祖是楚人，所以他非常喜歡楚國的東西。他在長安割了一塊地方，搬些人住在那個地方去，這就叫「實關」。儘管他這樣做使楚國的文化在漢代的文化史上起了很大作用，但是漢代的政治制度，仍然是抄襲

秦國的。所以漢家也是調和派：一方面政治制度用秦國的，一方面藝術文化思想完全是道家的。所以，秦始皇同漢武帝是第一次變化中關鍵性的人物。秦始皇統一了中國，這是中國在政治上的第一次統一，真正的第一次，周家還不算真正第一次統一。漢武帝罷黜百家、表彰儒術，是思想上的統一。不過話可說回來，秦始皇焚書坑儒，國家圖書館所藏的書並沒有焚。漢武帝罷黜百家，百家倒是罷黜了，儒家經典是上來了。但是，漢家劉向、劉歆父子整理國家圖書館的資料，並沒有把道家的東西拿掉，九流——諸子百家稱為九流——也都納了進去。這個時候佛教還沒傳進中國來，要是已傳進中國的話，我們相信劉向、劉歆父子也會把佛教經典放進去的。所以，不管怎樣，秦皇、漢武在中國歷史上是關鍵性的人物。這是我們第一點的總結。

第二個大變化，關鍵性的事情發生在漢的末期。漢的末期今文學衰落了，古文學起來了。古文學是甚麼呢？古文學是漢以前受儒家影響的一些民間學說。第二次大變化形成社會風氣安定，社會仁義道德基本完成的局面。這種仁義道德成為中國封建文化的一個根本。印度文化到了中國，於是乎第三變開始。中國的儒道兩家同佛教交融、爭吵，吵到唐代明皇時，沒辦法了，三教論衡，唐明皇只好三教調和。唐明皇還是儒家。雖然表面上是把佛教的《金剛經》注了，把道家的《老子》注了，可是他的主要目的還在儒家的《孝經》。因此中國文化的第三變是儒家思想同道家思想結合起來同佛家思想鬥爭，抵制佛家。因此有這種抵制，所以佛教在中國衰落了。唐以後的我們不講了，因為我們是為敦煌說的，不是為中國歷史講的。這個第三變成功以後，我們中國人民的文化根基是在國本國骨上穩穩沉沉地扎了很深的根，這是個大的特色，唐以後大概也跳不出這個圈子去的。因此，我們把上面這些話結合敦煌來講。敦煌保存著儒、釋、道三家最重要

的典籍。這是和尚廟，和尚廟裡都要有許多佛教經典，是理所當然的。但是一個和尚廟裡除了佛教經典而外，還有大量的儒家經典、道家經典，而且儒家經典、道家經典在和尚廟裡是這樣地被重視，用最好的紙來寫，最好的筆墨來寫，最好的書手來抄錄，這是一個矛盾，可又是統一的。統一在文化的統一之上。因此，整個敦煌文物、經卷也好，不管甚麼也好，我們要研究它，要認識它的話，要從整個中國文化來看。從整個中國文化來看，敦煌替我們保存了我們文化裡邊的寶，最重要的寶，保存得太多了，道家經典、儒家經典幾乎都保存了，中國的一些知識也在裡邊保存了，中國社會的一些現象也在裡邊保存了。我們兜了這樣大的圈子，頂頂重要的，是要說明敦煌文化在中國文化史上的價值。

第二件就是敦煌的藝術。敦煌的藝術品當然是以造型藝術為基礎，譬如塑像、壁畫。它的塑像、壁畫都是從中國本土去的，並不是從印度來的，不過摻雜有印度的藝術成分在裡邊。中國早已有塑像了，而壁畫，現在我們敦煌所有的壁畫——我們去參觀過的同仁就可以知道了——全部是用線條來勾勒的，沒有哪一幅壁畫裡邊有像歐洲畫那樣是染的。中國藝術史上有一句現成話，叫做字畫同源，即寫字的方法同畫畫的方法是一個來源。因為中國的字就是線條字。當然歐洲的字也是線條字，也是用線條寫的，可是歐洲字的線條，譬如說英文字母衹有二十六個，那是些有限的線條。中國文字的線條很多，在我們現在看見的字，譬如說我們看「楷」字，看看怎樣寫法，看狂草，所謂的狂草，那也是線條，不僅如此，古代的東西亦復如此，看先秦甲骨鼎彝上的字，也是線條。這些線條字有些寫得很奇怪的，可以根據線條畫成藝術的東西。譬如在戰國末期南楚的銅器裡邊，有許多字，多加一點，多加一個鳥的頭，就是鳥蟲書了，多加個蟲的形象，

然後把這個字寫在鳥蟲當中，這個東西和線條作為藝術品使用了。不過這個問題，我不想再講，將來王伯敏先生要來給我們講的。這裡我要講另外一個問題。在敦煌裡邊似乎看不出甚麼表現來的，就是音樂這件事。我們敦煌裡邊所看見的音樂祇有一點兒，就是圖片、畫，那些舞、奏樂，頂大頂多的樂器是琵琶同笙。這些東西到底怎麼吹奏，我們不知道。最近陝西、甘肅兩省都在努力恢復唐代音樂的情況，他們做了許多很好的工作。歷史的發展並沒有斷，根據我們後代的發展推斷唐代的東西是可以知道的。音樂在我們中國文化史上有很高的地位，我們這個民族所以能夠南北交融，是兩樣東西，一個是語言，一個就是音樂。當然文字是一個，但文字是代表語言的，所以文字我們不再說了，只說語言。語言，使中國民族能夠凝結在一道。南方人到北方去，聽見北方人的話也懂；北方人到南方來，聽南方人的話也懂，當然很多方言我們不懂。不過一般說起來，生活是能夠交融的。至於音樂更不得了了，南方的樂器，北方樣樣都有。以我們雲南邊區來講，雲南西雙版納的少數民族音樂是很興盛的，它的樂器沒有一件在北方找不出來的，音樂也是統一的。音樂的統一，對於我們民族的關係是很大的。我在西安待過，聽過陝北民歌，有聲音非常雄壯的，有聲音非常柔美的。柔美音樂就像蘇州人唱的，壯麗的聲音就像東北人唱的。所以說音樂的方法是相同的。我們把唐代聲樂所有的材料蒐集起來看，《新唐書》的《禮樂志》裡講到唐代國家樂隊裡也有叫十部伎的，共有十種，叫做十部。有燕樂，有清樂，這是中國的舊樂，中國的舊樂就祇這兩部。其他八部都是西北的，都是印度來的。這就是西涼樂、天竺樂、龜茲樂、安國樂、疏勒樂、康國樂、高昌樂，另外還有個朝鮮樂。所以唐代國家樂隊十部裡面有八部是外國的。中國樂舞只有兩部。不僅如此，拿現在我們所流傳的音樂來看，有些同印度

的關係非常密切。譬如現在的民間音樂裡邊，上、尺、工、凡、六、五、乙，上、尺、工、凡、合、四、一中，上、尺、工、凡、合、四，就是 Do、Re、Mi、Fa、So、La、Si，但是另外還有一個六、五，這兩個音，西洋樂器裡沒有，民間樂器裡有，中國的民間樂器裡就有六、五這兩個聲音的。印度的音樂裡邊有九個音階，我們現在的民間樂器裡邊，上、尺、工、凡、六、五、乙，六、五、乙這三個是特殊的，上、尺、工、凡、合、四、一是普通的，這都是印度音樂，與中國音樂是完全相合的。中國自己的音樂，所謂雅樂，十二個調，除了幾個半音，也祇有七調了。雅樂的十二調，燕樂的九調，同印度的音階，同印度音階的尺譜，同我們的工尺譜，作了個表，可以看出，很多很多的東西都是從印度來的（見附表）。它同我們民間的風俗這樣地配合，倒也是奇怪的。過去我們不能解決這個問題，為甚麼印度的音樂進來有九個音 Pce，會和我們的音樂這樣的合得上？解決不了。這兩年我們解決了。怎麼解決的呢？就是在湖北的曾侯乙墓裡邊的編鐘出來以後，有十二個調子。在全世界音樂的樂理當中，沒有再比中國這個曾侯乙墓中編鐘的調子複雜了，那就說明這是我們中國早有的呀！不過漢、魏晉南北朝已經不大用了，到唐代恢復了，我們和印度一比是一樣的。所以最初有人說，我們中國藝術本體是從印度來的，現在已經有人開始做翻案文章了，說音樂是中國去的。我們認認真真做研究工作，這個話還是要慢慢地講，可能是中國去的。不管當時怎麼樣，在敦煌裡邊雖然沒有發現太多的資料，祇看見他們用的樂器，有幾個樂器在我們這個十部樂裡是有的，這十部樂很奇怪的，就是鼓這個東西，印度的鼓比我們多九種，實際上，這不過是就國家所承認的鼓而言。民間不然。民間就以我所在的雲南來講，雲南西雙版納的鼓有六種，昭通的鼓有四種，這十種鼓都是不在經典上的、額外的。譬

附：燕樂宮調理論系統表

(一) 震動數比	1	9/8		81/46	4/3		3/2		27/16	243/128	2/1				
(二) 雅律	(黃)	大	(太)	(夾)	(姑)	(仲)	蕤	(林)	夷	(南)	(無)	應	(潢)	汰	浃
(三) 燕律		黃	大	太	夾	姑	仲	林	蕤	夷	南	無	應	潢	汰	浃
(四) 印度音階	Ni	Sa		Ri	Ga		Ma	Pa		Dha	Ni	Sa	Ri	Ga	
(五) 印度音階半字譜	1	9/8		5/4	5/4		3/2	5/3		15/8	2/1				
(六) 半字譜		△	⊿	⑺	⑶	ㇱ	<	ㇵ	〇	⑴	ㇱ	ㇱ	幺	〇	ㇱ
(七) 工尺譜		合	下四	下一	下一	上	尺	尺	下工	下凡	六	五	五		
d² 正工 徵宮		正宮 沙陁調	高大食角	中呂調		正平調 平調		越調								
e² 商羽		大食調	高宮		雙角											
f⁰ 角徵			高大食	中呂宮												

如我們中國沒有拿手敲的鼓，都是拿根棒棒去敲的或是拿著栓些線搖的鼓——打郎鼓。可是我們昭通就有拿手敲的鼓，很簡單，拿一個厚點的竹子，外邊蒙個牛皮子、豬尿泡，就用手敲了，就是樂器，這能入樂嗎？所以許許多多印度的東西到了中國來以後，並不一定被國家所採用，但是同民間音樂是一樣的。因此，我們可以說，敦煌裡邊所看見的樂器，在唐代的十部伎裡完全有的。這些東西在中國雖然沒有了，雖然從印度來，但是拿它的樂理來看，中國早已經做過了，這是民俗音樂加入國家音樂的現象，不足為怪。因此我們說，印度舞到中國來，壁畫裡邊不說了，壁畫裡邊是有阿旃達的。譬如印度人畫的釋迦牟尼佛涅槃，睡在那個地方，圍著釋迦牟尼佛的人，都是高個子，大個子的，但是一個釋迦牟尼的全身，在他前前後後圍著幾十個人，天下沒有這樣大的人，到中國以後，釋迦牟尼佛的樣子變了，變成中國人的樣子了。頂頂有趣的，就是四川大足，敦煌而外，大足石刻可能也算頭等的了。大足石刻的菩薩，穿四川人穿的草鞋，到中國來以後就自自然然加上那中國文化在上邊，大足佛像有許多面孔就是四川人的面孔。這是為甚麼呢？每一種文化到了一個新地方以後，一定要同它舊的、本地的文化相結合，結合以後產生新樣子，就如此而已。敦煌壁畫裡邊，還有演奏琵琶這個樣子。印度演奏琵琶都是橫抱著的，而中國的琵琶是直著演奏的，演員遮著半邊臉，這樣子彈的，印度人是這樣子奏的，也有在背後奏的。在背後奏的，中國沒有，奏的方法中國還是中國化，琵琶還是那個琵琶。中國同印度的交流是很細膩的，我們要花大力氣才能解決得了。但是我們到現在為止，以我這個水平，已經知道唐代的十部伎裡有八部是印度的東西，唐代的音樂裡邊有若干是同印度有關係的。說不定三年五年之後，國內再發現東西，都是說明中國同印度關係的。這是單就音樂這件事來講的，拿全

部藝術來講，它同中國畫的關係大得不得了。壁畫，我剛才說過了，是以線條為基礎的，這是與中國的字，寫字的方法相同的。而敦煌壁畫所畫的一切人民的生活表現，沒有一樣不是中國的。譬如屠宰、狩獵、耕田、耕種方法、騎馬的方式，都是中國人的。使我最感興趣的就是它的廚房，廚房裡的用具沒有一樣是印度的，都是中國的。這說明，一種文化到了另外一個地方，要是能適合這個地方人民的某些需要，人民就採取了，不需要就不採取。因為印度人民吃飯不是拿筷子，是兩隻手抓的，因此他用不到這些東西，我們是拿筷子吃的，所以我們除了用這個筷子以外，還有各式各樣的調羹。印度人就一個盤子，飯也放在裡邊，菜也放在裡邊，用手抓了吃。我們沒這個習慣。因此，廚房裡的用具與我們完全兩樣。我們現在一看，很多很多的東西，民間都存在，在我們古典文學裡邊，在我們古典記載裡邊也存在，那就是說，可以證明我們的文化在敦煌表現得很多。還有一件事情——服裝。服裝是表現一個民族特點的，在敦煌的服裝裡邊，尤其是婦女的面飾——我前次講過了一女人家臉上塗的脂粉多得不得了，我們祇知道是塗白粉和紅胭脂，可我們古代有時是塗黑的，是有這種現象，我們在敦煌的壁畫裡看見，有塗黑粉的，有塗黃粉的、白粉的、藍粉的，臉上貼了很多花黃。尤其是額角這個地方，一是點個大紅珠珠在這個地方，然後下邊貼上一些花花：牡丹花、菊花等等；還有貼鳥的，有名的鳥都貼上來。我們讀唐宋人詞，這些記載一點也不明白了，但我們在敦煌裡邊看得清清楚楚的。這些東西在漢代，在漢人的古詩十九首裡，漢代很多東西找不出證據來了。在敦煌壁畫裡找得出證據來。當然，從這些地方來看，敦煌是同中國畫有關係的。但是我們還要推究一件事情，為甚麼敦煌文化有這樣的重要性呢？這就要從歷史的觀點來看了。中國歷史上有個現象，就是每個朝代當它興

盛起來以後，都是求佚書於天下，派人到處去蒐集書籍。漢惠帝即位後就下詔收集天下的佚書，所有的書你們都送到京師來，有的皇帝出最高的價錢收買。所以中國，一向是重視文獻的。可是儘管重視文獻，秦始皇統一中國的第一件事情就是把儒家經典燒掉，這是中國文獻的一個大禍。王莽篡漢，於是乎京師大亂，所有劉向、劉歆父子所整理出來的那些國家圖書館所藏的書籍全都毀掉，這是中國文獻遭受的第二個大災難。以下多了，董卓也把咸陽的東西燒掉了，這類事情還多。每個朝代皇帝上臺後都想盡辦法收集書籍，花了很大的力氣收集起來，到了後來不是遭兵亂就是遭火燒。唐代也如此，唐太宗即位自己訪書，到唐明皇時國家圖書館收藏著三十九萬多冊書籍，不少呀。安史之亂，全都毀掉了。所以中國歷代皇帝費很大的力收集起來的書籍到最後往往經過一個大的兵亂災難，全部毀掉。幾千年許多許多文獻就這樣子毀掉了。然而敦煌保存得很好，完完整整的。這在中國歷史上是第一次的。第一次這樣大規模地保存著，中間主要原因有兩點：一點，敦煌不是京師，不是災難所一定要達到的地方，它躲在僻遠之處，因此它的東西可以完全保存。這就是敦煌文物所以能保存的地域上的條件。還有一個條件就是敦煌這個地方很特別的，莫高窟山上的沙子是非常好的，凝固得很，好像我們這個地方黏土一樣的，水滴不下來，風砂吹不進去，就這樣個地方。頂頂奇怪的就是在它隔壁的三危山，沙淌淌的，外面風來又堆上一層沙，戈壁一陣風來又把沙吹掉。莫高窟沒這個現象。所以莫高窟好像是天生來——這是迷信話呀——保護我們文物的地方。這些洞乾燥，書籍絕不會被水傷，潮氣是沒有的。所以千多年來，一千二百年，最早是晉惠帝的東西，差不多兩千年的東西，還保存得這樣好。敦煌地理給我們如此優越的條件。敦煌那個地方是很奇怪的，天生一個奇怪的地方，繞著敦煌邊邊

都是大沙漠，衹有敦煌是一片綠洲，進玉門關的第一站。在大沙漠裡旅行，大山底下旅行，忽然見到一片綠洲，人是開心得不得了的。所以印度來的大和尚都一定在敦煌待下來，待個一年兩年，把身體養好以後再走。天給我們一個好的綠洲保存我們的文化，而所有保存的東西無論甚麼都是完全的，甚麼東西都有系統，所以我們現在將研究敦煌所有的東西的學科稱之為敦煌學。這個「學」字是甚麼意思呢？「學」就是說一種東西是有系統的，有原始發生、發展，到衰落的次序的，就叫做學，敦煌就是這種東西，就是學。敦煌所有的資料，卷子也好，壁畫也好，塑像也好，每一樣東西都可以作為我們文化的一個見證。我簡單舉個例子，譬如說敦煌的建築，中國古代的木建築樣子的保存，我們把宋人寫的一本講中國古建築的書《營造法式》所說到的古代建築木結構的情況與之相比，敦煌裡邊都可以發現。比如我們的翹，《楚辭》裡邊的翹，就是板翹角，板翹角衹在中國建築裡邊有，而且衹有木構築有，石頭沒有辦法翹的。但木結構建築有個頂大的缺點，它沒有辦法展開得很大。中國建築學裡就有一個展開很大的方法，它就是斗拱。許多斗拱加呀加呀，一層一層的斗拱可以把一個建築擴大到很大。這個東西在敦煌裡也可以清清楚楚地看出來。因此呢，無論講甚麼，無論講哪一樣學問的人，都應當到敦煌去細細地觀摩兩年。講木構建築的，你去看看敦煌的木構建築，看看敦煌的壁畫。你是講衣冠制度的，你也到敦煌去看看，甚麼都有。因此我們講，敦煌這個學科現在國家這麼重視，這是有來源的。我們敦煌學這個課題，以後恐怕是會大幅度發展的。

第三講　敦煌經卷簡介（上）

詳細分析卷子是太費時間了，所以，祇能來個「簡介」。名為「簡介」，還有一層意思：即限於巴黎、倫敦和北京三地所藏而言，至於日本、美國、蘇聯這些地方的藏品，沒有論及。本來應該把它們放進來的，但是，我實在不能夠了，因為年老體弱，眼力也差。不過，英、法和我國北京的卷子占全部卷子的絕大部分，作個「簡介」，也大體差不多了。下面分七個部分來談，先說佛教經典的情況。

一、佛教經典

根據三地的收藏，不管是經，是論，是律，三部分都有了，並且似乎完整了。怎麼叫完整呢？就是說，大概各個宗派的東西都有了，不僅大小宗派的東西都有，而且同大小宗派有關係的語言文字的東西也有了。譬如說，一卷佛經正面寫的是佛經，背面往往寫著這個佛經的原文，也就是梵文，或者是窣利文、巴利文等，我們據此往往還能探索這個東西是從哪裡翻譯過來的。從這個地方，我們大致可以得出一個結論，敦煌所藏佛經可能是最早的譯本，因為它把原文錄上了。不過，這個問題還有待於我們研究工作的進一步展開，才能最後定論。現在祇不過透露一個方向性的消息而已。

以我所見到的三地收藏的佛經卷子，與現在流傳的佛經比較，很多已經亡佚了。日本人的《大正藏》把這些東西大體上已經收進去了。可以說，敦煌的佛經，在我們國內已經亡佚的東西，已經有人整理了，這是應該知道的。

還有一點，敦煌經卷主要是寫本，大都有抄寫人的姓名、抄經的時代背景材料等等。另外也有刻本。刻本大概始於唐代末年，唐德宗以後有了。寫本同刻本的差別似乎相當大，可能是修改的關係。刻本

除了刻佛經以外，還有刻佛像的，這也是中國文化史上的一件重大事情。我國印刷從甚麼地方開始，從甚麼年代開始，是很重要的事情。

寫本也好，刻本也好，總的看來敦煌經卷大體始於魏晉，終於五代末期。按年代講，經歷五百八十年左右。

在全部經典中，有非常重要的，也有次要的。甚麼是非常重要的？就是同我國文化有關係的，同我國民間有關係的，這些都是我們應該了解的東西。所謂重要的，是各宗各派的東西。譬如我們要研究浙江的天台宗，天台宗的三部經都有，尤其是天台宗的重要經典《大智度論》。又如唯識宗，不但有《成唯識論》，而且還有《成唯識論大疏》。唐代已經開始作疏了。又有瑜伽宗，有《瑜伽師地論》。總之，各宗各派的主要經典都有了。假如把它排比一下，大概有十幾種經典是最重要的，它們就是《維摩詰經》、《勝鬘經義》、《大般涅槃經》、《妙法蓮華經》、《大方廣佛華嚴經》、《金剛般若經》、《大智度論》、《金光明經》、《大比丘尼羯磨經》、《十地論義疏》、《大集經》和《攝論疏》等，這些都是北魏以前的東西。北魏以後，也有十幾種，主要有《大乘起信論》、《觀世音經》、《佛說普賢菩薩證明經》和《大方便佛報恩經》等，這些是唐代翻譯的。五代翻譯的有《佛說光明經》、《佛說無量大慈教經》和《佛說延壽命經》等。從而說明敦煌的佛教經典的確是一個完整的東西。我們看一種佛經的寫本多少就可以知道這部經在唐五代時跟民間的關係怎麼樣。譬如《維摩詰經》是在所有發現的唐代卷子裡最多的一種，而《大般涅槃經》和《妙法蓮華經》也多得不得了。它們都是那時民間所愛好的。人們求佛免災，甚至替父母、丈夫、妻子和兒女求佛，這幾部經都在抄寫之列。研究唐代佛經，這個問題也很重要，也應該知道。

統計寫經的多少是饒有趣味的。三地所藏到底有多少，這個問題

我們應該知道。大體說來，共有七十多種，至於卷數就很難說了，因為現在發現的敦煌卷子往往是不完整的，而且我們也不敢補。譬如《金剛經》兩卷，是不是就祇兩卷呢？很難說。種數大約七十多種，卷數不敢估計，這是我要講的第一點。

第二點，我想講講佛經同我們文化的關係，這是重點。佛經有幾件事同我們的文化有非常大的關係。第一件是異族文字，就是前面說及的，每部而不是每卷都是這樣。不少經卷正面是譯文，背面就是這個譯文的原文。這些文字別處是看不到的，譬如說民間最流行的《金剛經》有十幾種文字的寫本，但是，在國內，原先找不出兩種來，而敦煌發現的《金剛經》，卷子背面卻有很多奇奇怪怪的文字。這些文字可以說明我國與外國的文化交流，不僅如此，甚至於中國佛教、道教、儒家經典同外國文化的關係怎樣，也在裡面可以看出來。因此，佛經卷子背面有外族文字這件事情確是文化上的一件重要事情。這些文字，有許多連外國也沒有了。譬如窣利文，懂的人在全世界也不過幾個人。敦煌經卷不僅有窣利文，而且還有巴利文等多種。藉助敦煌卷子，有的民族才發現自己的古文字是甚麼樣子。敦煌學在全世界為甚麼會引起這樣大的關心來？我想這恐怕是個因素。每個人都願他祖先的文化有個好的歷史記載，他們找不到這種材料，但是，中國有，這樣一來，中國的材料就至貴了。所以，外國人現在天天想辦法購買敦煌卷子，現在北京，它們的價錢高得不得了。這是最貴的文物，沒法子估價的。整個人類的歷史都在敦煌，它為甚麼不至貴？敦煌卷子裡存在外國民族的文字，是我們最寶貴的一樣東西。

第三點，敦煌的許多佛經在宋以後已經「亡」了，卻在敦煌保存下來。這些雖不是大經（大經是流行的），都是小經，比較冷僻一點，但是，人類文化就是這樣搞的，越冷僻越要把它搞全，所以，這些經

典很值錢。敦煌佛經有很多是佚經，我搞過一個目錄。前面說過，日本的《大正藏》已經錄過一部分，可是，並不完整，因此，還需要整理。我有個提議，我們可以編一部大書，名叫《敦煌大藏經》。據我所知，北京已經有人開始討論了，到底要不要做，來問我，我說一定要做。我們把《敦煌大藏經》做好了，那麼，我們的敦煌學才算可以同逝人相見，不然的話，我們是慚愧的。我們做子孫的人沒有把祖宗的文化遺產好好保存，這是不對的，一定要做。這工作做起來是不得了的，講習班十六個同仁全部投入，一輩子也做不完，恐怕要一百六十個人勉強十年才可以做得好，這是個偉大的工作。前幾年，有位同仁到印度去，他懂佛經，帶了一個東西去核對。他說這個東西，我們中國沒有了，你們印度有沒有？結果查遍印度所有圖書館、博物館，還是查不出來，印度也沒有了。中國的竟是世界孤本，真不得了。這是第三點。

至於敦煌佛經的翻譯有所出入，不必講了。就是同一部佛經的翻譯，文字上也會有出入。譬如「摩訶般若」這個名詞，有人就寫成「摩訶」，「般若」二個字沒有了。而「維摩」，有的又寫成「維摩詰」。兩個卷子不同的文字叫做異文，這種異文可以幫助我們校對哪個字對，哪個字不對。「摩訶般若」是對的，其他翻譯都不對。不僅可以讓我們校勘敦煌卷子，而且還有一種很大的作用。譬如這個本子是六朝翻譯的，那個是唐代翻譯的，還有廣東人翻譯的，又有山西人翻譯的，譯者的語言不同，翻譯的用詞是不同的。因此，看翻譯名詞可以曉得這是甚麼地方人譯的，如浙江、廣東、山西等地在唐代對某個字是咋個讀法的，研究中國語言史離不開這種材料。譬如「達磨」這個人名，是廣東人翻譯的，我們現在叫「達磨」，「磨」字讀 mo，廣東人在後面加 m 音，所以，廣東人譯「達磨」為「達磨勃」。有人說錯了，其實，

一點也不錯。所以，從翻譯的異文可以推測譯者的時代和籍貫，同語言學的關係大得不得了。不僅如此，同我們歷史的關係也大得不得了，因為翻譯有地名，而某個地名祇在某個時代使用，過了這個時代就不用了。譬如杭州又叫臨安，臨安這個名字是宋代取的，宋以前沒有叫杭州為臨安的，宋以後大家也不說的。（宋以後，文人開玩笑，把杭州寫成臨安，那是另外一個問題。）假如某部佛經裡邊有臨安二個字的話，那麼，它一定是宋代的東西。既可以證明地理，也可以證明歷史。翻譯的東西同我們文化的關係是如此密切，我們一點也不能忽視。一部經的翻譯往往有若干本子，正是我們要了解翻譯的是甚麼人、甚麼地方、甚麼時代的一項關鍵性史料。譬如鳩摩羅什譯過《大智度論》，到唐玄奘又譯了一本，二者比較，我們可以看出鳩摩羅什譯的譯名、風格、筆調同玄奘是不同的，翻譯的語法，用的詞彙也有差別。一部經卷的異譯，在敦煌卷子裡邊是很多的，有的多達八九種不同的譯本，應該研究。到底八九個譯本，是從一個原本譯出來的，還是從八九個原本分別譯出來的呢？關於這個問題，指導我們研究的人現在國內是沒有了。我不禁想起我們的老師陳寅恪先生。他是通十二門外語的，不論甚麼語言的書給他看，都能告訴你：這是甚麼語言。這個問題是我們此後要努力的。我們以後要把有若干異譯的經追查出原本來，這同我國文化的關係太大了。所以，我們不要看輕異譯，以為單單是翻譯不同，而要看到它的重要性就在於它的不同譯本。所以，搞歷史、地理、語言、文學的人，不論搞甚麼學問的人，都得好好看。譬如說我們搞文學的人，敦煌有一種文體叫做「變」，我們迄今還講不通為甚麼叫「變」。這是語言學的責任，文字學的責任，史學的責任。所以說，它同我們中國文化的關係是很深的，這是第四點。

第五點，敦煌卷子裡邊還有許多講佛教歷史的。這個問題，在國

內已經有人注意，就是那些研究中國佛教史的人。我們應該知道一點常識。譬如說北京藏的陽字廿一號《佛說普賢菩薩證明經》，在每一卷開頭十幾行都有一段文章，用以寫明這部經的流傳情況。其中很多是佛教到中國來的歷史，說明從甚麼地方來，到中國是怎樣翻譯的，都詳詳細細的。這裡邊牽涉到許多問題。譬如說有一卷佛贊同佛圖的目錄當中，第一篇就講當時印度本土佛教的情況，可以補充玄奘到印度取經時所說的不足，可以補充法顯——到過墨西哥的法顯的《佛國記》所不詳。這種似乎是佛教的歷史，又是印度的歷史的材料，不僅中國需要，印度也需要。印度許多教派已經亡了，祇有中國有；許多佛經也亡了，祇有中國有。敦煌的佛教經典不僅有佛教歷史，而且有印度歷史，這樣歷史的範圍就擴大了。姑且不講印度歷史，就講佛教歷史，也是我們研究中應該注意的。現代研究佛教史有幾個權威，一個是湯用彤先生，這位老先生是規規矩矩研究佛教史的，不僅懂中國佛教經典（敦煌的當然不成問題了），而且日文很好，梵文也學過，法文很好，德文很好，懂四國外文。所以，他寫的《中國佛教史》，源流清楚。研究敦煌學，關於佛教在中國的源流系統掌握得多就行，掌握不夠的就不行。掌握印度佛教在中國的情況，並從敦煌卷子裡找出來，陳援庵先生是一個。他寫過一部關於中國佛教概論的書，用過很多敦煌卷子上的材料。所以，這些材料也是我們的大財富，應該想法趕快整理出來，好好研究。

第六點，佛教和其他各教在我國的情況。佛教到我國來以後，同道教、儒教發生了關係。因此，在佛教經典裡邊，也有同道家爭論的材料，就是「三教論衡」。某個宗教同佛教發生關係以後，佛教就要批評它，不僅如此，道家也要批評佛教。祇舉一個例子，譬如伯希和拿走的 P.2861 卷的第四節，有一段文章就是漢明帝的大臣等稱揚品，漢

明帝告訴底下的大臣，說是你們還不了解益州這個地方有鍾山同張衍辯論的事嗎？這就指同佛教的辯論，很有用的。這一類材料多得不得了，我們細細研讀敦煌的佛教經典，常常會碰到的。三教論衡的東西，河南有位老先生在研究，大體上就是從他所能見到的敦煌經卷裡摘出來的，此外，也從許多別的經典裡蒐集了好多材料，主要是兩部大書，即《弘明集》和《廣弘明集》。反過來，道教對佛教也有鬥爭，最重要的一部經典是《老子化胡經》，說老聃曾經把他的道傳到了胡著的地方，也就是說曾經到西藏、印度去講學，結果，把胡人都感化了，都從了老子的道，甚至釋迦牟尼佛是老子的弟子這種話也說出來了。這就是道家對佛教鬥爭的最好材料。《老子化胡經》到現在還好好保存著。道家經典很有意思，佛教經典分三大部分：經、論、律，道家經典當初衹有老子的《道德經》，別的沒有，等到它形成教以後，也想有經、論、律，於是，就拿老子的《道德經》為經，莊子的《南華經》為論，另外搞個《十戒經》為律。所以說，印度的東西傳到中國來以後，使中國的宗教也有所發展。道教後來有經、論、律這樣規模，完完全全是抄佛教的。又如佛教有一個很重要的集會，就是聽佛說法，敦煌壁畫裡有很多很多，如文殊菩薩聽佛說法去了，龍樹菩薩聽佛說法去了。道教也有，它不是聽法，而叫朝元會。因為老子早就死了，他沒有弟子傳，朝元會就是大弟子在說法。道家有沒有真的朝元會？沒有。道家後來流變成天師道，就是現在的張天師這個道教。張天師道教雖然很早，但是，在唐代並不興盛。唐代道家已經開始搞經、論、律三部了，所以說，佛家經典到了中國來以後，受影響最大最具體的是道教。道家完全抄佛家的許多音義、品式乃至音樂。道家經典的音樂到現在已是我國宗教音樂裡最完整的一套了。這是很奇怪的，道家經典暫且不說，但是，道家經典的音樂仍在全國流行，的確

優美得不得了。有人問道家經典的音樂會不會是唐代佛家音樂？有人在探討，日本人追尋得最起勁，不了解他們的結論，所以不敢說。不過，我知道道家音樂，即所謂彈《洞經》，《洞經》就是《洞玄經》的略稱。這東西是全國哪個地方都有的，現在雲南西部、四川西部，還有二三個地方保存有完整的道教《洞經》的音樂，規模大得很，音樂優美得很。聽說中央很關注，將來是要保存下來的。

　　另外，跟著佛教到中國來的還有若干宗教，最主要的是摩尼教。摩尼教到中國來以後，止於長安，後來，由長安到開封。四五十年前，開封還有摩尼教徒，五十多年前，成都也有，他們信摩尼教，讀摩尼教經典。這個問題，羅振玉、陳垣和王國維三位先生都有文章，考論了摩尼教經典的內容和摩尼教到中國來的歷史。還有一種叫火祆教，是印度小乘宗的一個宗教，也是跟著印度大教來的。這個宗教，現在中國沒有了，在敦煌有幾個卷子，可是，我們看不懂。另外，還有一個大教，叫景教。景教經典也留存在敦煌。景教還有一塊大碑，差不多有一丈多高，它就是著名的《大秦景教流行中國碑》。此碑今在西安，唐代刻的，是研究宗教的人都注意的，因為大秦景教同天主教有關係，同基督教也有關係。巴黎有一個博物館就立有一塊《大秦景教流行中國碑》。我看見，很驚訝，我想：我們這個大寶貝被法國搶來了？同伯希和談起來，他說不是，我們是根據你們的照片，在這裡請中國匠人來幫刻的，它是複製品。我再了解，這種複製品多得不得了，世界上，所有有天主教的國家大體都複製了。所以，景教經典是跟著印度宗教到中國來的，也是中國文化一件了不起的事情，在整個人類文化中也是了不起的事情。我們不要小看敦煌這個小地方發現的東西，幾乎整個中國文化同敦煌都有關係。此外，佛教音樂同中國關係很深，佛教藝術同我們也有關係。佛教藝術到中國後，誠然中國化

了，但是，基本上還是以印度為基礎的。譬如釋迦的涅槃像，死的時候是睡著的，面孔的樣子，睡的方法，中國所有臥佛幾乎都是這個樣子，而他的背光都是一個半圓形的東西，背光後面都是少數民族，是印度各宗派各民族的人站在後面來服教的，中國也畫這個東西。還有一點，不管是佛也好，菩薩也好，侍士也好，供養人也好，服裝全部是印度的服裝。可見印度服裝對中國發生的影響，尤其是女子服裝。唐代人都是身子胖一點，衣服都寬大一點，而衣服寬大、瓔珞被體的形象正是抄印度的。因此，唐代許多文化同佛家都有關係，需要看看向達先生的《唐代長安與西域文明》。最近西安有一組仿唐樂舞，甘肅有一組敦煌舞，都是根據敦煌壁畫來的。敦煌藝術影響到我們人民的生活裡去了。譬如我們農家打連枷，也是從印度傳來的，敦煌壁畫裡有的。所以說，敦煌的點點滴滴都同我們整個文化史發生緊密的關係。

二、道家經典

道家經典的情況與佛家經典有所不同。敦煌是以佛教為基礎的，不過，六朝以後尤其是隋以後，道教興起，凡有佛教的地方大致上也有道教。佛、道兩教，在中國歷史上始終站在對立面。宋代以前，佛教勢力大，道家雖然進行鬭爭，但是，鬭不過佛教。宋代以後，稍稍好點，道教力量稍許大一點，不過，道家的「理」不夠深，大概懂歷史、懂哲學的讀書人對道教不太重視，所以，道教始終在民間比較低級的一些地方流行。這現像在敦煌也看得出來。

道家常以老子做幌子，實際上，道教與老子《道德經》是兩回事。雖然道教尊崇《道德經》為主要經典，不過它本身對《道德經》沒有甚麼發展和發揮，相反，佛教小乘宗的許多經義為道教所吸收，甚至被拿來抵制佛教，實際上，是敵不過的。

所以，《道德經》和其他道家經典要分開講。《道德經》的情況很

簡單，內容卻很複雜，讀書人愛稱「老莊」。在敦煌遺書中，《道德經》的卷子很多，但是，《莊子》的卷子很少，《南華經》只發現過一卷，並且很不完全。讀書人稱「老莊」是有道理的。老子《道德經》與《莊子》，內容、基本觀點一致，理論方法的發展也大致相同。這裡祇把《道德經》的情況總的講一講，大致有幾點。

第一點，敦煌《道德經》主要是河上公注本。後漢以來，《道德經》流傳著兩種注本：一是王弼注本，講《道德經》的理論，讀書人看的；一是河上公注本，道士看的。河上公注本往往把道教許多東西，例如《洞玄經》這一類，放在《道德經》後面。因此，打開卷子一看，就曉得是道士用的《道德經》，讀書人是不大看的。這是河上公注本的最大要點，不過，它控制了敦煌。王弼注本有沒有呢？有，有一卷二卷，但是，殘破得很。

第二點，《道德經》卷子的紙非常講究，在敦煌卷子裡是第一等紙。唐代書寫的紙大體有兩種（當然不能說祇有兩種）。一種是做過的，相當於杭州過去叫熟宣的那種紙，自然做法不同，尺幅大概是四尺宣對開後再四裁，四裁後再去點邊那樣大。做時，把一盞燈放在架子下面，架子上面鋪紙，紙上塗蠟，一烤紙就變黃了，有點透明了，所以，叫硬黃紙。這是唐代寫字紙中較為高級的紙，佛教經典沒有用硬黃紙寫的。另一種叫楮白紙，質地疏鬆，而硬黃紙很硬健，直到現在，得到敦煌卷子，還能從紙的響聲上區別開來。所有《道德經》卷子全用硬黃紙寫的。這個看縮微膠卷就沒有辦法了，所以，有許多事情一定要看到原始材料才能了解。《道德經》卷子不僅紙講究，字也講究，校勘也講究，往往最後還要錄一個郭先公（就是郭璞，道家稱郭先公）的序，接著錄個《太上隱訣》（也是個小書），最後是寫經人名字。《道德經》除了河上公注本外，諸家本子還有四五種，但是，為數

很少，還是以河上公本做基礎的。

　　第三點，《史記》曾說《道德經》五千言，說寫了五千言，他就出關了。後人，特別是道家就將這個話引申出來，一定要把《道德經》扣在五千言上。實際上，卷子中最多的有五千三百字，少的有五千一百幾十個字，最少的有四千九百九十九字。為了湊合五千言，其辦法很可笑，他們把語助詞、介詞、之、乎、者、也、於是、然而等統統刪掉，今天讀它，語氣簡直不行。讀書人讀慣傳統書，讀起來讀不下去，莫名其妙，聲調不順，意義也講不通。既然是四千九百九十九字，有人就開玩笑，說為甚麼不加一字以湊足五千言呵？回答是不好加，因為這個字一加，全部都要加的，那就加到五千三百字了。所以，敦煌《道德經》卷子，假如發現它是四千九百九十九字，幾乎就可以肯定是河上公注本，王弼注本不會這樣。通過以上三點，我們可以弄清河上公注本和王弼注本的區別。

　　還有一點要加以說明，唐代重視《道德經》，還有一個重要原因，是唐家自稱老子後代，唐家也姓李。雖然沒有把道教定為國教，但是，定成國家祖宗，家法裡面的頭子。敦煌《道德經》卷子，隋代以前寫本極少，大概祇有一二個，絕大多數是唐代寫本，這說明政治上同國家發生關係極大。《道德經》寫卷總數不多，我幾乎全部抄回來了，約二十卷。從年代看，唐明皇以後不大有人寫，所以，《道德經》在敦煌流傳的年代很短，不過一百年光景，也許還不到一百年。道士們所搞的道教東西，到底比較淺薄，《道德經》，道士也不大懂，尊崇它是為了國家功令的關係，皇帝祖宗嘛，要恭敬一點，寫一點。但是，歷史不長，要是政治力量沒有了，衰退了，也就不管了。所以，《道德經》卷子主要是初唐、中唐和盛唐三個時期的東西。

　　其餘道教經典的內容怎麼樣呢？總起來說，大概是把《道德經》、

《莊子》以及神仙家、方士們的話雜糅在一起，就成了道家經典，甚至還有許多印度小乘宗的方法在裡邊。印度小乘宗的思想很奇怪的，道教也有許多奇奇怪怪的東西。小乘宗醫學很好，還有許多講衛生的，道家也就有。現在道士搞的很多東西，有的很可笑，大概就來源於印度小乘宗。道教經典的內容大抵如此。

敦煌道教經典的卷子幾乎全被伯希和拿走了，北京圖書館幾乎沒有，倫敦收藏的很少。大量的，約六七十件都在巴黎，不能不說伯希和是有學問的。他懂得道教在宗教史上的地位，原先，歐洲知道的人很少，有的雖然知道，但是也沒有見過。所以，伯希和看到，很驚訝，全部拿走了。帝國主義搞侵略很可惡，但不要小看他們，他們裡面有人才。斯坦因拿不走，大谷光瑞也拿不走，就因為學問基礎沒有伯希和好。伯希和拿的東西都精得很，他拿走的還有許多外國文字的殘卷，講地理、講歷史的，他也拿走不少。可見帝國主義搞侵略需要人才，因此，我們也要培養人才，再不培養，敦煌的東西就保不住。

宋太宗時候開雕，刻了一部《道藏》，把唐代所有道家經典都收齊了。但是，把敦煌經卷細細考察，發現還有若干為《道藏》所沒有的，我稱它為道教佚經，約有十幾種。

道教在中國歷史上，沒有人注意，讀書人沒有哪個人注意的。譬如張道陵，在江西龍虎山，是道教很了不得的人物。可是跑到龍虎山去找他的歷史看，一點也不曉得。道家的歷史，在敦煌經卷裡，倒發現了一些。因此，這份材料很可貴，研究中國宗教史，非有不可。我在《敦煌—偉大的文化寶藏》一書中，講得很詳細，可以參考。

此外，道、佛、儒三家，唐代以前鬮爭得多。在唐代，已經有人反對道家的「三代人」：張角、張道陵和張魯。道家經典中經常發現這方面的材料，可惜太少，無法進行分析。只覺得有人在反對，但是，

說不上是哪裡來的，也不曉得是誰做的，無法推測。有人估計是和尚做的，這也是可能的，道家有反對佛教的東西，佛教也會有反對道家的東西。道家反對佛教的東西，莫過於《老子化胡經》。道家的寺觀裡有三清殿，所謂老子一氣化三清：中間是老子，左邊是釋迦牟尼，右邊是孔子。唐代已經有反對道家的東西，這種材料在敦煌卷子裡發現了，是很可貴的。不過國內還沒有人充分注意。

三、儒家經典

儒家經典在敦煌卷子裡是重要的部分，複雜程度跟佛教經典差不多。為甚麼儒家經典會在敦煌廟子裡發現呢？大概從漢武帝獨尊儒術就開始了，民間每個讀書人都要讀儒家的書。到了後漢，取士、選才也往往用儒家經典做基礎，此後經魏晉南北朝，一直流傳下來，到唐代，儒家經典成了必讀之書。從後漢起，讀書人必讀的儒家經典有《詩經》、《尚書》、《論語》和《孝經》等，後來人識字讀《三字經》和《百家姓》，而漢初人讀的是《古籀篇》和《蒼頡篇》這一類書，一個個字地識讀。可是這樣做不及一篇篇地讀、識字來得多、快，所以，東漢以後就改變方法。《論語》的語言比較容易懂，就成了教兒童的書。《詩經》容易背，而且用的詞最多，草木鳥獸魚蟲的名字都有，《尚書》多歷史材料。中華民族最看重歷史，在世界各民族中，歷史材料也最多，印度雖然也有悠久的文化，可是像我國這樣「行而有則」的史書，一部也沒有流傳下來，它的歷史夾雜在其他書裡。中國則甚麼歷史都有，說事的歷史，說人的歷史，說物的歷史等等都有。中國人的這個習氣從春秋戰國就開始了。孔老先生教育他的學生要讀《詩》，「不學《詩》，無以言」，意思說你想在社會上有點地位，就必須讀《詩經》。《詩經》是儒家教育中主要的教科書，在《論語》中，講《詩經》的重要，是很多的。春秋戰國時期，士大夫之間應酬也常常引用它，所

以，《詩》成了儒家的要典，成了民間對歷史的愛好。中國民間愛好歷史有種種表現，譬如宗譜，計家有計家宗譜，王家有王家宗譜，姜家有姜家宗譜⋯⋯中國的宗譜之學是世界罕見的。搞宗譜最了不得的是浙江人，第二是河南人，第三是四川人。他們的家譜清清楚楚，哪一家從哪裡搬來的。如王國維先生，他家是南宋時候從河南開封搬來的，一代一代清清楚楚。我們現在不大管了，但是，我們的父親、祖父輩都很講究歷史。如我們姜家，十八代祖先我都可以說得清清楚楚，哪一代從哪裡往哪裡搬等等。譜系之學在中國歷史上是非常重要的，在六朝，就是所謂門閥，王家、謝家雖然窮了，但是，姑娘絕不肯嫁給別家。唐代皇帝想要盧家姑娘做媳婦，也不可得。說是盧家門閥高，不願意同李家做親戚。門閥制度影響到讀書，讀孔家的書，孔家是宗法社會流傳下來的呀。因此，《尚書》一定要讀，《詩經》一定要讀，《論語》一定要讀。這三書就成為敦煌儒家經典的重點，和尚唸經要識字，所以，和尚也讀儒家這三部書。和尚很佩服儒家，譬如天台宗智者大師注過一部《孝經》，比儒家注的還要高明，他說的許多道理，儒家說不出來。此外，儒家經典還有兩種：《春秋經》的《左傳》與《穀梁傳》，《公羊傳》卻沒有。《公羊傳》有點造反的思想，敦煌經卷裡一卷沒有，這是很奇怪的事。我們搞文獻的人，很想找一找，我根據三地圖書館所見的卷子，姑且這樣論定。是不是後來有發現呢？不敢說。不過到現在為止，還沒有聽說。除《尚書》、《詩經》、《論語》外，《春秋左氏傳》是重要的。它的基本材料，如書中「子曰」、「詩曰」的話，都是《論語》和《詩經》的東西，所以，人人可讀。《春秋左氏傳》在敦煌卷子中分量不少。此外，還有《禮記》、《周易》等，但是，不多，《周易》稍多一點。因為《周易》的道理通道家通得過，通佛家也通得過。講佛學的人，也覺得《周易》很有道理，讀得通讀得懂。

近代浙江有一位老先生叫馬一浮，馬一浮先生在四川辦復性書院，有個規矩，把經典分給學生讀，把《周易》、《道德經》和《金剛經》三個合起來一道讀。後來有人對他説：《金剛經》不要，他同意放棄了，但是，他一定要《周易》和《道德經》放在一起讀。所以，講《周易》的也有佛教徒，甚至於禪宗。這也不奇怪，因為《易經》變的道理就通佛家輪迴之説，和陰陽八卦之説，也是相通的。總起來講，敦煌經卷中的儒家經典，是以《尚書》、《詩經》、《春秋左氏傳》和《論語》為基礎的，其他都是小經。

拿《尚書》來説，現在我們讀的是唐代開元、天寶以後修改的版本，而開元、天寶以前的本子全部保存在敦煌卷子裡。唐代衛包把所有的《尚書》改成唐代實用的字，現在所讀的《尚書》就是衛包改定本，衛包以前的本子所能看到的祇有敦煌本子，別的沒有了。可見這個本子多麼珍貴，從漢代記錄傳下來的，最大的價值是保存了古注。古代許多材料只有在古注裡看得到，我們貴其古，是貴在它保存了許多古代學説。這也是敦煌儒家經典頂大頂重要的一點。譬如《論語》，現在讀的祇有一種本子，即何晏注的本子，何晏注本也收集了魏晉人的注解。但是，敦煌發現了皇侃注的本子，皇侃把兩漢和魏晉之間所有人講《論語》的要點都收錄在注中了，這個本子也就成了中國的寶典，但是，被伯希和拿到巴黎去了。當初王重民先生在巴黎編目，有天晚上，我回旅館休息了，深夜一點多鐘，他來敲我的門，説發現了一個大寶貝，這就是皇侃的《論語》注。過去我祇在目錄上知道有這部書，卻從未見到。王先生有圖書館鑰匙，我們倆人立即跑到圖書館去看，高興得不得了，並且拍成照片寄到國內商務印書館，要他們印出來。商務印書館果然立即印了出來，有幾位老先生，像章太炎老先生見到這部書，連説可貴，一生再沒有見過這麼好的書。《春秋左傳》

也有古注，現在通行的杜預注，拿它同敦煌本子比較，有很多出入。到底哪個好？由於沒有全部校過，不敢斷定，可是到底有不同，校出來以後就可以明白了。因此，第一件事是說，敦煌的儒家經典是非常寶貴的，它保存了唐代以前的古注。

除此而外，還有許多漢代的注本，敦煌一件也沒有。譬如《詩經》有四家，除毛家的本子，還有齊、魯、韓三家，敦煌卷子裡一件也沒有，民間也沒有流傳下來，因此無法校對，現在也無法評論。《春秋左氏傳》我們有東西，《穀梁傳》有范寧注，我們有東西，《論語》有皇侃註，我們有東西。別的東西，我們沒有。敦煌儒家經典裡的古注，是讀儒家經典的人必須重視的材料。

總結一下：

一、敦煌所有的同儒家有關的古籍，同現在流傳的本子對看，有許多出入，從而說明敦煌卷子都是古本，都是唐代以前的古本，而我們現在的東西都是唐人以至宋人修改的東西。儒家經典的敦煌卷子最可貴的就是這一點，我們也可以根據這個卷子來考究現在本子的是非得失。

二、所謂考究是非得失，以我的經驗講，我覺得古本裡面有許多好東西，當然也不否定說古本裡面有許多東西是不太好的。譬如道家經典裡面就有不少東西不太好，像《道德經》一定要湊合五千言等。但是，在儒家經典裡面，這種東西少，頂好一點可以糾正我們唐代以後所流傳的古書，乃至於漢人的著作都可以糾正。譬如《詩經》有一篇《出車》，裡面有一句詩：「執訊獲醜」，意即逮住敵人。可是鄭康成注：「執其可言問所獲之眾」，這句話我們讀起來，意義不太明白。我們看敦煌本子，如 P.2570 卷，作「執訊，執其可言，問及所獲之眾」。這句話是清清楚楚的，多了「執訊」兩個字，又多了一個「及」字，

於是把鄭康成的話講清楚了。故而不能看看僅僅是三個字的問題，而是整個含義的問題。這種例子多得不得了。關於這個問題我比較過，一部是《尚書》，一部是《詩經》，校過以後，敦煌卷子的長處就明白了。例如《詩經·齊風·東方之日》，今本序作：「刺衰也。」但是，P.2529 與 P.2669 兩卷不是這樣講的，而是作「刺襄公也」。「衰」和「襄」形近，後人的本子誤成「衰」字之後，又刪去了公字，於是這首詩是哪個時代就不明白了。這些成果我將整理發表。所以，就整個敦煌卷子的儒家經典每個字都有很大的作用來看，儒家經典在敦煌卷子裡邊確實是很重要的東西。

第四講　敦煌經卷簡介（下）

四、文學作品

敦煌卷子中，文學作品也不少。最早談敦煌文學作品的一篇文章，是王國維先生大概在一九二〇年左右發表在《東方雜誌》上的《敦煌的俗文學和敦煌小說》。中國人知道敦煌有俗文學就是從這裡開始的，我們現在講敦煌俗文學的人都承襲了王先生這句話來的。事實上，敦煌關於文學的卷子可以分成三大類（或四大類）：一是曲子詞，二是變文，三是一般文學理論和文學作品。

關於曲子詞，王國維先生已經說過了，在我國，第一個把曲子詞拿來加入我們文學大流的是朱彊村，他所編的大詞書《彊村叢書》，第一種就是《雲謠集曲子詞》，有三十首，大都是唐末五代人作品，國內搞的人極多，約十幾個。到現在，還沒有得出最後結論，裡面有錯字，有與現在不同的字，還有些現在本子裡找不出的，亡佚了的東西，現在還有人在哪裡，大用其功。其中王重民先生的《敦煌曲子詞

集》，是比較得出了結論的，至於是不是最後結論，還不敢說，研究文學的人還在搞。敦煌發現的詞不止這一些，其他的東西還有好多首，還沒有完全彙集起來，所以，敦煌學的研究還須深入，許多材料還沒有整理，還沒有發現。

第二種是變文。變文大概就是唐末五代時的說書、唱書等曲藝作品，就像我們每天晚上廣播的蘇州曲藝、上海曲藝、杭州曲藝那樣，彈一段，講一段，也就是一段詩一段文地夾雜起來，這樣一種作品，叫做變文。變文這種文體，也是舊傳，不是唐代新創。現在有人講變文是從印度來的，可能有些關係，但是，我不敢完全相信。因為在漢代人的賦裡，大賦裡有這個體式，很可能是印度的酒瓶子裝上中國的舊酒。變文裡另外有一種叫做講緣起，緣起相當於現在唱曲子的開篇，就是拿一首詞或幾句話先總的把這個內容簡要地唱了出來，聲調也特別有魅力。還有一種叫聯章詞，就是這個調子唱完後，再接著去唱，當然還是這個調子，一段、二段、三段地唱下去。這也算是變文的一個變體。

第三類是許多唐末五代人作詩的稿子，譬如岑參的《玉門關》詩等，都在這裡發現了，甚至許多古代文章也發現了，還有文學理論的東西也發現了。我略略統計一下，大概有這幾樣。一種是《文心雕龍》，但是，不完整，零零散散有三四篇的樣子，和現在的傳本比較，有些出入。二種是《玉臺新詠》，也是六朝的東西，儘管國內現有好幾個傳本，但是，都同敦煌本有所不同。這件事應該有人去做。另外，還有《世說新語》，同現在的本子比，出入很大。雖然已經有人研究過，但是，剛開始，還可以繼續努力。還有一種東西，文體和《世說新語》差不多，不過沒有這樣好，都集中在所謂《古賢集》裡，它把古代賢人的事情加以分類，像《世說新語》一樣來分類，分成十類八

類的，每類中說了很多人，把事情摘要地說幾句。大概有十卷以上，有不少好材料。這些東西，我都抄回來了，很想把它整理整理。敦煌卷子中也有小孩讀的書。小孩識字的書是《三字經》、《百家姓》等，可是，唐末不是這些。唐末有一種認字的音義，等於後人的《百家姓》一樣，不過後人的《百家姓》是四字一句，而敦煌的幼兒讀物大體上七字一句，押韻的，裡面一個字一個字的意思是不聯貫的，也沒有文法，因為它不是成文的。《太公家教》是教育小孩子的書，教小孩要有禮貌，思想要純正，怎樣做人，如何待人處事等。約有十多件，東西還不少。應該好好整理，它是幼兒教育中一本很好的書籍。搞古籍研究的人，應當重視幼兒讀物的整理。還有很多卷子背後往往寫了一首詩，不知是誰寫的。但是，材料不少，都是唐代寫本。王重民先生的《補全唐詩》就是收集了這些詩，來補《全唐詩》所未收的東西。分量雖然不算多，約三四十首，但是，多一首也是可貴的。所以，敦煌卷子中的古文學材料，還有待於我們去發現、去整理。

　　還有一種是小說，小說很多是同變文相連繫的，有一個變文，往往就有一個變文的小說。譬如釋迦牟尼出家的故事，有變文，也有小說。最特別的是同我們歷史有關係的一件事，即《唐太宗入冥記》說唐太宗到陰間去的故事。《入冥記》這個話是印度來的，古籍中還沒有哪個皇帝遊陰間的傳。《唐太宗入冥記》就是小說，像這樣的小說在敦煌卷子裡邊還有一些。我過去看卷子，小說的材料沒有時間細細料理，所以，我懂得少。但是，王重民同向達先生都寫過文章，尤其是鄭振鐸，他把敦煌小說的全部目錄收進了他的《中國俗文學史》。我們可以參考。

五、語言材料

　　語言材料十分可貴，細細考究，有廣狹二種含義。從廣義上說，

一切敦煌遺書的語言文字都是語言材料，隨著研究的深入，關於敦煌卷子是保存古代漢語，特別是唐五代漢語材料的寶庫的認識，日益為大家所接受。這是一個大可開拓的領域，近年來，取得了可喜的成果，譬如《敦煌變文字義通釋》已經發行第四版了。我這裡主要介紹狹義的語言材料。

所謂狹義的語言材料，指語言學的專著。它很早就引起學者們的注意了。當年，《國粹學報》影印過吳縣蔣氏所藏的《唐韻》，王靜安先生影寫過三種倫敦藏的《切韻》殘卷等等。所包含的內容廣泛而且複雜，因此，分類介紹如下：一是古籍殘卷；二是俗字書；三是音義；四是韻書；五是外國語言材料。

一、古籍殘卷是指《爾雅》、《玉篇》之類，巴黎藏有《爾雅》二卷：P.2661 卷存「釋天」、「釋地」兩篇，P.3735 卷存「釋丘」、「釋水」和「釋山」三篇。雖然很不完整，但是，僅它是唐代古本來說，就十分可貴了。後卷末有「爾雅卷中」四字，並有題記：「大曆九年二月二十七日書主尹朝宗，」又有張真題記：「乾元二年十月十四日略囗（按：似寫字），乃知時所重，亦不妄也。」乾元二年早於大曆約二十年，明顯同正卷不合。再考兩個題記中還有一行字：「天寶八載八月二十九日寫，」似與張真題記相應。但是，大曆題記的字跡和墨色都和正卷無別，紙幅也沒有接痕，因此，可以推斷：天寶、乾元二題記可能是後人追寫的。把 P.2661 和 P.3735比較一下，無論紙質、墨色、款式、字跡，都可以證明原來是一個卷子。黎蒲齋在日本得到的唐寫本《玉篇》，與宋《大廣益會玉篇》大不相同。羅振玉考訂以後，又印過一個本子。這個印本，從各方面看，都應該屬於敦煌寫本。除以上二書之外，在敦煌還沒有發現《說文》、《字林》等字學古書。

二、俗字書，專指唐時敦煌民間流行的幾種字書：《千字文》、《字

寶碎金》、《俗用字要》和《雜辨字書》等四種。

　　《千字文》有四五個卷子，P.2771 卷說明作者是鍾繇，注者李暹，次韻是周興嗣，這一說法可以相信。P.3108 卷最完整，P.3419 卷的後面附有藏音，可見吐蕃時代的藏人也讀它，在當時是很流行的。

　　《字寶碎金》是採用了 P.2717 卷的名稱，它是辨字音的書，全書按四聲分類，每類摘錄若干俗語、通用語，也有經史中語，把內中難字的音註出。譬如「馬䠀踏所交反」，所交反是注䠀字的音；「崢嶸士爭反下橫」，又是註崢嶸二個字的；「食婪音蘭又惏」，音蘭註婪字的音，而惏注婪的異體等等。收錄的大都是唐代西北俗語，既是考唐音的重要材料，也是讀其他卷子以至唐宋以來的俗文學的不可少的「字典」。全書已收入我的《瀛涯敦煌韻輯》之中。P.2758 卷略有不同，它按韻分類，把常用的同音字集在一起，可以說是一種「同音字典」。由於目的不在於做詩用韻，而在於認識許多常用同音字，所以，我沒有歸入韻書類裡去講。它的韻次依陸法言，可惜祇存東韻至戈韻，連平聲也不完整。據我考證，應是拿孫愐《唐韻》作依據的摘字本，也收入《瀛涯敦煌韻輯》。

　　俗用字要：P.2609 卷原名《俗務要名林》，一卷，不全，應是唐代的一種字典。全書按事物分類編排，每類錄常用物名若干，然後逐一註上音義。今存從量名的十撮為一勺開始，以下為市部（擬）、果部、菜蔬部、酒部、□食部、飲食部、聚會部、雜畜部、獸部、鳥部、蟲部、魚鱉部、木部、竹部、草部、舟部、車部、儀仗部、□□部（應是河流部）、□□部（應是藥物部）、手部，共二十一部。這種分義類的編輯法，是六朝以來的類書體式，民間所習用。每一句詞下，都有註音，大體一字一音，二字二音，遇較艱澀的字，還加簡要的釋義。如：「樟竹樟也，薄皆反。軋，轂中鐵也，音工。枸杙上古佳反，下音

心。」可見它的主要目的，還是注音。注音形式以反切最多，其次是直音，所注的音不出陸法言《切韻》系統的《唐韻》。書中多俗字，往往不見於通常的字書和韻書，這同寫書目的——為俗務要名而作，應是一致的。所以，它無疑是唐代社會，尤其是敦煌地區的社會生活的寫真，可以從中考見當時語言情況和社會情況。

其他俗字書不過是上面三式的擴大而已，如 P.2537 卷和 P.3363 卷等。倫敦還有郎知本撰的《正名要錄》、後唐泰清二年寫的《開蒙要訓》，不一一細說。

三、音義。敦煌是佛教聖地，佛經既多，音義必然不少。由於許多佛經的經文後面都附有音義，看來獨立的音義是不會多的。但是，在巴黎的收藏中，連玄應的《一切經音義》（P.3095 卷）和慧琳的《一切經音義》都有了。許國霖也曾把佛經每卷正文後面的音義錄出來，如《妙法蓮華經》、《大方等大集經賢護分》、《金光明最勝王經》、《菩薩瓔珞本業經》、《大莊嚴論》和《三論》等，都是研究語言，特別是語音的重要史料。

此外，要說到儒家經典等古書的音義，如《尚書王肅音義》乃是現存儒家經典音義中最早也是最好的一種。不僅使用了大量反切，而且也注直音，標誌反切在漢末已經盛行。羅常培先生曾把它和開元本《周易音義》和《禮記音義》之一、之二合起來分析，並與通志堂本《經典釋文》相校，結果是在六百四十五條音切中，今本與寫本音切用字不同而音類亦異者祇有四條，從而，斷定音系無別，並說明唐宋兩代改竄《經典釋文》，在文字訓釋方面的多，而涉及音系的少。《莊子音》、《文選音》等也很有價值，不過最可注意的有二本。其一是徐邈的《毛詩音》，即 P.3383 卷，同今本《經典釋文》出入極多，主要有八點：

（一）此本以音為主，所以，音多而義少。

（二）多用反語，而《釋文》時用直音。

（三）出字多少不同。

（四）引舊音多有不同。

（五）篇題分卷也不全同。

（六）音切用反字的，今本久無此例。

（七）文字不同，如「思齊」之「齊」，卷子作「齋」。

（八）多引《說文》，而《釋文》所引多不註明出處。

如此等等，可供校勘的非常之多。另一種是釋道騫的《楚辭音》，今存《離騷》的「駟玉虯以乘鷖兮」句至「雜瑤象以為車」止，共八十四行。這是今天能看到的屈原賦的最古本子，文字與傳本很有不同，似乎連宋代人也未曾見到過，所以，價值極大。這些已經全部採入我的《屈原賦校注》，此不細談。

四、韻書。韻書的成立當在齊梁之間，隋陸法言《切韻》問世以後，有長孫訥言為之箋注，唐代取士也採用它，於是，古韻書全都亡佚。所有敦煌發現的韻書，都屬於唐人使用的《切韻》一系的韻書。以我所見，如陸法言《切韻序》，就有 P.2129 卷、P.2638 卷和 P.2019 卷等；陸法言原書的韻目有 P.2017 卷和巴黎未列號戊卷；陸法言原書抄本有 S.2683 卷和巴黎未列號乙卷；隋末唐初增字加注本有柏林藏 IIVK75 卷和 S.2071 卷；長孫訥言箋注本有 S.2055 卷和巴黎未列號甲卷；王仁昫《刊謬補缺切韻》有 P.2129 卷（國內另有羅振玉印的項子京跋本和故宮博物院印的宋濂跋本，與本卷大同小異）；改革韻系因而與《廣韻》相近的孫愐《唐韻》有 P.2018 卷、P.2016 卷和柏林藏 VI21015 卷；《廣韻》母本，晚唐諸韻集成本有 P.2014 卷、P.2015 卷、P.5531 卷和巴黎未列號丙卷；北宋刊本《切韻》有柏林藏 JIID1 等。此

外，還有《韻關辨清濁明鏡》一書，即巴黎未列號丁卷。根據這些卷子，我們考得陸法言以後唐人韻書的真相及演變的方式，根據王仁昫捲開列的魏晉以來各家韻部分合和取捨的說明，我們考得了《切韻》成書的具體情況，所謂「論定南北是非、古今通塞」，於是陸韻系統得以大明，中古音的情況得以大明，中古所本的古音也得以大明，對學術貢獻是很大的。

　　五、古外國語言材料，指的是西夏文、窣利文等現已亡佚的古代許多部族語言材料，國外尤其是歐洲學術界對此很重視，而國內從事這方面研究的人還不多。

六、史地材料

　　這類卷子分量不多，但是，很重要。幾乎每個講歷史、地理的材料都可以補充正史的不足。譬如說《史記》、《漢書》等，我們一向認為是了不得的歷史正宗，敦煌也發現了《史記》、《漢書》的卷子，同今本出入很大。所謂出入很大，不是指事情有增減，而是指文字不同。可惜少一點，不過就是一鱗一爪，也是很可貴的。還有唐人著的《晉書》，說明敦煌收的東西範圍寬得很。其餘的再舉幾件，一個是《唐代職官表》，雖然兩《唐書》也有，但是，有很多不同。到底誰對，不好隨便判斷的。兩《唐書》是官修的，不敢有隨便寫的東西，因為皇帝要看，寫錯了皇帝要干涉的，所以，兩《唐書》的職官表是很可以相信的。但是，敦煌抄本也不是天上掉下來的。它必然有所根據。既然有所根據，那麼是敦煌的好，還是兩《唐書》好？就要我們好好地研究罷。關於這個，王國維先生寫過一篇文章，不再細說了。還有一個《官令品》，是做官命令的一個品，這個卷子是我發現的，因為伯希和目錄裡邊沒有，到了王重民先生編目錄時，我看到了，很欣賞，就抄錄了回來，作了一點考證文章，後來，北京大學金毓黻考證

了這個《官令品》。這個《官令品》很有趣，哪個皇帝，哪個皇后，是哪一天生的，忌日是哪一天，官是幾品，都寫得清清楚楚。這是極詳細的記錄，它可能是唐代官府中的一種檔案，而不入正史的。正史不收這些東西，正史收這些東西太複雜太瑣碎了。可是在官府檔案文書中是要有的，不然就沒有甚麼做依據了。這是很使我們吃驚的。最後還有《闕外春秋》、《春秋後語》，是講《春秋左氏傳》、《春秋公羊傳》和《春秋穀梁傳》所收納不進去的資料，也是很重要的東西。

　　關於地理，也有幾樣了不得的東西。一個是《沙州都督府圖經》，它應當是敦煌長官府的檔案。《圖經》說得非常詳細，詳細到沙州有多少縣，每縣有多少鄉，每鄉有多少人，多少土地，土地怎麼分配等等，都有記載。後人著《十六國春秋》，但是，沒有把沙州的東西放進去，所以，《圖經》是地方志方面了不起的書。現在，中央鼓勵各地修通志，但是，我對我們現在修的通志有些是不太滿意的，因為許多歷史上重要事情他們反而疏忽了。我想把《圖經》推薦給大家，唐代就是這麼一個規模。這個規模是我們可以學習的。關於方志的材料還有很多，譬如《諸道山河地名要略》，那個地方有座甚麼山，有條甚麼河，乃至小溝，都錄上了，那個地方有個甚麼村子，村名叫甚麼，也錄得清清楚楚的。我們要知道唐代地理情況，這是很重要的東西。《沙州志》也是方志，其中最詳細的是說了個劍南道，劍南道有十個州，詳細的情況都有了。不僅是地方、人口、土地、賦稅，而且連這個地方的經濟地理，也牽扯到了。所以，研究歷史，單單靠正史是不夠用的。敦煌給我們研究提供的資料，是十分可貴的。這是第二種。

　　第三種是關於世族、人物的材料。敦煌這個地方，有些甚麼世族、人物都有詳細記載。這個東西就是 P.3718 卷和 P.4660 卷，名叫《敦煌名人名僧邈真贊》，它把唐代以前敦煌出過些甚麼大人物，一個一個

列入。我們考證敦煌有學問的人，大官，有道德的高僧，人民佩服的名流，譬如大書法家索靖，關於他的歷史，很少很少了。但是，在上述兩卷中就有一段索靖的文章，比較詳細的。唐代以前，世族在社會的許多方面有一定作用，譬如敦煌兩大世族：張家和曹家，他們自稱敦煌王，唐朝也封他們做敦煌王。所有圍繞敦煌的少數民族，如突厥、吐蕃等，在唐五代能夠使中原不受他們侵擾，就是這兩個世族在哪裡管著。這兩個世族對這些少數民族的辦法有兩種：一種是經濟辦法，即給錢；一種是結親辦法，有了小太子，就娶回鶻的女兒作妻子，又嫁自己的女兒給回鶻酋長。這樣就成了親戚關係，安安靜靜的，差不多兩百年中，沒有出現騷擾民間的事情，世家大族有很大作用，因此，我們應當注意。

還有一種《敦煌高僧傳》，為許多大和尚立了傳。假若是一個普通地方的傳，倒也不算甚麼稀奇物。因為敦煌在唐代，剛剛是從西域、印度、于闐乃至許多小國到中國來的第一站，來者都要作短暫的停留，有些到敦煌就不走了，在敦煌落籍了。有些高僧到敦煌之後，慢慢進入中原，在別的地方落籍。他們的事蹟在《敦煌高僧傳》裡有。譬如鳩摩羅什，他在敦煌蹲了兩三年，然後到臨汾去，這樣的事情使《敦煌高僧傳》的價值更了不得。敦煌也有了慧遠，也有傳的，所以，我們講宗教，絕不可忽視它。還有許多官府名冊，也是很重要的。另外還有一個卷子講敦煌風俗習慣的。我們要想講中國的風俗制度，它是最好的參考書。誰想寫風俗志而找不到材料，敦煌卷子裡有，將來敦煌的風俗志可以寫得出來，別的地方的風俗志可能還沒有。譬如飲食，北方人喜歡吃羊肉麵饃，就是拿蒸好的饅頭搞碎放在羊肉湯中泡著吃，這在唐代已經開始了。卷子中還發現做牛酪、羊酪的方法，現在南方有的人會吃牛酪、羊酪，根源就是從這個地方來的。所以，民

間風俗習慣的東西，如烹調的方法，殺豬、殺羊的方法，裡面都有記載。這種材料，若是去蒐集的話，那是極有價值的。

西域諸國的材料，如于闐、高昌等小國的史料，敦煌也很多，我略加統計，譬如同吐魯番有關係的卷子，就有九件；同于闐有關係的卷子有四件；同回教徒有關係的有五件；同焉耆、印度往來有關係的有六件；同西天竺十五國有關係的一件，敘述到西天竺的路程，一國一國的路程。我們讀玄奘的《大唐西域記》、宋雲的《西行記》和法顯的《佛國記》，這東西是必不可少的。而圍繞中國的這些小國的歷史，現存的材料很少，有的都沒有了。應該說，僅有《西夷傳》這些書是不夠的，敦煌這些東西發現之後，是可以大大補充《西夷傳》的史料。這是我們講歷史地理的人很可注意的。日本人搞得很屬害，他們得到一個卷子，就拚命研究，三個人五個人地研究討論。所以，我們要趕快奮起直追。

也有社會史的材料。社會史包括的東西很多，譬如講人口的，我所抄錄的就有五種。敦煌所治有十二個縣，某縣有多少人口，某鄉有多少人口，記載都很詳細。敦煌卷子中，女人也可以做戶主，這在卷子發現以前，我們都不知道。日本中村不折也有一件，雖然材料很少，但是，問題很大。它是地方上的臨時措施，還是國家的正式措施呢？假若是國家的正式措施，那麼，說明唐代男女間關係就不像宋以後那樣分得嚴格，在宋代以後，女戶主是找不出來的。唐代可以有女戶主，不過唐代正式是否有，我還沒有查過，請研究戶口的同仁去了解這個東西。其次是授田，每個人有多少田，授田的名目多得很，有口分田、永業田等。每個人成年以後都得到一定的口分田，口分田是一定的，大家都一樣的。另外，做甚麼官給甚麼田；你有兒女，給你甚麼田。可見授田這件事情的記載在經濟史上是很重要的，敦煌卷子

大約有二、三十件之多。還有反映買賣關係的材料，買賣關係有兩種現象：拿貨幣的現象有，但是，基本上還是以物易物。農民拿穀子、麥子等來換取布匹等。甚至還有拿人來換物的，拿小孩、拿女人都有，也不排除拿小孩、拿女人去抵債的。這個風俗有了，這是研究社會風俗史的重要東西。

還有一件是說稅制的，田稅有了，至於其他稅制，我們還沒有發現。田稅規定一畝田納多少稅，稅也是分的，某縣有多少田，納多少稅。看來稅並不是定死在畝數的多少上面，而是訂在田地能產多少上面，即按產量徵稅的。這同現在我們的田稅制有點接近。也有幾件是講物價的。這個物件值多少米，那個物件值多少布匹，這個物件值多少薪炭，那個物件值多少柴。最早一件物價是天寶四載，可以推論唐代物價到底是個甚麼樣子，天寶四載以前，物價稍低一些，天寶四載以後物價增漲，從而，又可以推出唐代物價的平均數。關於工價，一個工人做工得多少錢，牧牛、牧馬的人得多少錢，某個商販自長安拿回某件東西給多少，乃至漢人到四川去拿甚麼東西，拿回來給多少錢。關於力價，人力價錢在敦煌有好幾個卷子。一個長工，一年給多少米，多少布匹。第二年按工作的好壞酌情增減，工價都是拿米糧、布匹折算的，大體上還沒有幣制，就是公家，也是以物易物的。

敦煌竹簡是繼敦煌經卷發現以後，在圍繞著敦煌如玉門關、高昌、吐魯番等地發現的。單就孤零零地研究竹簡，過去已有人做了不少工作。假若研究敦煌的人把竹簡算在敦煌學以內，則意義更大。因為玉門關到敦煌沒有多遠的路，它的竹簡上記的物價等情況與敦煌應當相差甚微。從吐魯番到敦煌，比從玉門關到敦煌就遠得多了。物價的差距就很難說了。所以，圍繞著敦煌所出的竹簡，不僅是軍事上的史料，譬如某個竹簡說某天派多少人到敦煌駐防，某天送多少兵器給

你，而且，民生日用方面的材料也非常突出。因此，竹簡在敦煌材料中是很重要的。國內研究這方面的，最早是王國維先生。他關於敦煌竹簡有很多最為精當的話，王先生以後，到現在研究竹簡是有進步的。但是，開創者不是王先生，而是法國沙畹，沙畹研究中國竹簡，同張天方先生合寫了一本書，即《竹簡研究》。張天方過去是杭州大學的一位老先生，已經去世了。自這本書問世以後，國內開始注意研究，現在我們大陸研究竹簡的人為數不多，好幾個研究竹簡的人都在臺灣。

七、科技材料

大體有兩類：一類是醫學，一類是日曆，都是人民幾乎每天需要用的東西，所以，在敦煌卷子裡面占著比較重要的位置。但是，不是說人們生活裡祇有這兩件，而是說，這兩件東西非寫在書本上不可。廣義地說，敦煌保存的一切，都是科技材料，譬如卷子本身，紙是科學，紙有楮白紙，硬黃紙，它們是怎樣製造的也是科學。墨和筆也是科學。現在用的墨最出名的是用黃山松樹做的「黃山松煙」，古代的墨又是甚麼做的，怎樣做成的，也是科學。還有許多用朱的地方，朱有兩種，用得最多的，是現在叫做朱標的，有點金黃色，紅是紅的，偶然間也有用胭脂的。用甚麼來調朱或胭脂，成分怎樣，有一定規矩，也是科學。又譬如所有敦煌壁畫都畫得非常艷麗，所用顏色與現在是不同的，現在多是植物性顏色（藤黃除外，但是，連黃也並不全部是藤黃礦質，還有薑黃等），但是，壁畫用的百分之九十以上是礦質。譬如，那藍色和綠色，就是銅質的，即銅上面的顏色，這也是科學。總而言之，繪畫也好，卷子也好，全部所使用的東西，都足以說明唐代科學水平已經達到了甚麼程度，很值得研究。所以，敦煌的東西，不單單是搞文字的，搞社會科學的，而且，科學家，不管工業也好，農

業也好，醫學也好，物理學也好，都應當參加的。譬如，唐代的紙到底與六朝的紙有甚麼差別，與漢代的紙有甚麼差別。現在知道，中國的紙始於漢代，蔡倫造紙就好像是中國紙的最早發現。可是，我們現在考古學已經發現，早已有紙，蔡倫紙同後代紙又大不相同。蔡倫是用魚網來造的，但是，後來人拿樹皮、拿甘蔗皮、拿草來造紙。在蔡倫用魚網造紙以前，我國已經有紙了，最早的一張紙，現在澳大利亞博物館，它是人類僅存的一張最早的紙。根據澳大利亞研究的結果，這張紙，在空氣中，可以經歷一萬年。唐代的紙種類是很多的，有用樹皮造的，叫楮白紙，這是最粗劣的，大都是北方造的；有用魚網造的，有用甘蔗皮造的等等。總之，敦煌所使用的物品，沒有一樣不是我們科學家應該注意的，雖然，真正記錄科學的東西，祇有醫學和日曆。這兩樣東西，一方面要有老師傳授，而另一方面都比較需要文化水平。下面分開來介紹。

先講醫學，到現在止，在敦煌發現的最早卷子是開元六年九月寫的，叫陶弘景《本草》。這部《本草》有注，是最古的寫本，未經人改纂過的。現在流傳的所謂《神農本草》、《證類本草》和《食療本草》等等，名目很多，但是，最早的，到現在止，恐怕還要數陶弘景這部《本草》。當然更早的還有漢代人的《本草》，但是，它雖然也流傳下來了，靠得住還是靠不住，有沒有經人改過，都是問題。且不說這些，拿這個卷子所記載的情況看，裡面有幾句話是唐代以後的傳本裡常用的，說醫病的人不僅要看疑難雜症，而且，普通病症裡邊有兩樣東西也是要注意的，這就是熱病和寒病及其差別。因此卷子上就有兩種符號，屬於熱病的用紅筆點出來，屬於寒病的用墨筆點出來，普通病就不點了。醫書中劃分得這樣清楚，到現在為止，祇有這部書，在它以前的傳本，是沒有的。但是，現在流存的在它以前的傳本，卻有陶弘

景這部書中熱病、寒病以及普通病的差別符號。是不是可以說是陶弘景抄舊的？就算陶弘景抄舊的，也保存了舊醫書的一種本來面貌。但是，一切唐代以後的醫書，引這話都說是根據陶弘景的，因此，可以說這樣打符號是從陶弘景開始的。這卷子不僅是中國醫學的大寶貴，而且，也是人類最古最早的東西。印度也有一個很古的講醫學的本子，我們不清楚印度古本的情況，還有待研究。而我們這部《本草》，已經成為全世界研究得很起勁的東西，它是敦煌醫學科學方面的壓卷之作。另外一種是一個叫李勣的人寫的《本草》，有五六件之多，這是唐代人自己著的書。雖然如此，但是，大體上還是抄陶弘景的，可能還有陶以前的東西。陶以前的東西已經亡佚了，衹在敦煌卷子裡邊才能夠看到它。所以，許多問題在中國醫學上還沒有完全發現出來，經過研究，將來在整個醫學界可能有大的突破。我國醫學，有許多東西有人講是不科學的，不管它科學也好，不科學也好，我們要實驗，等到大批實驗以後，可能我們會證明有許多在世界上還沒有發現的東西。不過，書是亡了，要是沒有敦煌這幾個卷子，我們醫學就追溯不上去，就停止在一個地方了。假若停止在唐代，就可能被人說成這個東西是從印度來的，那個是從西洋來的，都說成是他們的了。我們先人自己的創造，發明權卻被外國人拿去了，這是不應該的。我們不是小氣，本來醫學是為整個人類服務的，中國人可以用這個藥，西洋人也可以用，但是，我們要算對人類的貢獻，這是應該爭執的，這是我們的貢獻。這是關於醫學的第二件卷子。

　　第三件叫《食療本草》。正式的《本草》的醫理是用藥來治病的，唐代以後發現一種通過飲食，利用食物治病的辦法。現在民間還有，譬如豆腐，這是外國沒有的，衹有中國有。在唐、宋人的記載裡面，起初是為了治病，後來逐漸成了民間食物中最主要的東西之一。有一

個外國人寫過一篇文章，説在全世界，中國人的炎症最少，他歸之於中國人吃豆漿、豆腐，這話很有道理。我國尤其西南一帶，豆腐渣（即擠出豆漿後而剩下來的渣）是當菜吃的。豆腐渣治療炎症很有效，我們西南一帶，民間有這樣的風俗：甚麼地方生毒瘡，就拿豆腐渣敷在上面，幾天以後就好了。在民間流傳的東西常與傳統有關，所以，《食療本草》就記載著哪種豆子可以治哪種病，譬如大豆治甚麼病，豌豆治甚麼病，綠豆治甚麼病等等。民間有一種風俗，到了熱天，大家都喝綠豆湯，因為綠豆是清涼的。這種事外國人是想也想不到的，他們到了熱天，熱得沒有辦法，找不到東西吃，祇有灌冰了。待到同中國交往以後，綠豆湯先傳到義大利。所以，《食療本草》是我國醫學上一種很特殊的療法，飯是天天要吃的，吃些甚麼菜，就可以治甚麼病，這是中國人的一大發明。關於這個問題，現在世界醫學界也很重視，譬如我們吃的玉蜀黍，它的油治高血壓是最好的東西，中國人是早已曉得的。《食療本草》在民間是亡了，但是，在敦煌，發現了好幾個卷子。此外，還有好多東西，前些年，浙江省圖書館出了館刊，叫《文瀾學報》，載了朱宗瀚先生的一篇文章，內容是關於敦煌本《本草》的研究。這篇文章很重要，在國內，除此以外，別的還很少看見。日本人得到敦煌的《本草》卷子，在大量地研究。這個東西，日本人研究得比我們好，這是我們應該警惕的。

還有醫方，害甚麼病，開甚麼方子。外國也有醫方，但是，都是成藥。中國卻不是，都是拿原材料來配搭。中國醫學的長處在這個地方，短處也在這個地方。你要是學得不好，看病是不行的；學得好，看病是了不得的，所以，醫方在中國醫藥上是很特殊的東西。外國人用成藥，眼睛痛，滴一點甚麼藥水；肚子疼，給一種甚麼藥。中醫也給藥，但是，這藥都是醫生臨時配搭的，三個醫生給三個病人看病，

雖然都是肚子疼，但是，彼此的開方可以不同。為甚麼呢？中醫的醫方是結合整體診治的，你說我這個地方跌傷了，起了疙瘩，可以給你配一種藥，不是塗傷口，而是在了解了你的身體以後，給你吃一種藥，自己消掉了。它是從整體來看問題的，這正是中醫、中藥高明的地方。中醫很少有所謂特效藥，西藥幾乎都是特效藥，特效藥就是對這個病用的。用中藥，沒有太大的毛病，不過有一點，就是醫生要學得高明，要是不高明，是會害人的。

敦煌的醫方，我所看見的大概有六七個卷子，它們同現在的方子是不同的。現在開的藥方大約有十二味、十四味，而敦煌的藥方頂多是四味，都很簡單。還有一種藥方很特別，就是吃了這個方子以後，還要吃甚麼藥，飲食要怎樣調理，叫《療服石藥方》。我曾把它的特點很詳細記載過，用這種方子治病，不僅可以治癒，而且從此可以永久根除。

還有兩件東西同醫藥有關係，一種是講針灸的，哪個穴位怎麼樣，哪個穴位管甚麼毛病，唐代醫書中有的，敦煌醫書中也有，大概有三四個卷子。這些書不僅僅我們後人看不見，連唐書《藝文志》也沒有著錄，是很奇怪的。因此，就有人懷疑，這種針灸方法可能從中國西北來的，但是，也沒有特殊證據。我們現在的針灸，不僅在國內，而且在全世界都是了不起的。從全世界來看，祇有中國有針灸，別的國家沒有。針灸情況在敦煌卷子中說得非常清楚，人身上的穴位說清楚了，哪個穴位針治甚麼病也說清楚了，譬如咳嗽，就針左右手的虎口，不用吃藥，再嚴重的咳嗽二針就好了。聽說有位針灸專家研究過這類卷子，另外，近來報載北京有一位姓王的醫生，用的是古方，他的針不像一般針灸用的針，一根插下去就算了。他用的是金針，金針上有一個洞，針灸時，他把艾放在上面，一烘，有股熱氣鑽

了進去，這種針的效果最大，普通針是銀針，銀針沒有洞，而金針有洞。據他講，他就是得的一個古方，我相信這個古方是有的，那麼究竟在卷子中載沒載著，不曉得，不敢說。

切脈也是中國人的發明，現在流傳最廣的是《脈經》，是六朝的東西。但是，已經亡佚，現在流傳的都是唐、宋以後人的輯本。完整的一件在敦煌發現了，叫《玄感脈經》，這是中國醫學了不得的事情。他們的經驗是從哪裡來的？斯坦因在玉門關曾經發現一隻藥箱，裡面裝了若干藥，應是漢朝人送給在玉門關一帶守邊的軍士用的，這些藥的品名，一直到現在還沒有完全了解。假若了解以後，同敦煌的《本草》、《食療本草》肯定有關係。我們國家是在不斷發現許多東西，也在不斷地說明我國文化水平是如何的高。假若把敦煌的東西同玉門關，乃至於同吐魯番、高昌等新疆的東西結合起來研究的話，我國古代文化許多東西，還可以有新的發現。所以，現在的敦煌學，要把吐魯番的文物結合起來研究，可能這是一個大的體系，以上說醫學。

下面講日曆，現用的日曆，是新式日曆。而舊式曆書不同，除了哪一頁哪一天以外，底下一定有甲子，甲子下還有一個黑圈，裡邊注利忌日（寫著今天是專門利於東方或西方或東西南北；利於結婚，利於出喪或利於甚麼，不利於甚麼等，這就叫利忌日），這樣的曆書叫具注曆，在我國歷史上流行得非常久，非常早。敦煌發現的也有具注曆，解放後，具注曆不用了。解放後的曆書講現在可以耕田了，可以栽秧了……專門講農事，別的事情是不講的。將來說不定再隔若干年，工廠裡，如織布工廠或打鐵的工廠，可能也有甚麼時候應該織布，甚麼時候應該做甚麼的玩意兒，這是一種經驗，人類自己的經驗總結起來以後，寫在書上，要人們照著去做，就是如此，並沒有甚麼了不得的。

　　敦煌也有一樣東西同現在曆書差不多，即七曜曆，大概有八九個卷子之多。外國人說中國沒有七曜日，是我們西方傳去的，是摩尼教傳教士帶來的，於是乎，它的發明權就屬於摩尼教教徒去了。但是，這是外國人講的，講得最起勁的是法國人沙畹。沙畹、伯希和兩人對於中國的東西是研究很深的，但是，他們有一種看不起中國民族的思想，什麼東西都不是中國的創造。我國很早已經發現美洲大陸，史書上清清楚楚記載著，但是，他們絕不肯承認，說一定是他們的哥倫布發現的。以前，爭不贏他們，因為他們的政治力量大，可見，文化學術也服從於政治，我們沒有辦法，我個人就有過一次體驗。在法國時，寫過一篇文章，說美洲是中國人發現的，根據就是法顯的材料。一家雜誌準備登載，送給伯希和去看，他不看文章，看到題目就還給我。連聲說：「不可能！不可能！不可能！」我很氣憤，但是，他年紀比我大，地位比我高，沒法說，祇好收回來。他們就是如此。七曜曆本來在中國是古老得不得了的，《易經》說「七日來復」，春秋以前已經講了，為甚麼你們研究中國的東西卻不管這個呢？你們說七日來復還不能說七曜，那麼，漢文帝時，七曜之說已經在歷史上看見了，《漢書》是東漢時寫的，還有甚麼可講的？不僅如此，《漢書》之後，曆書不斷地記載了七曜的話，所以，這些事是令人憤慨的，不能不爭的。過去我們政治上沒地位，我們爭不贏他們，可現在我們政治上站起來了，他們不敢說這個話了，我們現在更拿得出東西來。中國歷史上的七曜曆有幾樣東西同現在不同，七曜是日月金木水火土，即五行同日月，他們說的不是。他們利用了有一個敦煌卷子中七曜的名稱，譬如日曜日用密字來代表，月曜日用漢字來代表，土曜日卻叫雲漢等等。其實這些名詞都是譯音，至於譯哪裡的音呢？到現在還沒有考證出來。大概不會是印度的，印度雖有七曜之名，但是語音對不上，同摩

尼教民族的音也對不上。儘管敦煌發現七曜曆的日曆名字，我們還不了解，但是，不能為了一個名稱就否定這件事同中國有關係。這些名稱可能原來是中國的，外國人來了之後，用了外國名字，如此而已。等於中國有名學，而外國叫邏輯，於是有人把中國名學叫中國邏輯。邏輯兩個字是翻譯「Logic」的，因此，不能說邏輯是外國的，中國沒有邏輯。七曜日的名字雖然不是中國的名字，可是，中國有七曜日，日月水火金木土，這些名字是哪個國家的，誰也拿不準。不過，這件事也有大好處，可以根據這些名字查我們西部、土耳其、巴基斯坦、印度以及中東一帶的民族，會不會是希臘的、羅馬的……要有人研究。可惜我是沒法子研究了，外文懂得太少，這件事要大家努力，不努力是不行的。連先人的東西我們都不知道，而被外國人強占去，這是我們的恥辱。一個讀書人應該知恥，恥在哪裡呢？就在我們自己的東西被人抓走還不曉得。

敦煌曆書還有一點很特別，歷史上所有皇曆一定是中央政府頒發的，唐代也是如此，可是敦煌卻自己搞日曆。大概在唐末五代，唐家在河西走廊以西已不大有力量了，曆書頒發不到了，沒有辦法，就自己造曆。因此，敦煌有好幾位大曆學家，最重要的是翟奉達和翟文進兩父子，也可能是叔侄，所有敦煌曆書都是這個系統的人造的。因此，敦煌曆書保存下來，不僅可以考見那個時代的政治力量情況，而且也了解到這些曆書同中國舊曆書是配合的。所以不要小看這個卷子，牽涉的面很廣。除了這個曆書而外，還有兩樣東西也應當曉得，一是占星術，看天上星宿，就是舊史書的天文志，哪個星宿是怎麼樣的，在哪裡，哪個星宿哪個季度在甚麼地方等等，載得很詳細，大體說來，敦煌發現的占星術同中國舊的占星術沒有太大的差別，雖然不像七曜曆這樣可貴，但是，也是一個好東西。第二種就是日曆，日曆

帶動著占星術以及當時的民間風俗，就是說到過的利忌日等，幾乎民間風俗全拿具注曆來指導，這是一件很大的事情。單單把利、忌這兩件事拿來看，就可以知道唐代民間風俗，我微微研究過，這個風俗同農業的關係最大，從而說明唐代還在農業旺盛時期。

總之，卷子中的寶貝太多了，整個中國文化都在敦煌卷子中表現出來，不論甚麼文化，乃至於武化，也在裡面。譬如少林寺，雖然是唐以後的東西，可是在唐代已經有僧兵，廟子裡的兵都講打的。在敦煌那個時代，廟裡養了若干小和尚，從小教以拳術、打、刀槍等十八般武藝，成了大兵。有些皇帝就利用僧兵奪取政權，這種事在唐代以前就開始了。所以說，敦煌的材料不得了的多，看見這些東西，有點愛國心的人真是感激涕零的，為後世子孫好好保護我們的文化，是我們最大的責任。

第五講　敦煌藝術內容簡介

我不是搞藝術的，這裡祇從敦煌藝術同整個文化關係上講一講，主要目的是為講文化服務。我們所見的中國最早的藝術品，是在殷墟出土的，是商代的東西。殷墟發掘出來的幾個石俑，有一個是站著的，手拿一支手杖，穿短衣，形象同現在的北方人相似。這是中國人物造像中最早的一個，用的是硬石，即現在所說的硬玉。還有一個也是用硬玉刻的、蹲在地上的老頭子，臉面似乎是原始人類的本來面目。從中可以看出：在殷商時代已經有模擬古人樣子的藝術品了。此外，還看見許多其他的玉雕，龍呵虎呵之類，玉雕的龍和虎在殷墟發掘出來的東西中是最多的，當然也有玉雕的蟬和其他鳥獸。這些東西跟我們的繪畫，跟我們的文化關係很大。如玉雕的蟬大概就是古人死

後含在嘴裡的東西。古人把玉看得很重，製玉的工人很多，可能有很大的製玉工場，所以，在古代文獻裡，經常提到玉甚麼玉甚麼。紂王就是穿著玉製的衣服燒死的，武王打到他宮裡去，發現有幾萬片玉石，都是刻好了的。從考古學角度來看，所有這些玉雕除了鳥獸蟲魚而外，都是象形的。有一大部分是古石器時代的，倣照原始人類的石器來雕刻的，用來佩帶在身上，這是民間風俗轉而成了禮俗的例子。民俗轉而為禮俗，禮俗轉而為民俗，這兩件事情在中國文化史上交錯進行著。玉在中國古代為甚麼這樣受重視呢？主要同藝術思想有關，希望雕個小蟲，或老虎，或飛鳥等等，作為一種藝術品來欣賞。再有一個原因就是，當時人們願意用玉雕成斧、鑿、鑽等工具，作為勇武的象徵，佩在身上。中國人喜歡用玉作佩，一串串有像天的，有像地的，有像人的腦瓜殼的，還有像人身的其他部位的。到了周代，就有佩芳、佩用、佩德等等的說法。甚麼叫佩芳呢？大概上邊是一個佩玉，底下拴一個香囊，這就是佩芳。佩用呢？就是射箭時用玉製的板子，因為弓弦彈出去，會把手彈壞的，所以，用玉做過板子。佩德呢？就是佩個玉表示自己有道德。這有兩種作用，一個人身上掛著一大串玉，走路時就不能亂跑，就得慢慢走，因而也就顯得規規矩矩了。朝見統治者帶甚麼樣的玉佩，都是有規定的。我們看古裝戲，不是他們手中都拿著朝片嗎？後人的朝片是象牙做的，上古的朝片是圭做的，要稟告甚麼事情，就寫在這上面。見天子，見父母，要稟告甚麼事情，都要寫在這上面。玉的作用在中國古代是很重要的，因而用玉做藝術品是很普遍的。到春秋戰國以後，它就成了禮俗。一個人有甚麼品爵就佩甚麼玉，例如天子冠上有十二股旒，上面都是玉石珠子。大夫有大夫的佩，讀書人有讀書人的佩，小孩子也可以佩點甚麼東西。春秋時，玉珮的名堂，成了一個很重要的禮制。所以，天子冊

封皇後要用玉做玉簡，刻字在上面。諸侯相見，會盟，賭咒發誓的載書，也是用玉做的。這些年來，考古工作者發現玉製品很多很多。

到周末殷初，又有一種新藝術品，這就是青銅器，鐘呵鼎呵等等。這些東西都是用青銅做的，甚至洗澡用的大缸也用青銅去做，裝東西的盤子也都用青銅去做。銅器上的花紋也是古代藝術，也是了不得的，祇是國內還不大有人作過詳細的研究。歐美學術界人士研究中國銅器上的花紋，成了風氣。當初，我在國內，也搞搞銅器，可是，我並不太懂，等我到巴黎，去看他們的博物館，有個博物館專藏中國銅器。在他們的展覽櫥裡放一個中國銅器，牆上貼著說明，我看到後很有感慨。他們把那個銅器的合金成分寫得清清楚楚，還把這個銅器上邊的花紋是甚麼也都說得詳詳細細。我大為驚訝，這裡邊有很多學問，也是我們中國文化史上的寶貴財富。我立即抄下，回國後，給研究銅器的朋友看，他們也很驚訝。銅器上的花紋是有學問的，國內現在有人注意了，但是，沒有寫成具體的東西。例如容庚先生是我們這輩人中研究銅器最出名的，他也說不出道理來。銅器上的許多花紋，都表現出一種意識形態，甚至表現出一種民間的風俗習慣，這是我們要好好學習、好好研究的一個方面。

除此而外，古代文獻裡還有屈原的《天問》，這篇文章應該說一說。王逸說《天問》上的東西，都是當時的圖畫，畫在牆上的圖畫，等於我們後人的壁畫，就像敦煌莫高窟的壁畫。《天問》裡的這些畫從天地鬼神人到草木鳥獸蟲魚都有，可以說是中國古代藝術的總匯。天是怎麼畫的，地是怎麼畫的，人是怎麼畫的，物是怎麼畫的，都有一定的道理。後人拿這個東西來猜測和模擬，畫些天問圖之類的東西。宋以後畫天問圖的人是很多的，畫得對不對，姑且不論，至少可以窺測出幾分來，儘管不一定都正確。這一批畫同記載這圖畫的《天問》，

是很值得研究的。這關係到我國壁畫的來源。還有唐代人寫的文章，講秦始皇造阿房宮（當然這篇文章是想像的作品），也是很有氣勢的。從近年在秦始皇陵出土的兵馬俑看，那規模也確實是很大的，兵俑馬俑同真人真馬大小差不多，人很魁梧，有騎在馬上的，有牽著馬走的。所以，中國的藝術品是了不起的。有一隻銅製的天馬，在表現它飛跑的氣勢上，藝術家的想像力真是豐富，這匹馬是在天上狂飛。正因為它表現了高超的藝術手法，美國博物館拿它去作為博物館的徽章。這些東西同莫高窟的東西，是可以接上氣的，文化史的線索沒有斷，這是我們應該曉得的。從秦始皇陵的兵馬俑有那麼大，可以想像唐代人誇張的《阿房宮賦》裡的描寫也是有可能的。我國的藝術在戰國以前，就已經是了不得的。如音樂，在湖北省隨縣發現的曾侯乙墓中的樂器，拿樂律來校，就是世界上最完整最早的樂律，比歐洲的早八百多年。可見，我國古代的文化該有多麼高的水平呵！

　　秦代以後，繪畫已經很盛了。屈原的《招魂》有「像設君室」的話，是告訴楚懷王：快回來罷！你的房子裡設上了你的畫像。可見，戰國時候，畫像已是很普遍的事情了，現在，這些戰國以前的東西都幾乎考不出來了。近三十多年來，考古工作者發掘出一些文物，這是很大的成就，說不定若干年後，還能發現一些更寶貴的東西。在山西、陝西一帶發現的所謂載書，記兩個諸侯會面發誓，誓詞寫在玉石上，用硃筆寫的，那時我們中國就用顏色了，不單是用墨寫字，而且也用硃寫字。這些東西，將會一樣一樣地被發現。敦煌所有的藝術品，幾乎沒有一樣找不出它的老根來。我們研究敦煌藝術要同我們的老根相結合，不能祇用敦煌藝術本身的進退來研究敦煌藝術。

　　兩漢的藝術在我們的文獻裡是非常豐富的。漢代的政治制度本來是跟著秦家走的，在文化上，許多事情是採取把所有老百姓的能量都

集中到長安了，不論官家也好，民間也好，都有許多詳細的記載。先講民間的，如山東孝堂的石刻，是人人都知道的，這是民間做的事情。民間祖先的墳上，刻著二十四孝，多得不得了。除此而外，有刻古聖先王的，有刻園林的，有刻房屋的，有刻花鳥魚龍的，有刻太陽神月亮神的，多得不得了。我們研究漢代畫磚，材料最為豐富。聽說科學院在整理這批畫磚，將來有可能有一部中國歷代各地畫磚的專書要出來。姑且舉四川成都楊子山畫磚為例，有伏羲同女媧的像，有日神月神的像，還有當時的人情風俗，有耕田的、犁地的、射鳥的、打獵的，還有建築物、亭臺樓閣花園，應有盡有。所有這些藝術都是民間的，不是國家的，但是，豐富多彩呵！我看過它的一個亭臺樓閣花園的像，真是了不得。這個花園外面砌有圍牆，畫家是站在圍牆的高處，通過圍牆看裡面的東西，看得清清楚楚，哪個是亭，哪個是臺，哪個是房子，哪個是花圃，哪個是水溝，樣樣都有。這樣精心結構的藝術品，後代的畫家去臨摹恐怕還要花點力氣的。民間的藝術，是我們中國藝術的主體之一，但是，我們現在見到的很少，文獻上也不大記載。不是我們老百姓的文化水平低、藝術不好，而是記載的工具掌握在統治階級手裡，他們把自己的作品記得非常完整，而講到民間的東西則比較簡略，這是我們應該注意的。至於官家的東西，像漢文帝未央宮裡承明殿上的大批畫，是很有名的；漢武帝甘泉宮的天地鬼神的壁畫，是同我們的天文相通的；還有漢昭帝賜霍光的周公負成王畫，是畫人的，周公輔佐成王，安定了周家的天下，霍光輔佐昭帝，也把漢家的天下安定了，所以，就賜一幅周公負成王圖，把霍光比擬成周公。這幅畫很好。漢宣帝有個麒麟閣，麒麟閣裡把所有功臣都畫個像在上面。漢成帝時在甘泉宮畫趙充國的像，還有匈奴人的像，也有毛延壽在宮中所畫的那些像。傳說中不是有個毛延壽為王昭君畫像

的故事嗎？匈奴王來向漢家求婚，漢元帝就把毛延壽畫的王昭君畫像
送去了。當漢元帝親眼看到王昭君時，覺得她漂亮得不得了。後人說
王昭君的出閣是失之於毛延壽的畫本，他畫得不漂亮，若畫漂亮了，
漢元帝就捨不得把她嫁出去的。不管怎樣，毛延壽在宮中的畫像是不
少的，歷代都有記載的。還有毛延壽的一篇《魯靈光殿賦》，跟《天問》
一樣，是講魯靈光殿像畫的是甚麼，畫的東西很多，天地鬼神都有。
還有雲臺地方的二十八功臣像，也是有名的。不僅如此，漢武帝時還
設立了一個衙門，把能畫的人都蒐羅進去，叫做祕閣。這個祕閣，把
天下的畫都收藏起來。漢靈帝自己會畫畫，也非常喜歡畫畫的，他另
闢了一個畫室，又創立了鴻都門學。明帝時，佛教傳入中國，畫家就
把佛教經典裡的畫畫在白色的 上，還有的畫上佛像。當時，這些東西
造得很多，都在所謂清涼臺上和他的顯節陵上，內畫了天神萬騎繞塔
走的像。天神萬騎繞塔走的像同敦煌的張議潮出行圖、曹元忠出行圖
很相似。那時在洛陽的白馬寺裡，集中了天下好多藝術品，這些東
西，漢家是好好保存的，董卓之亂燒毀了，這是中國藝術史上的一個
大損失。漢代造型藝術的水平已經很高，有畫天地鬼神的，有畫人物
的，有畫建築物的，也有畫故事畫的，就是說，敦煌壁畫和彩塑這一
類東西都有了。還有一件是別的國家所沒有，祇有中國有的，在敦煌
祇發現了一個，就是所謂葛寧的像，就是拿麻做成一個人的殼殼，然
後用漆漆起來。這葛漆的像一直到今天，敦煌石窟裡還有。這種工藝
到了明代以後還有，浙江天台就有一個葛寧的像，麻織得很細，織在
頭上，織在身上，織好了以後，慢慢地剝下來，拿漆漆起來，於是就
成了一尊像。拿漆造像，這是世界上其他地方所沒有的。現在還有許
多埋在地下的文物，沒有拿出來，如漢代有銅鼓，銅鼓上還雕有許多
花紋，現在這東西在廣西、雲南、貴州都還有。雲南博物館現在大概

藏有幾十個銅鼓，不僅雕刻是細緻的，而且上面還有用銅做的人喲牛喲馬喲等等。我們曉得諸葛武侯征南蠻時，他用的蒸飯的甑子，就是銅鼓。銅鼓這東西在西南流行，沒有進到敦煌去。象牙雕刻在敦煌也發現一個。象牙雕刻的東西，在廣東、福建、雲南這些地方，是了不得的。一個象牙可以雕成十八層，每層裡邊又雕成十八學士登瀛洲，山喲水喲鳥獸喲挑夫喲等等。這個藝術並不是外人傳的，是我們中國人自己的。聽說羅斯福總統六十歲生日時，我們中國送給他一個雕刻，在羅斯福總統的雕像上，每根頭髮每根眉毛都是一句英文。整個像不過四寸多大，這個工藝品真是了不得的呀！敦煌有刻經，木刻的經典，刻得很細緻，連現代雕刻家也讚歎不已。雕刻在敦煌是有的，再往上推，敦煌以前的雕刻，漢代的雕刻在考古中發現得很多。我們的文化是古老的，是光輝燦爛的。

關於敦煌藝術的來源問題，國內已經有人討論了。有人說敦煌藝術是從印度來的，好像同中國沒有甚麼關係。他們這樣說的理由是，認為敦煌藝術的主要材料都是印度佛學的東西。我個人認為，這話有一部分是正確的，如釋迦的塑像，當然是抄印度的，佛經裡面的故事也是從印度傳來的。這是事實。但是，有個問題應當說明，如釋迦的塑像是原封不動地從印度抄來的呢，還是抄它的大概呢？假如是原封不動地抄來的，我們就應該承認敦煌藝術是從印度來的；假如不是，而是祇抄它一部分，那就另作別論了。據我所知，有些材料（素材）是從印度來的，而藝術本身（塑成一個像，畫成一幅畫）卻是我們自己的東西。譬如釋迦涅槃像是哪個地方都有的。釋迦睡著了，靜靜地睡著了，他的右手托住右腮，左手長長地放在左腿上，身後邊還站了大群人。可是，在中國所造的塑像中，釋迦牟尼的面孔大多數不是黑的，不是印度的面孔，而是中國人的面孔，這是一點。第二點，釋迦

睡的方法及其手的姿勢雖然跟印度的一樣，但是，繞釋迦睡像旁邊的人就不同了。在印度，大體是一些印度小國的人，面孔是黑的；但是，在中國，這些人的面孔卻不是黑的。這裡有很多是中國人的像，是中亞細亞一帶人的像，而最多是新疆吐魯番人，因而，不能說完全是從印度抄來的。第三點，在一些畫像裡，不管是維摩問病也好，釋迦出家也好，這些畫儘管基本相同（如釋迦出家作和尚，印度畫他從城裡翻出來，中國也是這麼個畫法），但是，中國畫始終是線條畫，印度畫始終用的是暈染法，不是線條。這個差別說明，故事儘管是印度的，畫法卻是中國的。因此，我們說，敦煌藝術雖有印度的故事，印度的風格，但是，整個說來，還是中國化了的。

敦煌藝術的來源，我認為初期所有造像和圖畫，是從中國南方來的，到唐代以後，才摻上西方來的，這話怎麼講呢？漢明帝以後，中國同西方的交通，並不是從敦煌和玉門關這一帶出去的，主要的還是從福建泉州、廣東北海這一帶出去的，印度僧人到中國來也是從這地方來的。那些印度僧人到了南方，大量造像和畫畫，這在歷史上是史不絕書的。因而，敦煌初期的藝術品大抵是抄襲南方的，抄襲廣東的、泉州的、建康的、杭州的。中唐以後，中國同西方的交通，就是所謂的絲綢之路才打通了。這個打通，細細研究，可能在玄奘去印度取經之後。從玄奘到印度的故事看來，他所走過的路是非常艱苦的，絲綢之路的情況跟這不同，比這好得多。玄奘從長安到敦煌到玉門關，再出去，簡直不得了，要經過吐魯番西域一帶，火焰山在吐魯番，並不是真有火焰山，就是吐魯番哪裡氣溫很高，那些到西方去的人走到這裡都支持不了，所以稱它為火焰山。我認為：是從南方到東方到洛陽，再到敦煌，這樣的路線去的。唐代中葉以後，這種藝術又是從印度進入新疆境內的，先到高昌（吐魯番）再到玉門到敦煌。我

有一篇文章，大體說敦煌佛教藝術是從南方去的，絕無可疑。為甚麼呢？張僧繇畫的佛畫，佛傳圖是中國畫釋迦牟尼生平事蹟最早的東西之一，雖然早已亡佚了，但是，從歷史上我們是可以考證出來的。張僧繇是南朝梁人，這個東西成了中國繪畫的四大典型之一，是極有名的。第二個是曹仲達，是北齊時期的，他曾有好些畫在南方。以後北方也有畫家了，如董伯仁畫的白雀寺，就是在北方的，北齊有位畫家叫劉殺鬼，殺鬼就是把鬼都殺掉的意思，因為他善於畫鬼，鬼都怕他，這是傳說。他在大頂寺畫過畫。這時南方所有高僧都是從印度來的，從廣東來的最多，從廣東引進許多佛像，再到建康，再發展到杭州，再發展到洛陽，畫家多得不得了。釋迦的畫像乃至於塑像都有了。這一帶的大廟都是從南方向印度請進來的稿本。敦煌初期的東西，還比較粗野，沒有表現出線條的藝術，還是用塗染的方法作的，這說明北魏時期敦煌的藝術品是受南方影響的。南方的影響又是從印度來的，鳩摩羅什從後涼進來，他本是龜茲人，他帶進釋迦像和印度畫，大同和洛陽的造像越來越同敦煌接近。這時敦煌所有的造像、壁畫都同洛陽、麥積山、大同很接近。因而，漸漸變，變到唐代中葉，大量的佛教東西進來後，敦煌藝術變了。這裡有個轉折點，即在唐代，印度東西大量進入中國以後，反而中國化了。由於西域（新疆一帶）藝術品同中原藝術品早已結合，所以，在敦煌藝術品中也顯現出是一種中國化的東西。極盛時期的敦煌藝術品是同犍陀羅有關係的，但是，它的基本方法仍然是線條畫，反而使犍陀羅式的畫少了。唐代同西方的貿易很繁榮，西方的商人、傳教士、讀書人，便把印度東西帶進來。印度有個大廟，叫阿旃達，它裡面的東西也傳到了中國。阿旃達這個廟子很奇怪，開始興建比敦煌早五百年，但是，進度很慢，它的建成卻比敦煌晚二百年。所以，阿旃達的藝術品到中國來也是遲

的。前面講的從南方從東方傳來的並不是阿旃達的，大體是印度小國家的東西。阿旃達藝術到中國來是在唐以後，來了以後便中國化了。至於中國的東西是不是也影響到阿旃達呢，這個問題還沒有人搞，要待研究印度藝術的人給我們解決。關於中印藝術互相影響的問題，我另有一小段文章，所以，中、印藝術的關係就說這一些。總而言之，中國藝術肯定有印度藝術的影響，不過方法還是中國的老方法。初期，中國人抄襲印度，北魏以後，慢慢改變了。現在從敦煌的本子裡可以看出，所有的圖片衹要是北魏的，如釋迦說法圖就不是線條畫。以後越走越遠，這件事是非常有趣的，同中印交通有關係，現在還解決不了。我們希望將來研究敦煌的同仁有人去阿旃達，在那個大廟裡，研究三五年乃至十幾年，把那裡的藝術品搬過來，也把我們的藝術告訴印度同行：你們的阿旃達可能也有我們中國的東西。

　　還有一個問題可能不是藝術家所需要的，而研究歷史的人卻是需要的，就是敦煌藝術品裡，在唐以後，每個供養人像上面都有一個題銜，如曹元忠是敦煌王，後來封為歸義軍節度使，因此，衹要是曹元忠畫像，都有個題銜——歸義軍節度使曹元忠。不僅是曹元忠這個領袖人物，就是其他供養人的畫像也有，每個畫像側邊都有過條子，寫上某某供養。某某者，把自己的身分說得清清楚楚，如她是曹元忠夫人，她是曹元忠大女兒，她嫁給誰，她是哪個國家嫁給曹家的，她同曹家的關係怎樣等等。這些材料，在中國正史上是沒有的，敦煌洞窟打開之後，研究者也沒有注意到。我開始注意，把所有題銜蒐集下來，進行安排，分析他們之間的關係。哪兩個是夫婦關係，算第一級的；哪兩個是父子關係或者是母女關係，算第二級的，哪兩個是子孫關係，算第三級的，一樣一樣地把他們安排起來。有的女子是于闐公主嫁過來的，有的是吐魯番的公主嫁過來的，也有的是曹家嫁給于闐

或吐魯番或龜茲的，把這些東西一個個地料理清楚，寫成一篇文章，名叫《曹氏世譜》。有一個很重要的問題，就是曹家為甚麼能在敦煌維持好幾百年，直到宋高宗時還有人同西域關係密切，甚至唐末大亂，新疆還那麼安定，肅州以外的少數民族對唐家和宋家沒有侵擾。這是個政治問題，其紐帶可能是曹家父子祖孫同西域諸國以婚姻關係連繫起來的。在曹元忠之前的張議潮也是敦煌節度使，也以婚姻關係同西域諸國連繫起來的。因此，最後結論是，不要把這件事看輕了，祇是通婚而已，而要看到它的政治作用是很大的。

在中國歷史上，有一件事是非常有效的，那就是通婚。通婚之事，春秋戰國就有了，那時，周家子孫都要外人家姑娘，而那些非周家同姓的諸侯卻娶周家的姑娘為后妃，他們是拿婚姻關係作為政治輔助的。漢代也這樣，王昭君出塞是很有名的，唐代的公主一個個嫁出去也是很有名的，都是拿婚姻做連繫，它在我們歷史上是一個策略。這個策略對於中國邊疆的鞏固，有很大作用。唐代不用說了，後來清代對西藏也是用婚姻連繫的。清高宗為甚麼要找個香妃？婚姻關係呵！清代為甚麼把姑娘嫁給西藏大和尚？婚姻關係呵！張曹兩家的婚姻關係，詳細說是瑣碎的，可參見《曹氏世譜總表》。曹議金是曹家的始祖，有妻子三個：一個是索氏，一個是王氏，還有一個李氏。這些事情都同敦煌周圍的少數民族有關係，例如李氏是回鶻公主，曹元深是她大兒子，其妻封譙郡夫人。曹元忠妻子翟氏也是西北少數民族。曹家也有許多女子嫁給少數民族。曹元端的長女就嫁給聖天可汗，他的次女是于闐皇后。很有趣的是，嫁給于闐的這個女兒的女兒，又是曹元忠侄兒的妻子。親戚關係密切得不得了。

關於敦煌藝術的總結：從文化史講，敦煌藝術是中國傳統藝術的一部分。中國傳統藝術經過殷墟發現的東西，一個人俑，一個石刻，

青銅器的花紋等等，都說明中國藝術的源流是很早的。殷周藝術並不是在殷周一下子冒出來的，而是經過若干年的演變，才到達這個階段的。可惜前面的演變找不到根據了，沒有材料了，祇好等待考古的新發現了。殷周以前的藝術品民間的多一些，如陶器上的花紋，銅器上的花紋，都表明民間的愛好和風俗習慣。中國民間藝術，祇有考古發現的東西，我們才能看見。戰國以後壁畫開始有了，塑像也開始有了，秦始皇陵的兵馬俑，藝術水平很高。壁畫在屈原的《天問》上已經講到了，到了漢代，從文、景、武以及昭、宣、元、成等皇帝的時期裡，都有畫像，畫麒麟閣，畫周公負成王的像，畫二十八功臣像，可惜都已亡佚。但是，考古發現的東西很多，如楊子山的磚畫，山東也有，四川也有，這些東西都是敦煌藝術的根源。所有敦煌藝術沒有一樣不同中國傳統文化發生關係的。若是上邊這些話都不管，那麼，敦煌藝術的來源祇好請印度幫忙了。即使這些東西都沒有了，但是，我們歷史文獻上是有的。敦煌全部藝術是同中國藝術一脈相承的。中國繪畫是以線條為基礎的，這個線條的根源就是中國文字，所以，有書畫同源的說法。敦煌畫也是以線條為基礎的，不過敦煌畫雖然以中國方法為主，但是，題材是從印度來的，這是不可否認的。敦煌早期的雕塑還有印度痕跡在，大概是從中國南方去的，因為唐代以前的雕塑是從廣東、泉州同印度發生關係的。唐以後有阿旃達的因素，不過基本上還是中國的東西。這就是敦煌藝術的來龍去脈。

第六講　敦煌卷子的研究方法

　　敦煌卷子的本來面目祇看縮微膠卷，許多地方可能還要發生訛誤，因此，講一講，對於大家將來研讀縮微膠卷是會有幫助的。像這

樣從卷子本身來搞，似乎還沒有人講過，內容很複雜，很瑣碎的。所以要分得細緻一點，一件一件地講。

一、卷子的數目

到底有多少數量，直到現在，還沒有辦法作出一個最精確的統計，許多卷子藏在其他國家的博物館、圖書館或者私人的手裡。因此，祇能説個大概，約六、七萬卷之數，可能還有二、三、四萬卷在外面，將來總數説不定十萬卷左右。但是，所謂一卷，科學地講，應該包括一個問題或一部書，而敦煌卷子因為年代久遠，貼的扣子、黏的漿糊脱掉了，因此一個卷子可能分成二卷乃至十幾卷的。所以，現在説的卷數不是學術的卷數，而是具體型象的卷數，這是關於卷數的兩個不同含義。將來敦煌學發達了，都能夠拼接起來，把十幾個小卷拼成一個大卷。那麼，數量就不會這麼多了。不過真正的科學卷數，現在根本不能説，至於一卷卷的數量，散在民間的，散在別的國家的還很多，我們也不能説準確。

二、卷子本身的分類。大體説百分之九十以上是佛教經典，而且經、律、論三個部分都有了，其餘百分之五到百分之十的卷子大概是儒家經典、道家經典、歷史材料以及社會史料、民間契約等。儘管按它的內容來分，可能分成十類八類，不過簡單一點，可以分為二類，即百分之九十以上的佛經為一類，其他的為另一類。這樣分法，現在編敦煌卷子目錄的人還沒有注意到。現在的目錄祇是單純地編號，從伯希和、斯坦因的編號，乃至日本大谷光瑞的編號，都是拿起一個卷子就編一個號，並沒有分類，所以祇是一個總目錄，就好像普通圖書館裡的登記目錄一樣。而要用他們的材料現在也祇好用他們的編號，不過，希望將來做到每個卷子都能照學術的規範來歸類。現在可以先分佛經和佛經以外的卷子二類，沒有辦法再細分了。

　　三、從卷子外形看，大體有四種情況。一種是長卷，即很長的卷子，後面一頭有木頭做的軸，很多也沒有軸。到底是原來就有，還是脫了，後來再加上去的，我們都不知道。長卷以佛教經典為最多，儒家經典沒有這個樣子，一個長卷往往包括一部書。第二種是裱背。這個術語是借用的，裱字畫的叫裱背裝，又叫裝裱。這裡講的裱背衹是卷子背後糊上一層紙，現在叫「拓」一下。裱背有兩種情況。一種是原來就裱背的，唐代已形成風氣，凡是寫好東西，再拿來裱上一層，當時國家檔案室裡都有裱背工匠，敦煌廟子裡大概也有這種工匠，這種卷子比較考究。也有本來不是裱背，後人整理時裱上一層的。後人的裱背，會出問題，譬如P. 2011 卷，原來是兩面寫的，沒有辦法裱背，假如有裱背，那是後人糊上去的，背面就無法看清楚了。劉半農先生的《敦煌掇瑣》錄了這個卷子，由於他沒有注意到這件事情，把它當成一面，所以，他的書裡就脫了一頁。因此我們研究敦煌卷子，卷子外形是很要考究的。我不知道現在的縮微膠卷，後人整理的裱背看不看得出來。假如把後人的裱背看成前人的東西，那就糟了，所以，這件事情，特別要在這裡重點講一講。第三種就是蝴蝶裝。蝴蝶裝是兩面寫的，這面寫好以後翻過來寫，就好像現在報紙兩面印的一樣。兩面寫的東西要裝訂成冊，就在中縫拿漿糊把這些貼上，翻起來一頁一頁的，好像蝴蝶一樣。蝴蝶裝有原裝的，也有後人裝的。這件事對於卷子本身沒有造成太大的差誤，雖然偶然間也會糊掉一行二行，但是，問題不太多，不像裱背那樣大。第四種是散頁，背後不裱糊，也不裝訂成冊，大體是旗幟、圖案、信件、收據和契約之類。這是特殊的東西，要說學術上價值，好像比佛經、儒家經典要差得多，但是，在社會史上卻是很重要的。譬如說某農民從某個寺廟借了兩袋米，以後還一個毛驢或二匹馬，我們就曉得這個價錢了。又譬如某家

的一個兒子或姑娘，送給人家做丫頭或娃子，可以得好多錢等。這類契約多得不得了，可以看出唐代西北地區的民間風俗，是非常重要的社會史料。不僅如此，裡面還有許多同外國人（指當時所謂西域三十六國）交往的文書契約。譬如曹議金、曹元忠或張議潮的兒子娶哪個小國家的公主，開了一份嫁奩的帳單，記著送了哪些東西，這個禮物的價錢也是不得了的。這是一種社會風俗，最重要的。所以，散頁在敦煌卷子中是非常重要的材料。不過散頁失散太多，二十年代，我在北京讀書時，到書鋪去，往往可以看到一小帖一小帖的散頁。契約而外，還有許多草稿，譬如某地塑一尊菩薩，畫一堵壁畫，要多少錢，由甚麼人出錢，甚麼人收錢，甚麼人來畫或塑等等，清清楚楚的。要研究敦煌歷史，這個材料是不可少的。日本很重視這種材料，哪怕一張紙片，也細細研究，看有沒有用。譬如關於唐代官令品，據我所知，日本就有人寫了二萬多字的專論。

四、從卷子的內部格式看，稍許複雜一些。第一是紙幅大小，多數寬二十一釐米，高十九釐米，更寬的到二十四釐米，更小的到十六釐米，大體如此。紙幅大小與卷子有關，因為一個卷子不純用一種紙。紙幅大小，可能是由於紙的產地不同，其中以蜀紙為最多，洛陽紙其次，江浙紙則很少見。蜀紙寬一些，也高一些，質粗一點。洛陽紙很講究，往往送到長安再加工。紙色大體分黃、白二種，黃的姑且叫熟紙，做法是把紙再打上一層薄薄的蠟，有點透光，寫起來非常舒服。熟紙在敦煌卷子裡是講究的紙，用它寫的都是講究的經典，所以，《道德經》幾乎都是用這種紙寫的。第二是每張紙的字數、行數有約略的規格。一幅紙的行數，橫數大約是十九行到二十一行，不包括雙行夾註，每行大體十七個到十九個字。但是，草稿寫得密密麻麻，就統計不出來了。第三是有欄無欄。每紙都打有直行格子（很少有橫

格，偶然也有四方格），邊欄比較粗，內欄比較細，也有一樣粗細的。
考究一點都是邊欄粗內欄細的，不過沒有看見像宋以後刻書那樣的款
式。現在的線裝書中間有魚口，底下有寫工名字，敦煌卷子祇有欄。
佛經甚至很少有欄，很散漫，字數也很不均勻。

　　五、卷子的字跡。分寫得好和寫得不好二種，寫得好的整潔得不
得了，近百年來很多人學唐經，這就是所謂的寫經體。看筆勢，挑捺
用的可能是最尖銳的筆，唐筆現已不存，但是，現在日本筆是仿唐
的。唐筆肥大，可是，挑捺很尖，因此，有人說唐代抄書人的筆和寫
書人的筆不一樣。字體以顏、柳、歐三體為最多，敦煌卷子在顏、
柳、歐以前的楷體字寫得不好。雖然不好，但是，有點古色古香，保
存著八分書的樣子。當然不排除唐人寫法，因為唐代是書法變化的一
個轉折點。寫得不好的則壞得很，散頁更是潦草。可能是兵或道士寫
的。草書極草，墨淡極，好像抹點口水寫的樣子。從而可以看出一種
文化的成功有它那一套，寫得好要有好筆、好墨等等。還有一點是二
種寫法，一種是兩面寫，後面的第一行緊接前面的末行，第二張的第
一行連接第一張後面的末行。單面寫的同紙質有關，紙大都蹩腳；也
同內容有關，有的內容不太重視的，或者內容太多，如佛經，所以，
寫法同當時的需要有關係。

　　六、卷子上的符號。大體有兩種，一種加在字的旁邊，另一種加
在邊欄之外。後者主要是數目字，如韻書，把一東、二冬、三鍾的
一、二、三等寫在欄外。前者寫在正文當中，如字書的反切上畫了
圈，然後標字數。還有一種符號是墨點和朱點。墨的符號是寫時加上
的，硃筆符號往往是校。譬如某字錯了，拿硃筆點掉，重改一個。又
如行數不清楚，拿硃筆在上頭點，一點為第一行，二點算第二行……
還有修改的符號，或用墨，或用朱點掉，側邊再寫一個。標點符號雖

然簡單，但是，已經有了。研究卷子，這也是比較重要的一件事情。譬如剛剛說的韻書，小韻的墨圈底下有反切、有數字，可以根據數字校有否漏字，或者反過來校數字是不是錯了。佛經也有許多符號，譬如講到釋迦牟尼往往要抬頭寫，有時忘記了，趕快打了符號。這種情況，其他經典裡沒有。還有用朱或墨來斷這句話或這一行的，譬如儒家經典的《詩經》，這個是哪一國風，就在《詩經》底下點一點，哪一國風下也點一點，是哪一篇底下點一點，哪一行底下點一點，於是《詩經》有好幾個點，對於分段，國風、二雅、三頌都點清楚了。這是當時抄書的習慣。還有種東西是給小孩讀的，譬如《爾雅》，有一個字一個意思的，也有兩個字一個意思的，給點了出來，因此，這種符號，在我們看來，可能是唐人的讀書方法，與對這書的認識有關，有助於校勘，可以作為今天研究整理的基礎。敦煌卷子裡點斷句讀這件事很少，不過有斷號了。寫到這裡要抬頭了，可是這個字剛剛寫到底。於是，在底字地方打了鉤，這就是斷號。偶然也有省略號，打上幾個點，但是很少見。符號問題比較重要、複雜，與整理工作很有關係。

七、校勘方法。校勘方法是整理古籍的基礎工作，如果日讀誤書，讀出來也是沒有用處的。敦煌卷子也有校勘問題，但是，與一般古籍校勘不同，拿一個底本同另一個本子對讎，是傳統的方法。但是，敦煌卷子不是如此，它不是交給研究卷子的人做的，而是交給抄書人做的。抄書人抄完以後，拿抄本與書核對，有錯字就改，嚴格地說，祇能說是抄書人的核對工作。譬如寫錯一個字，抄書人一經發現，加以改正。現在辦法是塗掉或挖補，但是，卷子不能挖補，因為它往往兩面寫。也不知道塗的辦法，頂多在這個字的左肩打二三個朱點，然後寫上改正的字。假如錯字太多，據我所見，可能重新寫一份，沒有像現在塗一個大墨釘的事情。如果祇是二三個字也就算了。

為了不使行款弄得太髒，改正字寫得小一點，筆畫也細一點。這是添字添在側面的例子。如有倒字，有時用墨點，有時用朱點，就在當行改了，並不像後人那樣打了彎，像個「S」，不用勾勒符號，也不把改正字寫在眉上。另外，落掉一二個字，往往就寫在當行的落掉這個字的稍下面，也不用彎彎的勾勒號。我們於是可以看出這個字是在上一個字的底下的，這是添字的辦法。一個兩個字是這樣，假如長篇掉了，就把紙倒轉來寫。從掉的那個字開始寫，補上以後，用勾勒辦法勾進去，從左邊掉下的這個字開始，慢慢畫上去，畫到右邊下來。一二字不用勾勒，多字可能用勾勒，超過一行以外，祇好換紙，換紙也有兩種辦法：一種是整篇換掉，重新來過。這大概是兩面寫的卷子，如果單面寫的還有一個辦法，把錯的一行截掉，另外拿紙補上，補上的紙同截掉的紙一樣大，再留出一個單扣來，如此而已。所有錯字，掉字用點的辦法，用勾勒辦法來區別，非常嚴格，在我所見的卷子中，沒有例外。還有一件也屬於校勘的，校勘完了，往往在邊欄外面寫一行小字，說明這一篇共有多少字，錯字幾個，掉字幾個。這也是嚴格遵守的。目的是讓得到這個卷子的人注意上面有幾個錯字，假如要重抄的話，得先改正再抄。所以，敦煌卷子裡面，看不見有真正大錯的字、大掉的字。還有一點，敦煌卷子是自家人抄的，我們講過的吳彩鸞寫韻書，一天一本，這本韻書在五萬字以上，就無所謂校勘了。遇到這種情況，祇要看哪一個收藏的，而不是哪一個寫的。如《金光明最勝王經》，如果後人說是哪個廟子裡的寫生或者寫僧寫的，這是廟子裡寫的。如果沒有這一行，那就是他自己寫的。自己寫的，沒有校勘字，不是說沒有錯誤，大概是他自己明白就算了，這是一種。還有一種特殊的是小孩子學寫字時的書，亂七八糟。我曾經看見一個卷子，是曹元忠七歲學字時寫的，有一行字「敦煌曹元忠寫，年七歲」。

這類東西等於廢紙，沒有所謂校勘。

　　八、題銜。卷子寫完，後面有許多題銜：有的題哪個人寫的，有的題根據哪個本子寫的，有的題哪個廟子收藏的，有的題哪個私人收藏的，大體有這四種。卷子題銜有一個、二個、三個，題多銜的一定是作者、譯者、抄的人和寫的人。另外還有題為甚麼抄的、寫的，往往後面有一小段話。譬如某家老婆婆為了兒媳生孩子許了願心，等到孩子生下來去還願，就找人抄一部經，送到廟子去，於是寫了一段小文章。這個題銜就多了，往往可以從中找到許多風俗習慣，其中以保佑病人快好為最多，其次，保佑媳婦生孩子的也不少。還有保佑家裡人百事百順，這是空的，沒有實際對象，量最少。說明這類東西都是民間的，大富大貴的人不寫經求福，而是畫壁畫、塑菩薩求福，譬如張、曹二家。普通老百姓即使有了幾個錢，也塑不起像，畫不起壁畫，就寫一個卷子。卷子內容以《金剛經》、《金光明最勝王經》為最多，因為這二部經在佛經裡面，宗教意味最深，不是哲理意味最深。所以，求福的人大都寫這二部經。寫經求福的人叫供養人，有的卷子寫了作者、譯者以後，最後是供養人的名字，可能還有某廟子收藏的字樣。敦煌卷子中有浙江廟子寫的經送來收藏的，可以看出當時佛教的流傳。所以，哪個廟子收藏也算題銜的一種。對於研究工作，題銜是很重要的材料，譬如從作者可以看出卷子的年代，這是一點。寫經人是當時貧寒的讀書人，一輩子不祇寫一個經，每個經都有年月日，假設從開元二年到大德五年，那麼，這個人是這個時候的人，我們可以借他斷定其他卷子的作者和時代，也可以了解某個時代裡，某些經典寫的人最多。研究卷子的年代是很重要的事情，所以我在自己的《敦煌學論文集》裡寫了三卷書：寫生名字、經生名字和寺廟名字，各自編成一卷。

　　九、卷子上的記時。讀敦煌卷子，往往一不細心，就把年代定錯了。譬如這個卷子原題開元二年寫，可以斷作開元二年。可是，翻到後面，又有大德×年的題銜，要是不細考，又會斷為大德×年。事實上卷子是開元二年寫的，而大德年可能是收藏的人寫的，或者後人胡亂寫上的。唐代以開元、天寶最興盛，為了加重卷子的身價，本來是開元、天寶以後寫的，也造假寫上開元、天寶，價錢就賣貴了。因此，確定寫作年代，要細細地翻到底，最前面的年代是可靠的，最後面的往往是後人重寫的。考究的方法要看紙質、墨色、字體等等，把若干因素綜合起來，才能確定。

　　關於年代還有一種情況，唐代皇帝的年號是一定的，尤其五代，大都短命，祇有三年五年。可是，卷子經常有寫十年八年的，這不一定做假。因為五代以後，敦煌與長安的關係經常斷絕，消息不靈，所以，唐家天子換了代還不知道，老百姓依然守著這個皇帝年號，把紀年拉長了。甚至到了宋代開寶，還在用五代年號。研究年代是很細緻的工作。有些研究者認為考證卷子年代沒有甚麼了不得，恍恍惚惚地就過去了。但是，認真的研究者是不恍惚的，英國捷爾恩寫的《敦煌卷子中有年代卷子的考證》，可供參考。

　　還有一點是造假，本事最大的是羅振玉，加上一個太宗年號，賣大價錢。他得了很多卷子，他是懂的，因此，日本的一個老內閣總理就上了大當。大概花五百多兩黃金買一個卷子。卷子並不假，就是年代假了。除了年代做假之外，還發現整個假的，不過是複製品，做得像真的一樣。這是一個法國人發現的，叫勃朗士，他有一個卷子，後來又有人送卷子賣給他，兩個卷子一對，是一個人寫的同一個東西。然後他用科學的辦法去對，送來的卷子是拿他自己保存的那個卷子複製的。紙是真的，抄的東西是假的。所以，辨真偽成了我們學術上一

個最大的問題。偽的東西很多，要經過若干日子摸索才能弄清楚。譬如造假的人，墨就造不了假，現存最早的是明墨，沒有唐墨，唐墨用油煙做，現在墨用松煙，化學分析一下就分析出來了。我向有關領導部門建議：不僅卷子要收齊，而且要有一套辨偽的方法。沒有這一套方法，也研究不好的。

十、雙面寫與單面寫。二者差別很難說，大體講，佛經以雙面寫占大多數，《道德經》以單面寫占多數，儒家經典有雙面寫，也有單面寫，其餘史料二者都有。不過，也有原來單面寫變做雙面寫的，譬如《道德經》原來單面寫，後人因為背面沒有字，利用來寫草稿等，結果一面是唐人的，一面是宋人的，表面上是雙面，然而，絕對不是一個時代的東西。粗略的辨別辦法是看正面的末行與背面的是不是接頭，不接頭就是後加的。也有原來雙面寫的變成單面寫的東西，自從五代以後，民窮財盡，許多人把雙面寫的東西很巧妙地糊上一層薄紙，看不出單面還是雙面寫的。不過，也可以研究出來，唐、五代、二宋的紙質是不相同的，唐紙很結實，宋紙比較鬆。總之，單面還是雙面是敦煌卷子裡經常使我們迷惑的事情，不過比上面那幾件，容易認識。單面變雙面，必有一面是假的，但是，後加的這一面在學術上有很重要價值。譬如佛經，後加的卻是社會史料，有一卷佛經，後加的是《張淮深傳》，此傳已經亡佚，這東西比原卷重要。事實上，後人寫的往往比原先單面重要。但是，有一種東西是亂的，如社會史料、契約、書信，有簡單的、有複雜的，兩面都有價值。但是，小牘祇真正一小片，大體單面多，往往是一種契約。小牘沒有單面雙面的糾紛。

十一、敦煌經卷的一些附錄。一個卷子，正文寫完之後，有一些附錄。它們與正文有絕大的關係，有許多是後人附上的，與正文毫無關係，就不能算作「附錄」了。所以，「附錄」指的是同經文有絕大關

係的那些材料而言。這是要事先聲明的。有兩種卷子百分之九十以上有附錄，就是道經同佛經。其他儒家經典同社會史材料、歷史材料的卷子，不一定有附錄，或者是祇有一小部分附錄，因此我這裡講的是《道德經》同佛教經典的主要附錄。但是附錄的內容是相當多的，其他的也有，也附帶著講一講。

　　《道德經》的後面，往往附有一個《十戒經》（《十戒經》是道家講戒律的一個重要而又簡單的經典），因為敦煌的《道德經》大致都是河上公本，河上公是道教的一個大師，他註的《道德經》錄上《十戒經》是很自然的。但是也有一卷二卷王弼的注本，王弼注本就沒有《十戒經》了。所以附錄一定同正文有絕大的關係。這是一例。佛教經典幾乎百分之九十後面都附有這卷經的文字音義（注音和釋義），佛經音義這個東西是佛教到中國來之後一個必然有的而且最常見的事情。佛教有一個信念：讀錯了字，不僅僅沒有好處，而且要受罪過的。譬如我們到靈隱寺去，看見的幾個大字：「南無阿彌陀佛」，假使我們讀「nán wú ē mí tuó fó」就讀錯了，要讀「ná wó ē mí tuó fó」，它的音義，要把「南無」兩個字讀成「ná mó」，不能讀「nán wú」了。諸如此類，每個佛教經典後面都有許多。音義在別的典籍裡用不用呢？在我們後人的民俗裡邊，或者是別的經典當中，也有讀同佛教經典一樣的音的，是受佛教經典的影響呢，還是中國原有的？就很難說了。因此佛經後面的音義，在學術上，尤其是講漢語音韻學，是重要的材料。到了唐代，有人把所有這些佛教經典後面的音義集成一個《一切經音義》，慧琳的《一切經音義》大體就是這些東西彙集起來的。做佛教經典研究的人來說，這是一個重要的課題。佛教經典本身的教義是重要的，佛經的讀音方法，也是一個重要的東西。因為要是我們讀音不同的話，人家不曉得的，和尚不曉得的，所以，大概以後研究佛教經典的人，

除了正文的研究而外，音義是要研究的。我曾經檢查過一兩卷佛經後面的音義，同我們現在所傳的慧琳《一切經音義》是不是相同呢？大體相同，但是還有差別。這是第二種。第三種範圍寬一點兒，不僅是道教、佛教經典，而且其他一切經典都有的，就是卷子的題記。所謂題記，就是說這個卷子為甚麼要寫的，或者這個卷子是哪個人寫的，寫些甚麼東西。題記有幾種，一種是發願文，內容是許一個願心和為甚麼許願。如為了病人快點好，為了求福等等。它是有一定體式的：前面一定說我為了甚麼甚麼，現在發願，寫若干若干部經。這是一種。這種發願文，說明這個卷子是民間的人送進來的，不是出自和尚，不是來自寺廟的。當然偶爾也有管家發願的，也有闊人發願的。發願文祇在道家經典、佛家經典裡面有，別的經典裡面沒有，儒家經典我們就沒有看見發願文。第二種是記事的文字。儒家經典有近於發願文的記事文，講我為甚麼要寫這個經，為了我把書讀好，為了要認識儒家的某個經典，我要寫個甚麼。儒家經典裡有這種記事文的是《孝經》這部書，我為了我的父母怎麼樣，寫若干卷《孝經》，記事文中有點發願的意思。另外還有一種，記這個經一共寫多少字，花了好多錢（寫明花了好多錢的，一定是發願文，不是發願的，和尚道士寫的是不寫這件事情的）。第三種是前面談到過的題銜，寫明寫經、藏經、讀經、誦經的經生、寫生的名字。還有「大德」，即是說哪個大和尚的卷子，哪個廟子裡面的卷子。這也算附錄。還有一種東西我不敢斷定，因為牽涉到許多外國文字和兄弟民族的文字，我不懂呀。如吐火羅文、巴利文、摩尼文、突厥文、西藏文、西夏文等等，都是附在卷子後面的，因為我不懂這些文字，所以我沒辦法說。現在中央對這些文字非常重視，敦煌學會已經把這些東西分出來了。

　　十二、許多特殊的情況。這些特殊情況是我們認識敦煌卷子的很

重要的一些事情，很重要的一些方法，因此我也在這地方附帶講講。問題相當多，大致列為三大類，第一大類是殘卷拼合的問題。有甚麼方法讓我們簡單地拼合呢？首先需要識別，希望卷子不要拼錯，第一件事情要搞清這個卷子是單面寫的還是雙面寫的。單面寫的當然祇能拼在單面上，雙面寫的當然祇能拼在雙面上。第二件事情，不管是單面寫的或者是雙面寫的，有沒有後人修改的痕跡，這個問題是很嚴重的。在單面上面的後人修改，我們很容易看出來，就算了。雙面的東西就很糟糕。到底是兩面都修改了還是祇修改了一面呢？又是怎麼樣子修改的？一定要鬧清楚。這裡有一個很大的技術問題。譬如我手裡祇有十個卷子，要把它們拼合完整，到哪裡去找它們的對象呢？所以一定要把所有的卷子都集中在一道，然後才能說得上拼合。這件事，不是我們單個在書房裡面所能做的。要靠國家的力量，把所有敦煌卷子收集起來放在一道，然後找十個八個人，坐下來定出許多條例，哪些哪些咋個拼合法。大家對這規律都熟悉了，卷子是擺在中間的，然後每個人抓住卷子就去找，就去查，要這樣做。所以這個問題是技術上很複雜的問題，馬馬虎虎就拼不起來，拼不起來我們的研究工作就要落空。為甚麼呢？你拼不起來，有許多殘的東西是丟掉還是留著？留著是殘的，不單單殘的東西沒用，而且連那些大體完整的殘了一點的也沒用了。這種綴合工作是我們正式做研究工作之前的第一件事。這是一個問題。第二大類是殘斷，有些卷子不僅是拉爛了，扯成兩段、三段，而且是一個角落壞了，或者下半截壞了等等，這就叫做殘斷。殘斷的問題也很嚴重。一個卷子，即使扯爛了，扯成幾個卷子了，祇要沒有殘斷，拼合還容易，有了殘斷，拼合就不容易了，因此要講一下。重要的有四點：一點是卷子紙面的殘斷，比如說一個卷子，本來是二十一釐米寬，現在殘斷了，有一行殘掉十釐米，有一行

衹殘掉五釐米，有一行衹殘掉二三釐米，於是乎這個二十一釐米寬的卷子，有的衹有半行，有的衹有三分之二，有的衹有三分之一，有的甚至四分之一，有的完全沒有了。這個殘斷的問題，是我們做研究工作的人所據以了解這些卷子全貌的基礎。這個基礎往往同我們做研究工作有極大的關係，要斷定這一行殘掉了幾個字，大概是幾個甚麼字，然後用校勘學的方法把它補上。但是殘斷的情況是很複雜的，有許多地方是中間殘了一個字，或者是蠹魚蠹了，或者中間三四行之間都讓蠹魚咬掉了，殘了一塊。在我們講起來，中間殘掉一塊似乎是不容易做，是很難的。事實上，據我的經驗，中間殘掉一塊是很容易做的。為甚麼呢？因為每一行的上下文還在，我們就拿它的原書來對一對，就對出來了，所以這是很容易的。最怕的是角落上殘掉一塊，或者幾行，要補就吃力了。所以殘斷的情況很值得我們注意。根據殘斷的情況，往往可以考見全書的字數，或者是前面的行數。比如我的《瀛涯敦煌韻輯》，就經常用這個辦法來斷定這個卷子，前面殘了幾行，大概殘了若干字；或者後面殘了幾行，大概殘了好多字，我往往利用這個東西來拼。比如有一個卷子，照它本身來講，這一頁應該保存某幾韻的字，但它已經殘了。到底殘了某幾韻？有多少字？我們現在的本子同它肯定對不起來的。於是乎我們首先要曉得這個卷子在歷史上是屬於哪一個的卷子。比如說《瀛涯敦煌韻輯》裡頭，有的是屬於陸法言的原本，有的屬於長孫訥言本，有的屬於孫愐本，有的屬於王仁昫本，殘的這個東西到底是哪個的本子？我們要作出斷定，往往是根據後人所傳的本子，知道某人的書應該有幾百個字或者幾千個字，對照一下，這個卷子殘一百個字，不對，殘一百個字不是陸法言的本子，因為陸法言的卷子衹有多少，這個殘得太多了。那麼是哪個東西呢？是王仁昫對不對呢？也可能是對的，也可能不對。考來考去，我上面

舉的四個人都不行，那麼可見得這個卷子還不是長孫訥言、孫愐、王仁昫這些人的卷子，或者還要後面的。於是再找，會不會是李舟的？好了，找出來，果然和李舟的相合。因此，從殘了幾個字，殘了幾行，拼合起來就能了解這個卷子到底是哪個本子。這是有關殘斷的第二個重要問題。還有一個問題，有些是年代久了，受潮了，或者蟲傷鼠蝕，我們姑且歸為一類，叫做自然殘斷。還有是人為殘斷，人把它拉掉了一節。人為殘斷其實很簡單，比如說這個卷子是單面的，把它扯掉了一節寫別樣東西去了。這個我們容易知道，為甚麼呢？如果是單面的，背後一定寫著有他自己所需要的東西，一看就知道。頂頂怕的是自然殘斷，蟲傷鼠蝕是沒有意識的，不容易懂。認清它沒有甚麼太好的方法。祇有敦煌卷子看得多了，翻得多了的人，可以看出來，一看就知道，這個是蟲傷鼠蝕，這個是人為的。等到你看出了蟲傷鼠蝕，是自然殘斷的話，我們就來找。因為敦煌卷子藏的時候不是一頁一頁地藏的，都是堆起來藏的。因此第一頁殘的是二行、三行、四行、五行，那麼底下一個卷子也一定殘的是二行、三行、四行、五行，有三四個卷子的殘痕是一樣的，我們把這三、四個卷子的殘痕拼起來，於是就曉得，蟲傷鼠蝕一共傷了幾頁，然後拿總共傷了幾頁來推斷。這一定要敦煌卷子看得多一點的人才能了解。但是現在我們的卷子都扯亂了，扯散了，譬如現在我們已經買了一套敦煌的縮微膠卷，是一張張照的，不會給你一疊一疊照呀，那我們拿這一張一張照片怎麼辦呢？這祇有要求將來做研究工作的人把所有殘斷的東西先總的錄一次，這是我的一個建議。譬如說這個卷子是一、二、三、四、五行殘的，那個卷子是六、七、八、九、十行殘的，我們就把所有一、二、三、四、五行殘的放在一道，六、七、八、九、十行殘的放在一道，對起來看，看有沒有辦法。我想現在科學進步了，是會有辦

法的，尤其是電腦出來了，放進去，殘了哪幾個，它立刻就可以告訴我們，哪些卷子殘了，哪些卷子是怎麼殘的。所以我們現在做研究工作，比我那時候在巴黎做研究工作是要方便得多了。這是科學進步，我們不能不感謝科學家。但是我們沒得這個東西怎麼辦呢？我們還是得辦的。還有譬如我們在杭州，祇有一套縮微膠卷，怎麼辦呢？我們不能為了一個殘斷跑到北京去，把這些東西收集在一道，不可能的。所以，今天我還是講方法。凡殘斷的部分，是人為的殘斷，一看就看出來了，這些大概是單面的。可是有殘斷而為後人補者，失真者。有的殘斷了，可是得到這個卷子的人，把它拿一層紙糊上，補上一段，那糟了。他補上這一段與原來完全不搭界的。我們要不要承認它呢？當然我們不承認。但是拿甚麼來不承認呢？你曉得它是甚麼時候補上的呢？假使它是我們現在巴黎國家圖書館補的或是大英博物館補的，那我們可以看出來，不信它算了。萬一有唐末五代人補的，這個東西我們要斟酌的，可能唐末五代人補的時候是有作用的，它的作用在哪裡呢？補的時候一定是要找原件抄上去的，所以，在這殘斷當中，有一種本來是殘斷了，可是有一個補的痕跡，補上的東西已經抄好了的，這種殘斷我們很要留心。怎麼很要留心呢？就是補的東西仍然還是抄書的人——寫生補的，寫生儘管補上了，可是到底不是他自己的東西。非常負責的寫生有，但是也有拆爛汙的寫生，他馬馬虎虎地隨便地補上一個，我們就曾經發現牛頭不對馬嘴的東西。這牛頭不對馬嘴的東西真害死人，我們花十天八天的時間找不出一行的關係來。所以我們不要以為殘斷的已經補好，就相信它，靠不住的。殘斷的東西已經補好了的，我們一定要核對一下，看他補的東西是不是和上下文合得上的，合不上的東西那糟糕得很，這是殘斷而已經後人補的，後人補著是真的。還有一種情況，殘斷是殘斷了，後人想保存，不讓它

再壞下去，在後半段，或者紙的最前面，紙角上殘掉的地方，隨便扯一塊補上，這種補上比我們剛才說過的中間隨便補一塊更糟糕。前後隨便扯一塊補上，我們一看，前面是這樣的，後面不對呀。這個問題也是很嚴重的，嚴重在甚麼地方呢？扯來補的那個卷子，差這一段了，這段東西不能沒有用的，可能很有用的。我們還要把這一段東西拿下來，歸到它的老家去，多一道手續。這是非常麻煩的。所以研究敦煌卷子一到細膩工作的時候，我們簡直拿它沒有辦法。不久前在杭州開《道藏》整理的會，要我參加，我去了，談了幾點。他們要搞《道藏》提要，我說很好，這事我非常贊成，不過希望你們注意一點，《道藏》裡邊也有像我們剛才所說的那些現象，你們怎麼辦？他們說《道藏》刻本裡邊這種情況很少。我說你們可曉得敦煌卷子中有現在的《道藏》裡面沒有的，這些材料你們要不要？他們說要，而這些材料就要按我所講的整理卷子的方法去補。他們問我具體怎麼講，我就稍稍說了一下，儘管艱難，但是搞科研工作的人都有點戀頭戀腦的戀脾氣，你越難，我就非把你解決不可，花三年、五年的時間解決一個小問題也可能的。我已經摸出一點線索來了，我把這點線索告訴大家，將來大家再繼續摸索時可以省點力。再補充一點：剛才講補足的人，有同時代的，有異代的，有的甚至隔得很遠，比如有唐代的人補六朝的卷子，這裡有了很好玩的事情，就是卷子上的字，各個時代有各個時代的作風的，一看就看出來了，這是經過唐代人補過的六朝卷子。怎麼能看出來？就是六朝人字體書寫的方法同唐代人、五代人、宋人書寫方法不相同。我們在這裡邊發現，若干字是唐人寫經的常規，也就說明這個卷子是唐代人寫的，但是我們突然發現，這裡面還有些宋人寫經的常規，那我們就曉得，這是宋代人補過的。不僅字體各時代有差別，就是符號、標點、紙質也有差別。因此這個殘斷的事牽涉到一系

列敦煌卷子的內容。是一個極其難、沒有辦法了解的問題。這個事情我們下面大概還要講一講。

　　第三個問題，事實上是補充前面講的拼合。上面講的是遇著兩個卷子是一個卷子扯亂了的就把它拼起來，現在講過去已經有人拼合過了，這是無意識的拼合，這種情況在敦煌卷子中也是十分嚴重的。所以我們看敦煌卷子一定要從頭至尾細細地看，假使稍微馬虎一點，被五代、宋以後人拼合的東西弄錯了，這就根本上錯了。因為敦煌卷子是一張紙一張紙拼起來的，到某個時期漿糊脫了，就可能脫成兩卷，有些卷子脫了之後，後人隨便拿了東西拼上，成一個卷子。有的是無意識的拼合，有的也並不完全是無意識的，而是要拼成一個卷子去賣錢的。譬如有一個卷子，前面有一大段了，突然有一個小東西拼上，說明甚麼年代，甚麼人寫的，或者是個甚麼重要經典，它是別的卷子上拉下來拼上去的，等於我們後人的字畫拼假，譬如浙江的趙孟頫的字，尤其是趙夫人的畫，就有人拼假的。一帖畫上面，有一個圖章，就算是肯定了，這是趙孟頫的，於是乎就把趙孟頫題款的地方割下來拼上，那個東西也成了趙孟頫的了。這種作假的拼合很討厭，模糊了我們對於卷子的認識。做研究工作的人真要細細地去摸索。我的經驗大概有幾點，從卷子的紙質、墨色、題款、行款各方面綜合起來，可以斷定的，不是說這件事情就無法辦了。譬如說這個卷子本來是唐代寫本，從唐以前寫本挖下一條，說隋代哪一個寫的拼在上面。假設我們能夠從紙質、墨色、書寫的方法，以及卷子的一切條件集合起來看，就可以判斷它是真是假。這個真假問題，對我們研究卷子來說關係太大了。譬如我曾經碰見過一個卷子，卷子上說的是唐代的官令，但是還有一段是唐代帝王的生卒年月，講某個帝王是哪天生，給他做生日，應該做哪些工作，殺幾個豬，殺幾個羊，如何如何。這兩個卷

子本來沒有關係的，把它拼在一道，成問題了。到底唐代的官令正一品、正二品這個品同一等、二等這個等，跟帝王年代的關係怎麼樣？假設我們把這兩個卷子拼在一道來看的話，那麼譬如祭唐明皇，哪些人主祭，唐明皇生是哪一天，死是哪一天，哪些人在哪裡祭，哪些人可以做甚麼事情，這是有一定規格的，兩個東西一拼起來可就破壞了。於是我們看唐代的《百官志》，亂了，看不出來了。所以這種被後人亂拼的情況，我們應該注意，唐代以前的人的亂拼的東西，也得注意的。因為唐代以前已經有拿幾個卷子來拼的風氣，大家都知道這個大和尚是甚麼時代的人，如果這個卷子是他的，價值不就更高了嗎？所以拼合的人就搞這種玩意兒。這種東西自從敦煌卷子發現以後，被古董商人造假的簡直不得了，古董商人會造假，怎麼造呢？比如偶然間一個卷子，背後有一半空紙，有一寸兩寸空紙，他就切下來，當作寶貝保存起來。他曉得這是唐代的，這是六朝的，於是把這些紙拼上，拼得天衣無縫，從紙質上面是看不出來的。所以假卷子頂要防備的是拼合。假卷子的拼合從五代就有了。唐代似乎也已經有了，不過很少。等到敦煌這個寶庫發現，被古董商人搞著了之後，更不得了地多。因此我今天再一次提出這個拼合的問題來，說的是假拼合，不是我們前面講的拼合。這件事情很重要，我們在研究工作中常常碰見。譬如我們現在的縮微膠卷，我要是細細全部看過的話，可能會發現這麼幾卷是後人拼合的。但是這非有經驗不可。卷子看得多了，看了幾百卷幾千卷，摸出規律以後，可以看得出的。

第四個問題似乎極小，但是也是認清卷子時代很有關係的一件事情；不僅如此，還是我們文化史上，尤其是書法史上面，與抄書的方法，書式等等有關係的一件事情。這就是敦煌卷子中隋、唐、宋人寫法的出入。這個出入當然講書法，不講書的內容，書的內容上面講得

已經很多了。六朝、唐代、五代、宋代有許多民間習慣，在卷子的書法裡邊表現了出來。譬如說，木字旁、才字旁、提手旁，這三個偏旁的字，在六朝的本子中，往往是相混的，大體都寫成才。木旁掉了一點，提手旁的一提不是底下挑上去的，而是上面撇下來的。於是乎到底是木字旁還是才字旁還是提手旁，我們鬧不清楚。這大概是六朝時候的通俗習慣。這種情況多了，就是隨便寫。比如金字，寫成完完全全的全字，把底下兩點丟了。金字旁同全字旁一樣，不過到後來也有點差別，就是最後一筆全字還是好好地寫成一橫，金字就寫成一挑。模糊一點的話，這一挑挑得很輕，也成了一橫，於是乎金旁的字、全旁的字相混了。這種情況多得不得了。省寫還有一種例子：烏字、馬字、鳥字，常常是不分的，也是唐代開始有的。這是書法的一種特殊現象：簡省。比如蠶字。上面是朁字頭，當中是日字，底下是兩個蟲（huǐ 毀）字。六朝人很簡單，寫個天字，底下寫兩個蟲字，甚至底下寫一個蟲字，也算是蠶（蠶）。省體字在那個時候已經很多很多了。門窗的門字，三點一個鉤，等於我們寫水字四點，到了三點以後第四點一鉤，寫門字則二點以後第三點一鉤。這也是唐代就已經開始了。唐代民間已經把草體字省體字用進正式的寫經當中去了。我們可以看出哪一體字，是在哪一朝代才有的，可以根據這個判斷這個東西是哪個時候的。還有一種東西很討厭，叫做移植，左邊的東西放到右邊去寫了，上面的放到下面去寫了。移植的字，在真正的文字學裡邊，可能分成兩個字了，但是在敦煌卷子裡邊仍然是一個字。比如物字，先寫牛旁再寫勿，但是在敦煌卷子裡邊有先寫勿字，底下加了牛字的，也是物字。再如概字，現在是木旁加了既字，在敦煌唐人寫本裡邊，就有把既字寫在上面，木字寫在下面的。這也算移植。不僅如此，還有很多字有移植的痕跡。比如猶字，是犬旁加酋，可是在唐人寫本裡

邊，先寫酉字旁，後寫犬字。在《書經》裡邊這兩個字意思是不同的，犬旁加酉的猶是虛助字，而酉旁加了犬字呢，是「猷，言也」（《爾雅·釋詁》）。但是在敦煌卷子中是不分的。譬如犬旁加個言字，這是說狗叫的聲音，但是在敦煌卷子裡也有言旁加犬的。也讀為狺，犬聲狺狺的狺。這都是移植。這些移植的字，同我們剛才說的省體字，在敦煌卷子裡都經常見到。再比如走字旁同寫個走之的之字相混，像遠近的遠，寫了走之的之，趙錢孫李的趙，也寫個之，於是趙變成逍了。雙人旁大體都寫成單人旁。左右兩個字古寫左字一橫向左邊撇，右是一橫走右邊來，這兩個字也不分了。這一類的情況多得不得了，都同我們寫法習慣有關係的。這是值得我們研究的，比如說我們的草書，是魏晉以後才開始有的，王羲之的草書、王獻之的草書、衛夫人的草書，這些草書很多很多是我們現在這些簡體字的來源。比如剛才說的門字，三點一鉤，就是王羲之的字體。因此我們從省體字、移植字這些情況來看，可以判斷這個卷子是起於甚麼時候的。不過這個判斷很難確定，為甚麼很難確定呢？因為後人也做照前人寫省體字嘛！省體字容易呀！所以我們現在寫門字也就是三點一鉤就完了，蘭花的蘭是兩點一橫底下三點一鉤，再寫一個柬字。又把柬字寫成東字，那更不得了了。所以拿這作確定卷子時代的絕對標準是不行的，不過至少可以推測上限。卷子裡邊沒有這些省體字，那麼這是很早的，有了這些省體字，最早早到甚麼時候，都大致有一個上下限的斷定，這是可以用的。這件事情我們搞敦煌卷子的人往往不大注意。疏忽的結果是留了很大的痕跡在裡邊，讓細心工作的人看出很多笑話來。所以敦煌卷子的書法，也算是我們研究的一個重要事情。假使我們關於書法沒有一點兒認識的話，這是很討厭的。不過有一點，在敦煌卷子的字書、韻書（尤其是韻書）裡邊一個字底下往往會注上「正」或「俗」，說明

某字是正字，某字是俗體。我的《瀛涯敦煌韻輯》裡每卷都有正俗字。關於這個問題我在做研究工作時已經注意到了，因為眼睛不好，正字俗字就列了一個表，成了四卷書。這個東西是我愛人幫我做的，叫《敦煌韻書中的正俗字譜》。根據我的這卷書來看，可以知道哪些字是唐代的人已經認為是俗字了，哪些字唐代的人還認為是正字，可用來印證唐以前各種書籍裡面的字體，到底是正的還是俗的，也可以看出後代簡體字的來源，古體字的來源。譬如我們現在寫禮樂制度的禮，示旁一個豎橫鉤就完了，事實上是個中國的古字，漢代就有了，敦煌卷子中所有的禮字大體都這樣寫。辭字本來是辭字，半邊加個辛字，敦煌卷子寫成嗣字，右邊加了司字，事實上一個是省體字，一個是借體字。但是在敦煌卷子裡往往混成一個字。這裡邊可以看出文字學上字形結構的變遷，所以這件事情不是一個簡單的問題，同其他學術的關係很大。讀歷史知道伏波將軍馬援奏請定天下官印錯別字，他說城皋的皋字有人寫的是白字底下一個犬字，有人寫的是白字底下一個本字，不是本字，有的寫的是自字，自字底下還有兩畫一個十字，他說城皋地方的縣官、武官同巡官，三個官的印章的皋字是不同的，請國家糾正天下官印的這個毛病。這說明我們的漢字，在漢代已經亂得不得了了。所以六朝以來的譌字、錯字多得不得了，我們現在刻圖章的人動輒說我刻的是漢印。事實上，說不準刻的是錯印，不是漢印。這一類情況同古書研究、古文字研究、書法研究都有關係。敦煌卷子剛好是關鍵，敦煌卷子以前的俗書、譌書、假書在敦煌卷子裡面都可以看見了。敦煌卷子以後所用的省體字在敦煌卷子裡也都找得出來了。這也是我們應該注意的事情，所以特別提出來講一講。

最後我講一點關於壁畫裡邊的文書材料。壁畫裡邊的文書材料過去講過一下，那是為了款式講的，為了歷史講的。今天講的是總結性

的。敦煌壁畫裡也有些文書的材料，最多的是發願文，是當時的歷史材料。比如張淮深的傳，在敦煌的壁畫上寫著，哪個的題銜，甚麼官銜。有的寫著，哪個是哪個的兒子，哪個是哪個的丈夫，哪個是哪個的父親，哪個是哪個的舅子，哪個是哪個的岳父等等，也有寫著的。這些題銜，往往是我們認識敦煌經卷的重要參考。譬如敦煌經卷裡邊說這個卷子是某個可汗的某個公主寫的，某個可汗、某個公主所收藏的。這某個可汗、某個公主在我們歷史上可能找得出來，但是大體找不出來，祇有在敦煌題辭裡邊有。拿敦煌的題辭來證明歷史上的材料，就合起來了。證明卷子裡的材料，卷子也合得起來，敦煌的題銜有官爵、稱號、家庭關係以及家族關係、氏族關係。這些題銜當中，五代人占十分之七八，宋代人占十分之三四。這些題銜裡邊的資料拼合起來可以成大文章的。這些我們在講歷史的時候也已經說到了。今天的主要目的在說明文書的問題，經卷的問題，這些東西不能當經卷來看，但是可以同經卷有關係。譬如說有曹元忠夫婦出行圖、張議潮夫婦出行圖，這兩大幅畫裡邊，考見中國文化史、中國繪畫史、中國歷史的材料當然很多，而敦煌卷子裡邊的材料，也可以在裡邊看出來。敦煌卷子裡邊有許多材料說敦煌當時的、河西走廊的社會、政治、經濟關係，我們找不出旁證來，而這兩幅大壁畫可以做我們文書的旁證。總結一句，就是說：敦煌壁畫有許多東西可以用來做敦煌文書的旁證，是最好的材料。我說一個笑話：一直到如今講人的幞頭，到底是個甚麼樣子不知道，可敦煌壁畫裡面的供養人，那些官戴的帽子就有幞頭的樣子，清清楚楚的。敦煌女人化妝的情形我們講過一些，「蕊黃無限當山額」，很多人講不來。臉是「蕊黃」，像花蕊一樣的黃色，無限，了不得。當山，在眉山之間的額頭上。敦煌女人化妝的方法，就是在額頭上用黃色點一點，「蕊黃無限當山額」。這是壁畫可

以證明詞集的例子。又譬如香爐，敬神的香爐有一個柄，燒起來，人拿著這個柄走，這個東西清宮裡還有，民間是沒有了，大廟子裡邊現在還可以勉強看見，但敦煌壁畫裡邊所有供養人男人家端的都是這個爐，清清楚楚的。所以敦煌壁畫裡面所有這一切文物制度的材料可以用來證明敦煌文書的是多得不得了的。這一個事情大家不要疏忽，不要說它是壁畫，就同我們沒有關係。我們研究敦煌文書的人往往要參考壁畫，因此我在這裡也順帶著交代一聲。

我的關於敦煌學的通論已經講完了，我想稍稍作一個大概的總結，也不過幾句話：敦煌的材料包羅萬象，壁畫的表現是最具體的，不過壁畫的表現呢，大體是以唐、五代、宋這個時候的社會風習為基礎，以那個時候的禮樂制度作基礎，而要真正了解中國全部文化，尤其是宋以前全部文化的話，要靠文書，文書裡邊錄有戰國以前的文書資料，戰國以後兩漢魏晉南北朝的文書資料，這是很豐富的。我們現在研究古籍，離不開敦煌的資料，要研究中國文化史，也離不開敦煌的資料，要研究民間的風俗習慣史也離不開敦煌的資料，我們要研究文字學、語言學乃至於繪畫學，乃至於上糧納草，都離不開敦煌資料。敦煌是中國歷史上正中間的一個轉折點，敦煌以前的東西我們可以從裡邊看出來，敦煌以後的東西我們在敦煌裡邊也找得出線索來。所以敦煌學在我們中國目前的情況來看，此後是必然要大大輝煌的。我雖然身體不好，也願意把這個工做作到底。

敦煌──偉大的文化寶庫

自序

自從莫高窟六朝、隋、唐寫本藏經發現之後，敦煌學已成為六十年來在國際間享有盛名的中國學術之一。因為它的造型藝術，與許多古文化之邦如希臘、羅馬、波斯、印度的畫法作風，乃至題材，有多方面的相互關係與影響。其寫本經卷，正是中古以前世界許多宗教、學術、思想、語言與人類實生活的史實寶庫，所以震撼了學術界。然而也惹動了一切帝國主義者千方百計的劫奪！

劫奪了之後，他們加以研究，印成圖譜、專書、論文、目錄等，數不在少。陳寅恪先生說：「……自發現以來，二十餘年，東起日本，西迄法、英諸國學人，各就其治學範圍，先後咸有所貢獻。吾國學者，其撰述得列於世界敦煌學著作之林，僅三數人而已。」這在二十多年前，他們所得的成果，尤其是西北史地、民族及中小亞細亞一帶的古語言文字，確有此情。但近二十年來，情形已大變。國人起而直

追，甚且大有超過他們的成就！

　　我對於藝術、宗教，所知甚少。但這二十多年來，不斷地在某種情況下，也有點講稿短文之屬，費了一點蒐集的功夫，算是參預了這個「盛流」。

　　自從解放以來，我們文化遺產的研究整理，領導上正在大力提倡，協助指導。考古事業、古物保存，都被全面重視。這個千多年來被遺忘在荒漠裡的藝術寶庫，已全部修復，而且頗為輝煌！我受了這一鼓舞，方想到二十多年對敦煌的一知半解，也不無一些用處。想把這些舊文，編排成一個《敦煌學志》，貢之國人。因循到去年暑天，把幾年來未曾一動的書箱打開，取出壓在箱底的圖片照片，已全部遭受潮濕，棄之可惜，更覺有及時整理的必要。今年病體已漸痊癒，不是太用腦力的工作，自量可以勝任。開始編排，才覺得舊文太不通俗，決定改寫為現代語，刪棄考證同個人的私見，多用一般通俗材料，並加上一些常識中所必要、全書組織中所必要的材料——如敦煌的地理、莫高窟的形制等，全部依據新近資料加入。塑像、壁畫、絹幡的藝術性質，也修改過一些，補入些新材料。把舊稿中次要的與一些繁瑣的考證，選其必不可少者，作為附錄性的參考資料，使要作較進一步的研究者，多少也起些篳路藍縷的作用。而圖片也選其能配合文中各說者為度，減少些個人興趣的成分。又原有附錄的一篇《莫高窟年表》，也另加材料，別為專書，一併刪去。將近兩月的暑假，算是把舊稿剪裁翻譯補充粗畢，這是數年來病後的第一次分量較多的寫作。

　　自然這部書的缺點很多，譬如仍然不能避免舊稿的排列材料。但目前還缺少這種全面都談到的介紹敦煌文物內容和敦煌學的讀物，姑且把這書貢獻出來，作為「拋磚引玉」罷！願達者進而教之。

　　　　　　　　　　亮夫　一九五五年九月，杭州秦望山

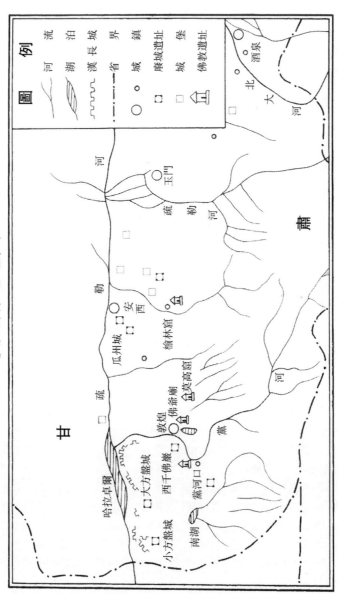

敦煌附近地圖

圖 1-1

圖　例

河　流　河

湖　泊　湖

漢長城

省　界

城　鎮　○城

廢城遺址　□

堡　城　□

佛教遺址　血

圖 2-1　釋迦佛説法圖

　　西魏畫壁説法像，筆致古樸，頗有六朝以來所謂寫意的風格，這正是中國傳統藝術的漢以前的特徵之一。在魏畫中，此圖表現此一特點最為明白；不論任何部分，都是以極簡單的筆觸象徵地圖案式地畫出：畫手無指，畫目無睛。但全個圖面的主題，是取之印度。菩薩的上身全裸，佛菩薩的袒右臂等都是。四周的小千佛，則作為裝飾圖案之用。上段的飛天，下段菩薩行列，也都兩兩相稱。這些畫面上的圖案作用，都是説明中、印美術初期交流時的現象的好資料。

圖 2-2　魏塑佛像

　　此為魏塑之佳品，筆觸簡單厚重，龕形小而裝飾少。壁間的畫面，尚有部分保存魏代原樣，小部分有後世修補痕跡。又四周全部壁畫，都是為裝飾的圖案而作。

　　塑像及像後的背光，都是印度塑釋迦像的一般作法。茲於畫片角上，附一幅印度本土的佛像，以佐觀省。

圖 2-3　故事畫

　　魏代的標準畫壁。人物裝飾全為中國式，筆極平實。其背景所用之樹木、山石、房屋等，顯然為中國舊有的民族習向，而祇用作一種象徵的圖案，尚未注意到配景的勻稱與否，及形象的真實性。但如牛、鴨等動物的寫實風格，是很充足的（按，此圖恐與道教有關）。

圖 2-4　佛經故事壁畫

　　魏代標準的佛經故事畫壁，線條極細膩，面像柔和，纖爪薄眉，
是中國式的。但服飾為中、印參半，花果稍有寫實風味。飾紋用卍字
花紋與飛天，又皆有北印度風格。此中、印交流初期之表現。

圖 2-5　引路菩薩（Avolokitesvara）像

　　這是初唐絹上畫的引路菩薩像，是斯坦因所劫去的。圖中一菩薩，引著一個婦女的靈魂。婦人頭部微俯，緊隨著前面引導的菩薩，非常虔誠。菩薩與靈魂用大小懸殊的構形來表明，這是宗教畫的表現法。

圖 2-6　佛經故事圖

　　初唐畫壁佛經故事。除佛像仍保存印度形式外，其餘皆中國作風，而用筆更生動，線條則剛健阿儺，兼而有之。寫實的精神更真切，如界畫的房屋，不僅為中式，而且有遠近深淺之別，水紋之分大小深淺，是受凸凹法的影響之作。大蓮花下幞頭男子與裙裾女人及小孩，當為供養人像，是用寫實的方法畫的。男人面部表情莊嚴，在線條中可以清楚看出。

圖 2-7　佛經故事圖

　　此為初唐壁畫精品。此片凡分五段：中三段為佛故事
圖，邊二段為菩薩單像。最可注意者為以界畫為畫面主題之
兩段，其房舍迴廊，皆為中國式水閣，結構緊湊，遠近大小
比例至準確，水紋雖承舊樣，而變化生動，是寫實妙手。三
段皆為唐人界畫山水畫開其先路。邊段佛像，衣帶飄灑儁
逸，但仍帶有犍陀羅風味。

圖 2-8　佛涅槃塑像

　　這是初盛唐之間的佛涅槃塑像。釋迦面像，一仍印度式。全個畫面，人與人的比例不相稱，而佛更大，這是宗教式的特寫。後面立著的這許多各國王子的悲苦情調，是非常寫實的。龕飾的樹與樹葉，也是特寫，壁上的畫像仍是初唐風格。

　　在本圖右角下所附的一個印度本土的石刻（現藏哥倫布博物館 Colombo Museum），兩相對比，從人身軀的描寫，已看出中、印藝術相差之點。細為比較，可以幫助吾人對敦煌藝術的認識。

圖 2-9　文殊赴法會畫像

　　盛唐壁畫。文殊赴法會畫面，是榆林窟的壁畫，與莫
高窟完全一致。但這幅畫面較寬裕，可以供吾人細細研
究。所有的面像，都是唐代仕女畫畫法，與一切唐畫、唐
俑、唐塑都相一致，都可以得到證明。這是人民藝術家以
當時實際生活中所願望的人的面相，施於佛圖。其用筆與
吳道子、張萱乃至顧愷之並無二致，正是中國藝術傳統特
徵的線條畫，使用到最高、最純階段的光彩。

圖 2-10　菩薩像絹幅畫

　　這也是斯坦因劫走的絹畫之一。兩圖線條柔和，色調富麗。第一圖菩薩立於青蓮花上，雙手作合掌致敬狀，姿態服裝，都同中國式的菩薩相合，但是衣褶則尚取法於犍陀羅式，流轉自如。第二幅面容非中國式，軀體挺直，昂頭向上，表現極好，衣帶飄揚自如，華蓋上鈴襯托有力，面部鄙視一切的表情，超脫於流行的中國式佛像及犍陀羅美術之希臘式之外。頭部的外國風尚，與身體衣服線條，所表現出來的徹底的中國畫匠風格，呈極強烈的對比。

圖 2-11　素描人物

　　中晚唐間的素描人物，線條已近蘭葉描，風格顯然是吳道子的路向，生動活潑，純粹是中國風格。

圖 2-12　供養人圖像

　　這是晚唐曹議金一家供養壁畫中之供養人像，是寫
實的畫法，也是中國傳統的人物畫。其用筆構圖，是得
力於顧、閻以來諸家的格調。

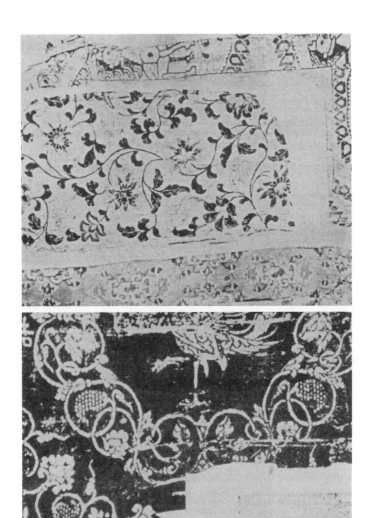

圖 2-13　古綉花（附鳳紋錦）

　　這是斯坦因劫去的一幅，針腳雖粗，也可以看出唐代民間手工藝的一種特色。附鳳紋錦，此為伯希和劫自敦煌。採自 Falke：Kunstgeschichte des Serdenweberei 一書。李君房《海人錦賦》所謂「舞鳳翔鸞，乍徘徊而撫翼；重葩疊葉，紛宛搏以為文」者是也。亦唐代工藝品之一種。

圖 2-14　五臺山圖

　　晚唐或北宋壁畫的五臺山圖，屬於界畫部分，層次分明簡單，與上面幾圖相近。但山樹的皴法，已顯然是唐代發達起來的東西。

圖 2-15　供養人像

　　西夏供養人像，純是寫實的作品，也是中國鐵線描使用得非常純熟的一圖。與後一幅相參，從兩者不同之點，可以認識西夏占據敦煌時代的藝術情形。此圖見於榆林窟。

圖 2-16　佛菩薩畫像

　　西夏的壁畫，用筆纖細而生動，為遊絲描的上品，但稍瑣碎，風格不夠大方。

圖 2-17　千佛像圖

　　伯希和說明此圖，代表三個時代的修補：即魏、晚唐與宋代。這
歷次修補的情形是很清楚的，看得出的。右一段保存魏畫，中段是晚
唐的修補，下方是宋的重修。

圖 2-18　大音薩像

　　大佛寺大菩薩塑像。伯希和云：「唐塑、清代修補。」按此塑較為
生動，裝飾極繁富，背光仍由印度式之火焰發展而來，惟中間多二層
雲紋。

圖 2-19　敦煌藏經洞照片
秉燭者即伯希和。

圖 2-20　徐邈《毛詩音》

此卷在巴黎，即伯希和編號之 P.3383 號也。

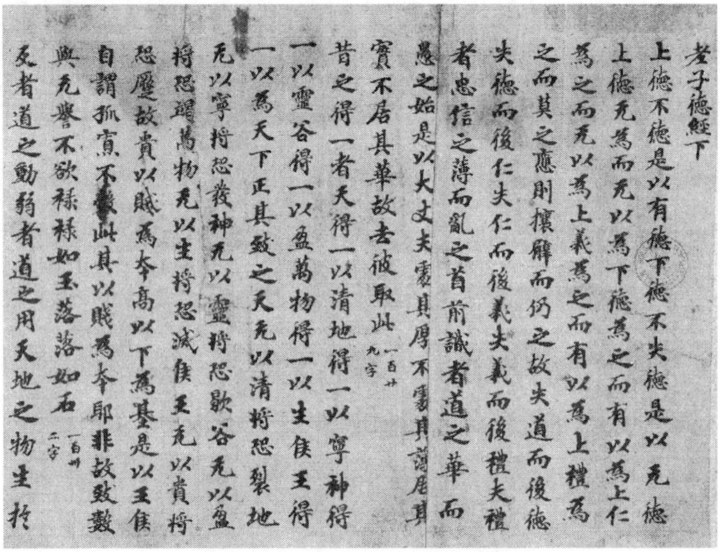

圖 2-21　老子《道德經》寫本

此天寶十年寫四千九百九十字本，P.2417 號。

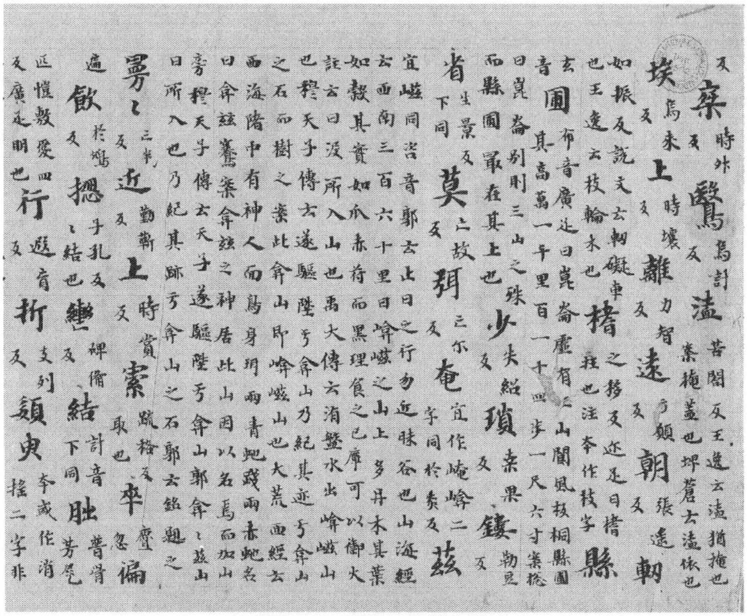

圖 2-22　智騫《楚辭音》

此為中國久佚之書，為《屈原賦》現存之最古注本。P.2494 號。

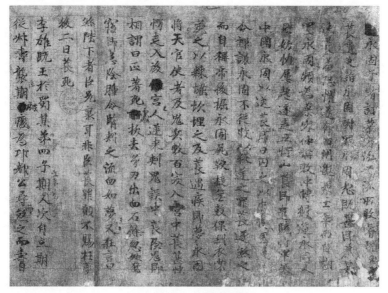

圖 2-23　《冥報記》

隋或初唐寫本。此為中土久佚之書，P.3126 號。

圖 2-24　飛天圖案

唐代的飛天圖案。

圖 2-25　龍飾圖案摹本

北魏龍飾。

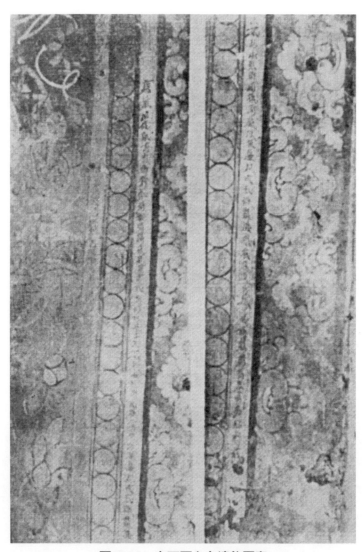

圖 2-26　有西夏文之邊飾圖案

「唐式」雲狀圖案，西夏文大概是後來加上的。

一　敦煌簡史

敦煌是現在甘肅省西北邊接近新疆、寧夏、青海的一個縣。從蘭州西北行，過武威、張掖、酒泉，出嘉峪關，經玉門、安西兩縣，過瓜州舊城，而至敦煌。在它西邊不遠，便是玉門關〔一〕。玉門關是因和闐的美玉從塔里木盆地輸入而得名的。出玉門關便是通西域——應說是古代中西交通的——南北二大道。這二道都在天山南路：一從羅布淖爾沼澤，二從塔里木盆地向西。漢朝的絲織品從此道直可販賣到邊遠的羅馬東部敘利亞（中國史書稱之為大秦。後來推爾西屯等地向漢人學會了抽絲織綢的技術，歐洲才有絲）。紙也是從敦煌、玉門經吐魯番，過撒馬爾罕，經波斯而傳入歐洲的。

紙與人類文化的關係尤大。斯坦因在古長城的一個烽燧中，得到八封用窣利文寫在紙上的書信，是粟特商人的私信。他把紙樣送到維也納馮‧魏斯涅教授（professor Von Wiesner）用顯微鏡考查化驗的結果，知道是用麻織物搗成漿，然後由漿造成紙。這正同漢和帝元興元年（西元一〇五年）蔡倫發明的造紙法相同。斯氏又根據種種理由，斷定這是西元二世紀中葉的（詳他的《西域考古圖記》*Serindia : Detailed Report of Explorations in Central Asia and Westernmost China*. Oxford ： Clarendon Press，1921）。上距蔡倫造紙才四、五十年，這算是全世界最古的紙了！（在此以前瑞典斯文赫定 Sven Hedin 在古樓蘭—今庫魯克河—也發現過紙，但據考察後，較此遲五十年，可參閱 August Courady 《斯文赫定在樓蘭發現的中文寫本及其他零物》一文，Die chinesischen und sonstigen Kleinfunde Sven Hedin in Lou-lan）中國紙便是由粟特、康居等國的商人，帶到撒馬爾罕，而入歐洲（參閱姚士鼇《中國造紙術輸入歐洲考》，《輔仁學誌》一卷一期）。又斯氏在敦煌也尋得三張漢代紙

寫的殘卷，也斷定是西元後二世紀寫成的（見沙畹 £ d. chavannes 的《斯坦因東土耳其斯坦發現之中文文書》一文 Les Documents Chinois，decouverts par Aurel Stein dans les sables du Turkestan Oriental），也是世界最古的紙，於是打破了歷來歐洲學人說的紙是阿拉伯人或德國人、義大利人發明等等不實不盡的話。紙之輸入歐洲，也同絲差不多，都由商人循同一道路傳去的。

　　它是西元前一三八年（漢武帝建元三年癸卯。一說是在西元前一二六年，是武帝元朔三年乙卯。此乃歸年），及西元前一一五年（漢武帝元鼎二年丙寅）張騫初通西域的大道，也是西元前一○二年（漢武帝太初元年丁丑）貳師將軍李廣利攻破大宛的大道，也是西元前二年（漢哀帝元壽元年己未）印度佛教經大月氏入中國的要道，也是西元六二九年（唐太宗貞觀三年己丑）到印度十七年後取經回國的慈恩大師玄奘往來的要道，也是馬哥孛羅通過羅布沙漠西去的大道。

　　敦煌在歷史上擔過不少的任務；是邊防重地，是交通重心，文化交流的場所，尤其在唐代是最為輝煌的時期；做了中西交通的樞紐，宗教繁興的聖城，文化極盛的都市。

　　因其為交通的要道，而一出玉門關，便是漢人的所謂「三十六國」算中國——應說中亞細亞——民族集居最複雜的地方。所以在治世則為四方輻輳之地，文物大盛；在動亂的時代又為有關邊防的重鎮。所以其興廢，其變遷，也最劇烈。稍讀歷史的人，莫不知之。

　　現在的敦煌縣是在北緯四十一度，東經九十四度七左右。氣候寒冷，每年平均有五個月冰凍。每年十月結冰，三月末解凍。雨量極少，高到九五‧四公釐，低到八‧六公釐。多風，以西南風為最多，秋季西南風及東北風各半。氣溫最高攝氏四四‧一度，常在每年七、八月之間；最低零下二十四度，在每年的十二月、一月。風沙是非常

大的，當西南風起時，對面數尺，不見人影。

疏勒河橫過敦煌的北面，經玉門關，集為哈拉湖。但與敦煌關係最大——應説與莫高窟千佛洞關係最大的是黨河，在敦煌以南，千佛洞的陽面，灌溉敦煌的田。此外更重要的還有一條正在千佛洞下面經過的大泉，也是千佛洞飲水的來源。這條溝寬約二十丈，自南而北，流入沙漠，潛入地中去了。溝的東岸，高約十丈，西岸高由一丈至二十餘丈不等。名震世界的石室，即在西岸的崖壁上鑿出的。

從嘉峪關西出，是一個大平原，即關外三縣之所在：玉門、安西、敦煌。敦煌縣城近祁連山脈；在敦煌縣南的三危山，也屬祁連山脈的。三危山更西南，去縣約十里，有鳴沙山，高二十餘丈，長約五十里。人馬從山上流下，沙與沙相激動，為轟鳴聲，故名鳴沙山。

敦煌的歷史，應從春秋時説起。春秋以前西北的地史文獻不曾説到。兩週金文，祇有天水以東，還能髣髴。甲文則尚未見岐山以西的材料，何況皋蘭以西了！《禹貢》的流沙、三危罷，似乎是，其實亦非。此處不多説了。

敦煌本古瓜州之地，又名陸渾，春秋時秦的屬地，原是羌、戎居地。

《左傳》昭九年：「先王居檮杌於四裔以禦螭魅，故允姓之姦，居於瓜州。」杜預注：「瓜州，今敦煌。」（按，《漢書・地理志》敦煌郡敦煌縣下云：「杜林以為古瓜州地，生美瓜。」則杜預説，即本杜林也。）又襄十四年：「將執戎子駒支，范宣子親數諸朝曰：『來，姜戎氏，昔秦人迫逐乃祖吾離於瓜州。……』」對曰：「昔秦人負恃其眾，食於土地，逐我諸戎，惠公蠲其大德，謂我諸戎，是四嶽之裔胄也。」杜注：「四嶽之後，皆姜姓，又別為允姓。瓜州地在今敦煌。」按上二段的故事，即是僖公二十二年的「秋，秦、晉遷陸渾之戎於伊川」，杜

注「允姓之戎，居陸渾，在秦、晉西北，二國誘而徙之」一事。又疏
云：「陸渾是敦煌地，考《漢書·地理志》弘農郡陸渾縣下云：『秦、
晉遷陸渾之戎於此。』」（秦、晉二字原作「春秋」，依王先謙說改），
又《漢書·地理志》下：「秦地西有金城、武威、張掖、酒泉、敦煌。」
戰國時先為月氏所在。後月氏為烏孫所攻西竄，又為烏孫所在地〔二〕。

　　漢初，成為匈奴昆邪王、休屠王地（見《漢書·地理志》）。至漢
「武帝攘之」（《地志》）〔三〕，元狩二年（西元前一二一年）初置武威、
酒泉二郡。元鼎六年（西元前一一一年），分置張掖、敦煌二郡，統縣
六：敦煌、冥安、效穀、淵泉、廣至、龍勒，戶萬一千二百，口三萬
八千三百三十五。敦煌又為縣治。王莽時改敦煌郡為敦德郡，縣亦改
名敦德亭（莽初改敦煌為文德，見《漢簡》王靜安先生跋十一）。後漢
仍復前漢之舊，《後漢書·郡國志》敦煌郡云：

　　敦煌郡六城：敦煌，古瓜州，出美瓜。冥安。效穀。淵泉。廣
至。龍勒。有玉門關。……戶七百四十八，口二萬九千一百十七。

典午之世，敦煌一郡，領縣十二為最大，視漢且倍之。
　　隋領縣三：

　　敦煌郡統縣三：……敦煌、常樂、玉門……戶七千七百七十九。

到唐則屬沙州。《新唐書·地理志》：

　　沙州敦煌郡……縣二：敦煌、壽昌。……戶四千二百六十五，口
萬六千二百五十。

　　按，敦煌縣南有鳴沙，故曰沙州。《敦煌錄》云：「州（沙州）南有莫高窟，去州二十五里。」又《莫高窟記》：「沙州在東南二十五里三危山西。」是唐之沙州，去千佛洞二十五里，在千佛洞西北。疑今佛爺廟一帶，即沙州縣地也。又前涼州張駿於敦煌置沙州因此。又壽昌即漢之龍勒縣，即今敦煌西南之南湖店也。

　　郡治為最小。至宋中葉以後，為西夏所據。明代閉關不與西域交通。一直要到清，西路才通，又成為清人往新疆的要道。

　　在唐天寶時，敦煌一縣，實有十三鄉，即敦煌、洪池、懸泉、莫高、神沙、龍勒、玉關、洪閏、效穀、壽昌、平康、慈惠、從化（見P.2738 卷，及 P. 2803。按 P. 2738 卷十鄉，有赤心而無洪池、懸泉、從化、壽昌），則古縣已淪為鄉鎮者多矣。其時寺廟蓋極興盛，據 P. 2738卷有龍興寺、大雲寺、報恩寺、靈修寺、聖光寺、乾元寺、淨土寺、開元寺、永安寺、安國寺、大□寺、普光寺、金光明寺、靈圖寺、連寺、周家蘭若、官□蘭若、安淳於蘭若、北欨（？）……保蘭若、樂家蘭若等。參與經卷題記中所有寺名，大約可信，可見當時佛教之盛云。

　　由敦煌寫本中，又可得知唐時敦煌有十二或二十個風景區，為詩人所歌頌。P.2748 的後面，有一卷《沙州敦煌二十詠》。其二十處為：三危山、白龍堆、莫高窟、貳師泉、渥窪池天馬、陽關戍、水精堂、玉女泉、瑟瑟監、李廟、貞女臺、安城祆、墨池、半壁樹、三攢草、賀拔堂、望京門、相似樹、鑿壁井、分流泉。其時為大中四年。

　　宋以後與本書關係少，不再去說了。

二 敦煌石室

甲 石室形制

敦煌石室至少應指四個地方：一為莫高窟，二為西千佛崖，三為榆林窟，四為水峽口。這四處都有石窟，而且從造型藝術史上來看，四處百分之百的是一個系統。在講中國藝術史方面，這四處必然要放在一起說。不過除莫高窟外，其他三窟，洞既小而內容自然也少。而且藏經是敦煌學所以名震的最大原因。經的發現，是在莫高，而不在其他。所以其他三處的重要性，因量因質，都差一些。

莫高窟又名千佛洞。其實千佛洞一名，不甚切當。因為「千佛洞」是一切刻有佛像的崖洞的通名。山西大同的雲岡、洛陽龍門，乃至通江、三臺、川陝道中的好幾處地方，新疆的吐魯番、善鄯和甘肅天水的麥積山，都有「千佛洞」之名；即以敦煌一地而論，敦煌縣西有西千佛洞，安西縣南百二十里瓜州古道旁有千佛洞都是。但此名自斯坦因氏用以名其書——全部收的是敦煌石室的藝術品——後，千佛洞之名，為敦煌東南的千佛洞所專了！至於莫高窟一名，是因其地原為莫高鄉而得名，而且是唐人舊名，依照實情來說，所有全部敦煌學，都祇是以莫高窟為主的文物之學，所以莫高窟一名，是很合實際的。[四]但此名祇是國內幾個學人使用，不很普遍。

莫高窟在敦煌縣城（此城是雍正時建，較舊址為西。詳後）東南四十五里的鳴沙山下。出敦煌南城而東南，為一平緩坡地，東南與三危山相接，西與鳴沙相接，到石室所在地，已徙迤成為高地（窟前平地較敦煌城高出二百公尺）。大泉自此兩山間流出。溝水西側，距地自一丈至二十餘丈矗立的崖面，正是數以百計的石室平列著，占了這個崖面約一千六百公尺。這崖面可分為南北兩區，南區總長約一千公

尺，現存四百六十九洞，這就是舉世聞名的藝術寶庫。北區洞形低小，久已荒廢（一九四八至一九五三年，敦煌文物研究所在此區發現晚唐至五代石窟五個）。

石室的對面是三危山，呈赭紅色，與窟前的綠柳隔河相映，景色清幽，然而窟頂上則是一片平沙，平鋪數十里，南與鳴沙山相接，與崖色景象迥然不同。

石室開鑿在玉門系礫巖（亦名第四紀巖層）上，是大小不同的卵石與沙土混合物，硬度極不一致。洞外久經風沙侵蝕，質地鬆脆，祝指成洞。而堅硬部分，則有如水泥三合土。

巖層中多夾完全鬆散的沙層，其風蝕剝落劇烈之處，就使得它上一層較堅巖石懸空伸出，逐漸斷裂崩落。這正是敦煌石室與中原石窟如雲岡、龍門等有顯著區分之所在。這是窟內造像用泥塑，崖面用壁畫，而不用一般的雕刻方法之故。而崖橡走廊用木構，與中原之就巖石造成者不同，也因於此。使此地所留下的藝術品，有其最為特殊的創作方法，也因於此。而其因風沙磨蝕，至於剝落崩墜，及沙沒水蝕等災難至重，也因於此。

風沙是敦煌最壞的一件地理環境。石室的西南面已全被風沙磨損，即其佳證。風沙起時，沿地面平飛，自鳴沙山吹來的流沙，即沿巖頂斜坡下落如雨，所有露天的壁畫與巖面的大壁畫，都被磨蝕褪色，模糊不清；塑像磨蝕的幾乎成為初塑泥胚，是敦煌藝術嚴重損失之一因。不僅如此，崖壁上久經沖洗，造成很多沙口，漸成裂溝，久成危巖。沖沙下落，則湮沒洞窟或且倒坍，而毀損窟洞。再加以大泉的浸蝕，經常有的地震等自然現象，使毀壞石室的最大危險，每天都存在著。

石室外表的情形是這樣的，從崖底到崖頂數十尺高的巖面上，都

分布滿大大小小的石洞。巖腳的洞，黑暗而小，而且全無壁畫。斯坦因說像上古隱士居於遼遠的底拜斯（Thebais）的洞穴一般，大部分是僧人居住的地方。

再向上去，可以看到大大小小的石窟，高低錯落有致，像蜂房一般，一層層上去，直至崖頂，縱向配置，由一二層至四五層不等，連成密行，約在一千公尺以上的寬度。目前所能編號的，共有四百六十餘洞（此指有藝術品的南區而言。北區未計）〔五〕。這就是中國藝術文化寶典之所在。

這是一般的情形。但其中有兩個洞是從巖底直通到巖頂，因為中有大佛兩座，高近九十呎左右，為使這些大佛像有適當的空間起見，於是依巖鑿了一些房屋，層疊而上，每一間都有通路和通光的處所，這是兩個特殊的洞。

這些石窟的前面，原來依石鑿成長方形穹門，由這個穹門進到洞內，要經過一道高而較寬的過道。通光同通氣也靠這一通道。

這些穹門，要是外內牆有倒塌，石室便全部暴露出來。

有許多處所，在穹門外加修木廊，作為上下左右各窟間的交通露梯。露梯是經常在損壞的，有的也隨時修復，有的不能修復，則不能通行。到清末王道士（見後）便把窟與窟之間鑿通，作為通道，不知損了幾多藝術品！

所有窟的外形，大致都是如此，無甚差別。不過因為開鑿時代的先後及所在地段，亦各有不同。大致魏窟開鑿最早，由現在所存的二十六個魏窟來說，從平面看正好分布在現在南部巖面的中心；從立面看，這些洞絕大多數在第三層，占據地約二百公尺。各窟之間相距都不遠。後代常在兩洞間又鑿新洞的情形是有的。隋窟的分布，大概是以第二、三兩層為主。在第三層的，是從魏窟向北發展，占地約二百

公尺。在第二層的則從魏窟的南北兩端發展，亦約二百公尺。要而言之，是以魏窟群為中心，從魏窟的北端及下層為主要發展方向。但在魏窟南端，也開鑿兩個。再向南百二十公尺處，在初唐窟之間，也有兩個隋窟。

這些洞窟大部分都有前室。現在魏、隋兩時各窟前室，已全崩坍，主室多暴露於外，也部分受損。與第二層盛唐各窟相較，則唐窟完整者多。這是說明魏、隋各窟巖面曾有過劇烈的崩坍。

唐代各窟，是續繼隋代向南北兩端發展，並發展向下到第一層，占地約三百公尺的巖面，南段發展約有四百公尺的巖面。此為唐窟中心。唐末又在高處一層發展，乃至南北兩端的極處發展。大概到唐時，這一巖面的發展，已達到現今的長度。而晚唐諸窟，且有改隋或中唐以前諸窟而成者。這已說明開鑿已到飽和點了！

又盛唐各窟之間，是由前室穿通作為相連繫的走道的。五代時這些前室，又都崩坍。到宋人才加上木橡走廊，各窟相通，這又使石室外表有了新的改觀。

唐代以後所有巖面，已無空隙。故宋代的石窟，是改造舊窟，或就新崩巖面開鑿，故其位置多散在各時代洞窟之間。僅北端約二十公尺的巖面，為宋時所增延，其特點是規模加大，洞窟加深（加深甬道，使洞窟深入巖內）。

宋代的洞窟，雖然無地可容，但據近年的調查，宋代對石窟確有許多修繕工程。大約是改造窟門、修建窟橡與走廊，繪作大的壁畫。

上面已提到的宋人修建的木橡走廊，據推測大概是唐末、五代千佛洞外表受到極大破壞，宋代建造木窟簷棧道以連繫各殘損洞窟——五代末曹元忠已有修建，至子延祿新建益多。——現在這些木橡棧道的痕跡，還斑斑可考，大約中型窟，每窟有簷三間及四個梁孔，有些

僅有梁孔而無椽孔，可以由此推測棧道的痕跡。

宋代的第二件修繕，是在巖面繪製大規模壁畫，以統一外觀，其畫的內容，自成一格，由巖面所遺留的整列的梁孔與壁畫之能相互適應，及各窟口所作以黑、白、綠三色為主的畫面，與一切宋窟畫面是一致的。

宋以後所增建的石窟，據現代的研究，為數甚少，總計自西夏至民國初，不過十八個 —— 其中半數是曹氏一家，及其親族臣工們所開，—— 其中有三個增開於巖面北端，一個增開於巖面南端，全部增加，所占巖面不過二十公尺，其餘十四窟，都雜夾在各時代窟之間。

各窟與窟之間的通道，是用木構走廊，大概在唐已開始，而走廊有蓋，恐是宋以後的情勢，現在這些簷廊殘毀者多，其存於今者頗有築建藝術的價值，當在後去詳談。

至於各窟的內形，普通是這樣的：由過道進去是單單一座矩形的廳堂，普通幾成方形，鎚鑿堅巖而成，上面有一座圓錐形的屋頂，建築學上則稱作「人字坡」。其他變化，視魏、隋、唐、宋而有差別，當在下面去說。

廳堂內部平常是一座矩形的平臺，飾以繪彩的塑像。平臺中央普通安一尊大的跌坐佛像，兩旁隨侍幾群菩薩。菩薩的數目，各有不同，而常兩方相互對稱。

再就一般情形而論，我國各地所見的佛窟內部裝飾，每因地域而略有不同，然仍以時代劃分為最嚴密。即如敦煌，魏、唐二代石窟的格式與布置，各有其不可相混的定型（此在各地亦有同一之趨向）。故造型藝術，足以充分代表各該時代之文化精神。以敦煌諸魏、唐窟而論，可分為大中小三型。茲以圖樣說明其格式：

附各洞約略面積

一、大型洞寬八‧三〇公尺長九‧三〇公尺高五‧〇〇公尺

二、中型洞寬四‧〇〇公尺長四‧二〇公尺高三‧〇〇公尺

三、小型洞寬三‧〇〇公尺長三‧〇〇公尺高一‧四〇公尺

這些各時代區分的敘述，稍覺粗略，但對普通常識說是夠用。

（各時代的洞窟的區分，一九五一年的勘察報告比這詳細，但較近專門，我們把它附在卷後，以供參考〔六〕）。（附圖 3-1 窟底平面圖）

所有這些大小石室的牆上、屋頂、過道，都有古畫，全是佛教性質的東西。此外還有聯合很精緻的花卉圖案，作為大廳堂藻井的裝飾。而大壁畫的四邊，也綴以花卉圖案。

壁畫下方護牆版上，常作供養人的畫像，有時也畫作僧尼像。

其細部的差別，如藻井花紋、佛龕深淺、形制、龕楣紋飾、背光種類、甬道形情、佛像配列、壁畫、天花板大概、色澤種類等，各時代亦頗有不同。這稍涉專門，此處不詳說了〔七〕。

以上就莫高窟而言。至於西千佛、榆林、水峽口三處，因為窟少而且崩毀幾盡，現在總總介紹如下，以後不再說了。

一、西千佛洞　在敦煌城西南七十五里，南湖西五里戈壁中。黨河從南山來向北行，過巖下而入於敦煌，分南北兩壁，翼然峙立，高約二十餘丈，寬約百丈。河北壁即西千佛洞佛窟，綿亙約三里許。絕壁臨流，窟已崩毀幾盡，遺跡猶有宋、元舊風。崖下有土屋。又南湖店下臨黨河處，亦有三窟，從壁畫上看來，建造之始，不在北魏之後。又其所占地位近三里，則原有窟數，當不下莫高窟，惜多崩毀，僅得十九窟了。依張大千氏說，屬西千佛者，起一號至十六號；南湖店則十七至十九三號。計魏窟有第一、四、五、六、八、十、十二、十九窟八個，隋窟有第七、九窟二個，唐窟有第三、十四、十五三個，五代窟第十六一個，西夏窟第二一個，宋窟第十三、十七二個。

洞底平面圖

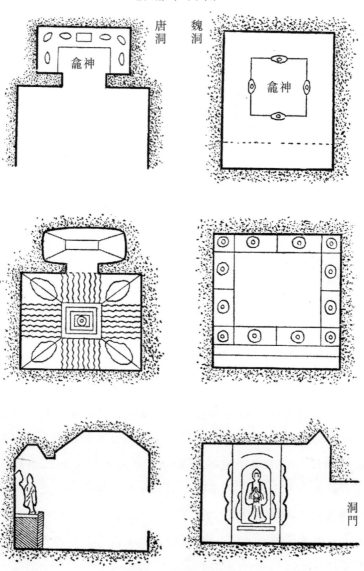

圖 3-1　窟底平面圖

其他兩窟已毀。

關於檢林諸窟的藝術材料，外間可見者少，向達氏言之最具體而有致：窟中央有中心座，座四面鑿龕，中塑佛像。四壁多繪賢劫千佛及佛跌坐說法像，亦有繪佛涅槃像者。中心座及四壁佛像下繪金剛力士像，與莫高窟諸魏洞同。莫高窟諸魏窟四壁及藻井於賢劫千佛像外，間繪佛本生故事，而西千佛的則此類作品甚少，祇第九窟窟內南壁西段繪《睒子經》故事，東段繪牢度叉鬭聖，此則又為莫高諸窟所未有者。諸窟供養人像，男子著袴褶，女子窄袖長裙，與莫高諸魏窟同。塑像多犍陀羅式，畫法較之莫高窟諸魏窟更為真率簡樸。第五窟中心座桌面座下有發願文一篇，可辨識者尚七十餘字，蓋佛弟子曇藏為其亡祖父母及父母造像之發願文也。文上又遭為時稍後之人塗抹，上一層不甚可辨。文末比丘尼惠密（？）供養佛時及亡母田青苟供養佛時二行可識。蓋北魏真書之極精者。第六窟窟內南壁西段有朱書「如意元乘五囥」六字題記。「日」字下為人以刀子截去。案，巴黎藏有一殘《沙州圖經》卷首有云：

右在縣東六十里，耆舊圖云，漢（中缺）佛龕百姓漸更修營，……

此一殘卷所誌為壽昌縣。壽昌東六十里純是戈壁，僅西千佛洞可興修佛龕。友人夏作銘先生因云：此所記即千佛洞。其言是也。就此殘篇測之，縱不能早於莫高窟，當亦與之相先後也。其未能攀登諸窟，據張君大千云：一窟有于闐公主供養像題記，已漫漶。蓋又是五代或宋初之所興修矣。西千佛洞合南湖店下三窟，張大千編為十九號，有壁畫者祇十八窟。以前疑不止此數，至今西千佛洞二號窟以西崩塌諸窟痕跡尚歷歷可見，遙想古代自西千佛洞至南湖店沿黨河北岸（或竟沿河南北兩岸），當俱有石窟，迤邐高下，如蜂房，如鴿舍，其

莊嚴華麗，或者視莫高窟竟有過之。祇以地當黨河轉向處，水流迅急，直趨北岸，水齧崖根，深入尋丈，危崖虛懸，崩塌自易。重以窟上即是戈壁，漫無遮攔，巖層雖與莫高窟同屬玉門系，而所含石礫，遠較莫高窟為粗，大者如盆如盌，小而如拳如卵，更易崩裂。故自千佛洞至南湖店，沿黨河北岸，為風剝蝕，崖壁裂成深溝，形同Canyon，此亦為石窟毀壞崩塌之一重大原因。是以就自然毀壞言之，西千佛洞之危險程度，蓋遠過於莫高窟也。

　　二、榆林窟　在西千佛、水峽口及此三處中，所存石窟以此為最多，而精品亦最多。此地舊名萬佛峽，在敦煌縣東，在安西城的西南一百四十里，在三危山之麓，實當踏實河兩岸，規模並不甚大，開建始於何時，亦不可考。現存最古的，止於初唐。有人說始於北涼沮渠蒙遜，怕不可靠。現存東西兩壁，共四十窟，有壁畫者二十九窟，張大千氏編為東壁二十號。上下兩層，下層自北至南為一至五號；上一層自南至北為六至二十號。西壁九窟的形制，與莫高窟略有不同，每窟分裡外各一，中有丁字形甬道，與他窟可通，長者至十五公尺。這二十九洞，以五代曹氏父祖兄弟所建為最多，而且有精品，如第十七窟是盛唐畫之最精者，第一窟是西夏諸畫之最精者，第二十五、二十六窟是曹氏創建中之最精者，為研究莫高各窟最好的比較材料。計唐窟第四、九、十四、十六、十七、十九等六個，西夏諸窟為第一、二、三、五、二十等五個，宋窟第六、七、八、十一、十三、十五、十八、二一、二二、二五、二七、二八、二九等十三個，五代窟第十、十二、二三、二四、二六等五個，共二十九個。

　　三、水峽口　在榆林窟東，即斯坦因所謂之小千佛洞，土人名曰下洞。綿延數里之長。不過現在多已崩毀，所剩僅北壁一窟，南壁五

窟。窟的形制與榆林亦相似，也是裡外兩窟，中通甬道。其開建時期據有經驗的人說，亦為魏、隋間物。不過現在全部祇存有宋人的壁畫了。其中第一窟為宋畫中之最精品。

乙　石室建築史

從歷史來認識石室興廢，是研究中必不可少的一個課題。

石室的開鑿時代，一般都根據在石室所發現的文獻，定為苻秦建元二年（晉廢帝太和元年）即西曆三六六年，其實從石室發現的其他文獻中，還可以上推到東晉穆帝永和九年，即西曆三五三年〔八〕，到現在已是一千六百多年之前了。是敦煌石室的開鑿，早於雲岡者近百年，早於龍門者近二百年。

此後隨時都有開鑿的新洞，譬如元大榮（見唐李懷讓《重修莫高窟記》〔題名為《大周李君□佛之碑》八字，在鳴沙山〕有云：「有刺史建平公東陽王。」即大榮也）的大修，及魏大統四年、五年的新建。到武后臨朝的聖曆元年戊戌（西曆六九八）年李懷讓重修時，已歷三百餘年（原作四百餘年。按，建元至聖曆僅三百四十五年，不得言四百餘年，今正），「計窟室一千餘窟」，可見此地佛事之盛。此後則樂廷瓌在天寶中的新修，李太賓修建過當家窟、佛菩薩（塑涅槃像一鋪，如意輪菩薩、不空羂索菩薩各一鋪，畫報恩寺天請問普賢菩薩、文殊師利菩薩、東方藥師、西方淨土、千手千眼觀世音菩薩、彌勒上生下生、如意輪、不空羂索等變各一鋪，賢劫千佛一千軀等，見《大唐隴西李府君修功德碑》一文）。昭宗乾寧元年張議潮一家曾、祖、父三世，及議潮女，有重修增修，釋洪䩣的重修，索勛的新修，五代曹議金、元德、元忠父子及孫延祿等大規模的新建，都是文獻上斑斑可考的。或是新建，或就舊窟更新，時移世變，兵燹相仍，崩毀至多。宋避西夏之亂以後，除曹氏世修而外，別無復新建（詳余《莫高窟年

表》）。直到元人統一中國後，又有新建（如至正十一年速來蠻西寧王之重修皇慶寺），明代以後，敦煌已非中西交通要道，此郡久廢，石室既無所增，想來也無修補。清人有事於新疆，此路復通，故清代時有修建。近代文獻易知易見，不再詳說。惟清末王道士（元籙）改佛窟為道洞，改佛像為道像，又鑿舊巖為通道，這個新建，破壞的成分為多。

歷代的修建雖多，然而有的不是新建而是毀損，尤以晚唐以後為然。因為晚唐以後，巖面的地位已少，新建的人，往往將舊窟毀壞，敷以石灰，另繪供養人像，或重新立塑像與雕刻，作為自己的當家窟。宋人用此法毀壞唐洞，元人又用此法毀壞宋洞，是常見的。所以可以把表層元畫剝去，以求宋畫；將宋畫剝去，可得唐、隋畫。這可見歷代毀損之大，不僅王道士之毀佛建道了。

我們這兒的重點，是在說莫高窟。至於榆林、西千佛、水峽口三處，開建年月，更不可考，此處不再多說。不過這三處的時代下限，是止於宋。元、明、清三代都無新剏或翻新，可見其地之久已荒蕪了。

又關於敦煌石室，自開建到封閉的一切史事，文獻上可考的材料極少。我從畫壁的題記，寫經的題記與跋文中，寫成了《莫高窟年表》一書，是可以知道些大概。

全部莫高窟的石窟，是包括了若干大寺。每個寺管若干窟，是可以推知之。（參閱《敦煌簡史》末段。）

關於石窟的詳細記錄，有史巖氏的《敦煌石室畫寫題識》一書，主要的雖在錄題識，但書前冠一石室全面圖，又有序說一篇，可供了解莫高窟窟室情形大概。近來謝稚柳發表了他的《敦煌藝術敘錄》一書，詳記各洞窟的內容，從塑像壁畫到題識都記了，要算比較完全而易得的書。雖其中題識偶有小誤，不難悉心推求而得。

三 敦煌學

甲 莫高窟經卷的發現

莫高窟的地勢，南高而北低，現在的南首巖根處，別有寺院，名為上寺。上寺之北為中寺（上、中兩寺原為一寺，後分為二）。在北頭將盡的佛洞處，又一寺院，名為下寺。上寺、中寺均為喇嘛住處，下寺為道士住處。〔九〕

據莫高窟所發現的材料推知，宋時西夏之亂，千佛洞下寺僧人，欲避亂他鄉，便把經卷佛像雜書等，藏在下寺旁石窟主群北頭相近處的一個大洞，就是張大千氏的編號一五一洞。這個大洞原是唐大中五年沙門洪䇿所建的〔一○〕。現在後面有三層樓閣，洞本身作籠狀，為莫高窟常見形式。甬道口寬一丈二尺七寸，長二丈二尺八寸，高約二丈。入內大洞長五丈二尺，寬四丈九尺，高約三丈。由洞口至內二丈二尺，為平地，係燒香禮佛跪拜周旋之地。其後三丈為神龕，龕高一尺三寸，長二丈六尺，寬二丈。臺左右前後有五尺寬走道，可以左右出入。

在此大洞甬道之北，距地三尺處，有一寬二尺五寸、高約四尺之甬道，後即一複洞，洞長寬均為九尺五寸，邊高六尺五寸，中高九尺三寸。洞內四壁皆畫，一幅畫男女像各一，其衣飾極為別緻，為千佛洞中極罕見之作品。由色彩形狀，知為唐畫。從前裝滿的經卷、佛像等，現在是空無所有了。大概在宋時下寺僧眾將經卷藏入後，用土基將複洞門塞閉，外以泥塗，再加粉畫，就現存殘形觀之，是宋畫無疑。

自宋時封閉後，逃避的僧人，大概一去不復回，後人也不復知有此複洞，更不知複洞中有這樣多而且精的不世之寶。一直留到光緒二十五年的四月，讓一個庸俗不堪的王道士來打開。

　　王道士名元籙，是湖北麻城人，初在肅州巡防軍為卒，退伍後無事可做，遂做了道士。來到敦煌，窮無所藏，投宿於一百四十三窟。此時的莫高窟寺院，多為紅教喇嘛，誦的是番經，獨王元籙能誦道經，作中原語，以是人多求他禮懺，生涯漸漸好起來，因僱一楊某寫經。楊某就一百五十一窟甬道間置一案，背壁坐。抄經之暇，吸旱煙，以芨芨草燃火，常以燃餘之草插壁間裂鑾中。一日吸煙餘草稍長，仍插其處，乃深入不可止。以手擊壁，其聲中空，疑有他因，告王道士。王道士夜半與楊某擊破其壁，則內有一門，高不足容人，用泥塊封塞，把泥塊去掉，則為一小甬道，入內為一複洞〔一〕，較外大洞為小，約一丈左右（實為九尺），有白布包等無數，充塞其中，裝置極整齊，每一白布包，裹經十卷，復有佛幡繡像等，則平鋪於白布包下。光緒三十三年《重修三層樓功德碑》（其實是木牌）云：「二十六年掘得複洞，內藏釋典充宇，銅像盈座。側有碑云：唐大中五年沙門洪誓立。」所記藏物，尚有銅像盈座，現在我們已不能知道這些銅像的去處了（據《王道士墓誌》，是二十五年事，似較可信）。

　　窟藏發現後，王道士延城中官紳來觀，紳士們不知其可貴，都說這些佛經流傳在外，是造孽有罪的，囑咐他仍還置窟內。

　　當時的敦煌縣長名汪宗瀚，字栗庵，是湖北人。他對古物有相當認識，因從王道士處，取去若干寫經及畫像。後三年，光緒二十八年，蘇州葉昌熾作甘肅學臺，葉對古物有特好，託汪宗瀚搜求，汪遂以宋乾德六年水月觀音像，寫經卷子本，梵葉本各二，送給昌熾（見《語石》卷一第二十九頁）。昌熾遂建議甘肅的藩臺衙門，將此古物運省垣保存，但估計運費要五六千兩銀子，無由籌得，乃於光緒三十年三月，令敦煌縣長汪宗瀚「檢點經卷畫像，仍為封存」。王道士用磚來砌斷了這座寶庫。

乙　經卷的盜劫與清政府的拾遺

王道士人頗有機智，自敦煌士紳對此寶物不加重視後，他曾載著一箱經卷，到酒泉去獻給安肅道道臺滿洲人廷棟，廷棟以為這種經卷的書法，還不如他自己的字，頗為輕視，王道士又碰壁而歸。

當時嘉峪關的稅務司是個比利時籍的帝國主義分子，他將回國，來向廷棟辭行，廷棟把經卷一部分贈送了他。這個比利時人，到新疆後，又將所得卷子，分贈給在新疆的長庚將軍（亦滿人）及道臺潘某，並且說出得自敦煌的情形。這時新疆的帝國主義分子，已在傳說敦煌的藝術品了。

當時受英帝國主義印度政府之命，潛入新疆勘察，名義上是「考古」的匈牙利人斯坦因（Sir Aurel Stein），正是第二次到新疆之時，聽見了敦煌發現寫得有古外國文字的寫本書籍，於是他決定來敦煌。

斯坦因對敦煌一地，本來不陌生。原本他有個同鄉朋友，匈牙利地質調查所所長洛克齊（Professor de Loczy）曾潛入甘肅作地質學探險的間諜活動，他在一八七九年（光緒五年）曾到過敦煌，參觀過千佛洞，曾把石室中的美麗的壁畫與塑像，同斯坦因講過，斯坦因受了這些鼓動，在一九○七年的二月，一即是石室藏經發現後的第八年──向敦煌出發，先到長城一帶，搜求了一些木簡（詳後）。到五月二十一日，在那荒涼寂寞的郊野，紮下了他的帳篷，準備作長時期的耽擱。他開始打聽這古代寫本的消息，先由一小和尚借一長卷給他看，他訪求到藏經的石洞，已被磚封斷。也見到發現古寫本的王道士，但他發現他的對手「極其機警，不可捉摸」。這個帝國主義的文化間諜於是用金錢來利誘王道士，但勝不過王道士對宗教的情感，與激於眾怒的畏懼。

後來這個狡猾的帝國主義分子又耍出一種手段來，他利用玄奘到

印度取經的故事，及他如何循著玄奘的足跡，從印度橫越過峻嶺高山，荒漠大野，才來到此的經過，再加上些半神性的話，欺騙著了王道士。又經過他那從新疆帶來的師爺，標準奴才的蔣某的折衝，花了一大筆錢，於是他的詭計得售，結果是王道士把門打開了，這個文化間諜從道士所掌的微暗的油燈中，發現了高達十呎的亂堆約有五百方呎這樣多的寶藏，再從洞中起出幾捆，到新建的佛堂中，用簾幕遮著，以防外人。有高達一呎，長至二十碼以上，全部保存甚佳，大概與初入藏時無甚差異。紙質堅韌的卷子，一捆一捆的由王道士抱了出來，於是有用梵文寫的，有土耳其斯坦佛教徒用來翻譯佛經的各種方言寫的佛經，也有印度波羅謎字寫的，中亞細亞各種文字寫的，及各種方言寫的其他宗教經典與文書雜件之屬。又有一大捆用無色堅韌的畫布包著的古畫（畫在絹上或布上、紙上的），印有美麗花卉的許多絹綢（裝飾用的），畫有美麗佛像、稀薄透光的絹幡。顏色調和，鮮艷如新。又有紙畫，同雕版印刷品、人物畫絹、印花織物、地氈、絲織物，繡的佛像，以及各種裝飾用的絲織品，大批中國字寫的佛經、儒家經典、字書、韻書、《老子》、咸通九年的印本、摩尼等宗教經典及各種宗教有關的紙片。還有大概是西藏人占領中國西北時帶來的藏文佛經。到了半夜，由這位蔣師爺自己抱著一大捆卷子，送到了帳篷。如是者連運了七夜之久。三個人都保守祕密，不讓別人知道。運來的東西，愈來愈重，至於不能用車輛載運。由於反動的封建政權昏矇顢頇，以及王道士的貪財盜賣，這個帝國主義強盜竟滿掠了中國的國寶，揚長而去。

十六個月後，所有滿裝寫本的二十四口箱子，另外還有五口內裡仔細裝滿了畫繡品以及其他同樣美術上的遺物箱籠，全都運到倫敦放入不列顛博物院裡。當我於一九三七年春天參觀不列顛博物院時，這

批寶物，被揚揚得意地在院中高高掛著〔一二〕，不能不令人忿忿於這個人類不光明的劫奪！斯坦因是第一個劫走敦煌寶藏的人，我們在本書裡，選刊了他所劫去的各種藝術品與寫本書若干幅，願讀者深深認識這些帝國主義強盜們的劫奪行為。這一次他的盜竊行為的供狀，是他寫的《西域考古圖記》（ *Serindia. Detailed Report of Exploration in Central Asia and Westernmost China*, volumes V. Oxford. Clarendon Press, 1921）一書，書畫詳目，皆見此書，更附上一部標本選刊的《千佛洞圖錄》（ *The Thousand Buddhas*）。

這個帝國主義強盜，在一九一四年又來中國作第三次的罪惡活動，再一次到了敦煌。他在新疆沿途已收到了不少的石室散出的卷子。到敦煌後，又施用他利誘的故技，從王道士手中弄去了五大箱六百多卷佛經〔一三〕。

斯坦因在一九〇九年回到倫敦後，在許多專家的幫助下，整理了這一批材料，小翟理斯 L.Giles 為之編目——到一九一四年先編成，名曰「 *British Museum Guide to an Exhibition of Paintings, manuscripts, and other Archeological Object Collected by Sir Aurel Stein, K.C.L.E.in Chinese Turkestan* ， *London.* 」其中大部分的佛經，據日本學者矢吹慶輝禪師（Rev. K. Yabuki）的研究，其中很多為前人載籍所未著錄，及佚失的著作（這個目錄，羅福萇曾譯過一部分，載北大《國學季刊》第一卷。向達氏有《倫敦所藏敦煌卷子往眼目錄》，載《圖書季刊》復刊一號、四號，亦可參考）。他在整理了這批材料後，得了如下的結論：

一　關於寫本內容的豐富，是解釋自漢以來敦煌一隅之所以能成為各區域各民族以及各種信仰很重要的交流地方的重要資料。這許多經卷，又足以證明千佛洞以及曾為聖地的敦煌沙漠田的宗教生活，大都由中國僧侶主持。

　　二　關於歷史地理以及其他方面的中國學問的殘篇，為以前所不知道的，也還不少。有好幾百篇文書，對於當地的生活狀態、寺院組織之類，可以顯示若干光明。這些記錄，自古以來未留給我們。

　　又在這些文書中，曾發現有咸通九年（八六八年）刻本的一卷經卷，是現知雕版書最古的一個標本。從其扉頁上的畫面所表現的完美的技術看來，可見印刷術在這以前已經過一個長期的發展。

　　此外還有關於各種宗教，在中古時期，在中國流行的情形。各種中亞細亞許多古代文書的發現，西藏文書的發現，及印度文書的發現，從這些文書中，對史地學、語言學上的重要。他說他對此事的簡單敘述，也就足以為從黃海到亞得里亞海的一種民族和語言的奇異遺物作一個結束。「東方、南方、西方這三方的奇異的連鎖，在亞洲的交會點，即是敦煌。」……其他我們將分別在下面去詳述。

　　關於斯坦因所劫去的經卷，現全部藏不列顛博物院，全數當不下七千卷。至於所得敦煌壁畫畫幡之屬，則絕大部分存於印度新德里中亞細亞古代文物博物院（New-Delhi Central Asia Antiquities Museum）。安德魯士（F. H. Andrews）所編之 *Catalogue of Wall-paintings from Ancient Shrines in Central Asia and Sistan* 及韋來氏（A. Waley）所編之 *A. Catalogue of paintings recovered from Tun-huang by Sir A. Stein Preserved in the subdepartment of Oriental prints and drawing in the B. M. and in the M. of Central Asian Antiquities*，二書敘述甚詳，可參考。

　　當斯坦因所劫這一批贓物到達倫敦後，他在皇家地理學會作了一次報告，立刻震撼了整個歐洲的學術界。這時法國的漢學家，劫奪的野心，也不後於英帝國主義者。正在向遠東進行中的伯希和（Paul Pelliot），也在不久以後，趕到了敦煌，住在中寺。一方面和王道士打交道，行賄購買經卷，大部時間是到下寺來選擇經卷；其餘的時間，

便和探險隊中的團員 Charles Nouette 把全部莫高窟石洞中的塑像與壁畫偷照了像，這便是他後來編輯，陸續刊行，到一九二四年，才在巴黎出齊的《敦煌圖錄》（Les Grottes de Touen-Hauang）共有三百七十五個照片，共分六集，用珂羅版印成，這要算目前所有關於敦煌壁畫塑像保存最早而又最完齊的畫錄了。有許多我們現在已見不到了，因為又遭到了攝影以後人為的毀損。〔一四〕

伯希和對漢學很有修養，所知極多，他誘賄王道士在剩餘的混亂堆中，選拔了一些中文寫本，還有一些他認為在語言學上、考古學上，以及其他方面特別有趣的中文寫本，以價一個元寶（重約五十兩）一捆，選購了一千五百多卷，掠運巴黎，藏入國民圖書館寫本部。我在一九三五年，曾去翻閱過近千卷，也攝製了些儒家經典、韻書、字書、《老子》卷子，並抄錄了些有關文學、史地的卷子，校錄了所有的儒家、道家經典，真是美不勝收的祖國文化的寶庫呵！連在倫敦所抄得的，輯為《瀛涯敦煌韻輯》、《敦煌經籍校錄》與《雜錄》諸書。又伯希和所得的繪畫之屬，則另度藏於巴黎之 Musee Guimet（佛畫佛像）及 Musee Louvre（版畫繡帛工藝品繪畫之類）兩博物館。〔一五〕

一九〇九年，伯希和把這千五百卷的寶物，運著從北京回巴黎，北京已傳遍他帶去許多重要的中文寫本，當時羅振玉等人，都得看見一部分。清政府才正式為此消息所撼動，然後才動公事追查。

大概在伯希和走後，王道士把許多他認為可貴的經，裝成了兩木桶，名為「轉經桶」，其餘仍堆集洞中。至此清學部才正式撥款庫平六千兩，命令敦煌縣知縣陳澤，盡其所有，一律搜買，護解省垣，其經桶原封未動，陳澤去點查一次，共計經六千卷，解省送京，移藏部立京師圖書館，人錄之本，計八千六百七十九號。民國十八年，移交北平圖書館，整理編目，又增殘葉一千一百九十二號，共九千八百七十

一號，佛經凡四百四十餘種，古佚經疏約數十卷，皆罕覯之籍。又有晉、魏寫本百數十卷，書法古拙，紙質堅韌，尤為可寶。其他經典與現在刊本頗多出入，可資校勘考證。即卷頭紙背所書之日常帳目，交易契約，鄙俚歌詞之屬，在昔視為無足輕重，今皆矜為有關掌故者亦不少（陳垣《敦煌劫餘錄》序）。到民國十八年春，陳垣氏應偽中央研究院歷史語言研究所之請，將八千六百七十九卷編為《敦煌劫餘錄》，義寧陳寅恪先生為之序，中國藏經既匯於一所，而也有了完具的目錄，是研究敦煌學的一大工具。但這一批劫餘的卷子內容，百分之九十九是佛經，原因是圖像器物之屬，及中亞古代語言，及其他古文寫經，已大半為斯、伯兩個帝國主義分子劫去，以及捷足者所先得。其遺留者，又因當時甘肅運京途中，為黠者所巧取。故最後所餘，是被中外一切巧取豪奪分子劫竊之餘的殘品。然而就是這一點點殘品，它所保留給學術界的遺產，已有如上所陳的可貴。民國十三年夏，北京人士，曾有敦煌經籍輯存會之設，登報徵求目錄，欲彙編成一個總目，迄未見成，這是很可惜的。〔一六〕

這一次的運省送京，並未搬完，大概是王道士的花樣。所以到斯坦因一九一四年第二次重到敦煌，又由王道士手中買去五六百卷，可以推知。大概此時王道士所弄的玄虛，即所謂「轉經桶」，已被人識破。所以從宣統三年，民國元年、三年、八年，都查詢過這一事的下落，然而始終不明不白，敷衍了事。不過洞中仍有餘經的事，也漸為人所知，而且新疆一帶，也不時還有人向外國人兜售這種物品。其中還有一大批藏文佛經。所以到了民國八年，甘肅省政府教育廳令敦煌知縣，「將該項番字經卷，悉數運送來省，交由省圖書館保存」。並派人到敦煌察看，將洞門挖開，餘存番字佛經卷子，點驗封存於該寺三層樓南面二層石洞中，計成捆者竟九十四捆，共四百〇五斤；夾板成

打者，共十一打，連板共一千七百四十四斤。仍存石窟九十捆，計共四百四十一斤半。其餘四捆，及夾板十一打，移置勸學所「除由察看人帶省一捆四斤夾板一打六十六斤，保存甘肅圖書館外，其餘三捆十五斤四兩，十打一千五百八十四斤，永久保存於該處勸學所。這算是一次比較詳細的察看。從此算是掃數移存國家機關，王道士不能再賣，也再無人盜買了。這是敦煌經卷在國內入藏的情形（但民國三十幾年，有人到敦煌去，又在原藏一洞的大木櫃中，還有藏文寫經數十卷，不知是從前所遺，抑封存被掘，不得而知）。

　　當英、法帝國主義者掠奪了敦煌寶藏之後，日本帝國主義者的文化間諜也插手進來肆行盜劫。一九○二至一九○四年，日本大谷光瑞及其弟子橘瑞超，第三次在塔里木盆地、吐魯番及敦煌沿阿拉善山脈東行入戈壁，得有佛教經典、史料、西域語文書、繪畫、雕刻、染織物、古錢等。佛典中之晉元康六年之《諸佛要集經》，西涼初之《法華經》，及善導大師《阿彌陀經》，共掠去四百多卷，寫有目錄，詳記其卷第，尾題印記。其印記有報恩寺、淨土寺、三界寺。其經文已印入《二樂叢書》。這批書以佛經為最多。羅振玉氏曾借錄其目而印行之。大谷著有《西域考古圖譜》，亦可助參考。

　　又繼橘瑞超而往者，有吉川小一郎，亦攜歸百餘卷，其目尚未見。但他們編的《大正大藏經》，已把這些佛經材料，連英、法所能得者，都已擇要錄入。

　　德國帝國主義分子勒攷克（A von Le Coq）也跟蹤進行罪惡的盜竊活動，四次到新疆「考古」，劫去者以美術品為最多。他的自供，寫成了《中亞美術及文化史圖集》（*Bilderatlas zur Kunst und Kultuigeschichte Mittel-Asiens*, Berlin, 1925）。

　　最可惡的劫奪者，要算美帝國主義者哈佛大學福格藝術博物館

（Fogg Museum of Art）東方部主任華爾納（L.Warner）在一九二三年來華，盜走了唐代觀音塑像及壁畫。據常書鴻氏云：「據不完全的統計，一九二四年（按，一九二四應作一九二三）華爾納在千佛洞用膠布黏去與毀損的初盛唐石窟壁畫，據敦煌文物研究所編號第 320，321，328，329，331，335，372 各窟壁畫二十六方，共計三萬二千零六平方公分。其中初唐畫有漢武帝遣博望侯張騫使西域迎金佛等，有關民族歷史與中國佛教史重要故事內容的壁畫多幅，及 328 窟通高一百二十公分盛唐最優美的半跪式觀音彩塑等數尊。這批贓物，現藏美國劍橋費城伐格博物館。」（按，應作哈佛大學福格博物館）《文物參考資料》二卷一期，共有王遜、傅振倫等三文，記述此事。

按華爾納還自己寫了一本等於自供狀的書，名《在中國漫長的古道上》（*The Long Old Road in China*）。

丙　敦煌漢簡的發現

莫高窟經藏的發現，與莫高、榆林、西千佛等窟的塑像壁畫等，同等有文化上的極高價值。這些東西，都在敦煌的南或東的地帶，以三危山為中心。但敦煌自漢以來，已是西北重鎮，從考古學上的材料來說，還應有其他文物。

現在我再來報告一件也非常重要的文書，也要算在敦煌縣境內發現的，而發現的也正是那第一個劫取敦煌古文物的斯坦因。這是甚麼？就是名震世界的漢簡！

原來中國紙張的發明，雖則早在漢代，然而邊地的始用，是較遲一點的。紙發明以前的文書，都寫在竹簡、木牘之上，所以近世紀來在西北一帶的考古事業中，往往發現簡牘，有的是屬於漢的，有的是屬於晉以後的。但斯坦因這次在敦煌發現而劫去的，則是漢代遺留在邊牆上的簡牘，所以稱為漢簡。

　　當斯坦因第二次到西北考古，聽見敦煌有古物，從新疆由東向敦煌進行之時，進入了玉門關後，在疏勒河——敦煌境北的河流終點河床旁邊三哩之遙，他發現了一座碉樓遺址，又發現了橫過低地的一道城牆，從疏勒河向東，至少有十六哩之長，沒有間斷。從這牆的遺址的外形、本質及附近的遺物，他斷定這是古長城。他在這個城闕牆頂葦稈捆中，發現了一塊小絹，又得到五綵畫絹殘片、殘木片，以及上書中國字「魯丁氏布一疋」的小木片。他斷定這許是漢代的東西。後來他調查這個斷續的牆，直抵額濟納河，全長達四百哩以上，正是與中國載記相合的長城。

　　他又在近碉樓的小屋遺址的垃圾堆裡，找出許多中國字的木簡，這些有字的小木片上，有許多是有年代的。這些年代，都是在西元後第一世紀。這裡的邊牆遺址，在前漢時候便已為人據有。這些寫本文書，是中國最古的寫本，是無疑的了！後來由他的蔣師爺，把這些木簡弄得更明白，其內容差別很大，有關軍事統治簡單的報告和命令，收到器械給養一類物件的呈報，私人的通信，還有學校字書，以及書法練習一類的殘片。

　　這些雜片，就文書的觀點來看，其年代很雜亂。薄片最普通的形式是大約有九吋半長，四分之一到半吋寬。每一行所寫中國字，常有三十個以上，可見當時流行書法之異常乾淨。所用的材料，除光滑細緻的木片或竹片外，並還有本地出產甚多而比較粗糙的紅柳樹，不大正式的通詢，便用此種材料，截成無定的形式，用來抄寫，當然是很好的。屯戍絕域的兵士，顯然以此消遣時日。

　　木簡上面有許多刮削的痕跡，可見其來源不易，價值昂貴，於是一片之木，用了又用。從圍繞著遠戍絕漠的那些衛士的狹道的垃圾堆裡，所找出的雜亂遺物中，及研讀木簡的結果，所示屯戍的將士，大

半是犯了罪的，因而遠役絕塞。又在防守長城西頭的一座碉樓附近，得到一大塊有字木簡，上面有太始三年（西元前九四年）的年號。據簡上說，當地名為大煎部。還有一片是太始元年。在一切碉樓裡，他都得到遺物。但最多的要算長城線後面二哩多，大概是個支部小驛站。在這室內得到的木簡，大概是官員們用的，其中一片的年月，是宣帝地節二年（西元前六八年）五月十日。

在這遺址的斜坡上垃圾堆裡，僅僅一方哩的地上，得到有字的木簡三百以上，應當是這位小官員的全部檔案，是屬於宣帝元康元年至五鳳二年（西元前六五—前五六年）間的東西。這些文書，有的祇是重錄或稱引關於在敦煌地帶建立屯田區域，以及建造亭障或城牆以保邊的一些詔諭。此外是沿長城線軍隊的組織，各各不同的隊名。也有關於長城及其他各部分、各烽燧的報告同命令。有些文書說到「土官」名稱，證明此地兵籍中，亦有非中國人的夷兵。還有一段作為符節用的，上書古撒馬爾干同布哈拉通行的古窣利語的木簡。還有許多片上書元康三年（西元前六三年）、神爵三年（西元前五九年）、五鳳元年（西元前五七年）諸年的精美曆書及一段中國有名的小學書——《急就章》。

在古玉門關東五哩左右的一個遺址內，牆角處得了一堆木簡，簡上說到從敦煌沙漠田輸送糧食以及儲備衣服等物。

所有這幾百件木簡的解釋，在斯坦因的《西域考古圖記》(*Serindia*)一書中，有詳細的記載。而每一片木簡上文句的解釋，及其有關史地的考證，據我所知，有法國漢學家沙畹博士的《考釋》一書，在一九一三年印行於倫敦（沙畹釋竹簡之作，先見於斯坦因第一·次報告附錄中「Ancient Khotan」，pp.521-547, Appendix A.-Chinese Document from The Sites of Dandan Uiliq, Niya and Endera, translated and annotated by Ed.

Chavannes）。而王國維、羅振玉兩人，又為之重行考訂，成《流沙墜簡》一書。

除了這些木簡外，同時同地斯坦因還得了些其他古物，此處也有附帶介紹的必要。

一、最早的紙。斯坦因在長城的一段烽燧塵封堆集的室中，發現了八封乾乾淨淨用古窣利文字體寫在紙上的書函，有些用絹包裹，有些用繩纏著，是一些中亞一帶商人到中國以後發回的私人通信。他們顯然喜歡用新發明的紙作書寫材料，而不喜用中國人所墨守的木簡。

二、絹。又在一座烽燧遺址上，他得到一段古代的絹，上書漢字，同婆羅謎文。這是古代絹繒貿易的孑遺，絹頭子上備具產地及每一疋的大小、重量。

三、雜軍用器。他在一個烽燧遺址中，找到一個束紮著的小盒，中置帶破幹殘羽的銅箭鏃一枚。用同近代軍事術語相合的當時公文語氣來說，是「破箭一支，歸庫，另易新者」。古長城所得文書中，記及換發新弩，歸還敝損者甚多。他又在城牆及烽燧附近，拾得許多青銅箭鏃。還有一個盒子上面有一塊木簡，寫明「玉門顯明燧蠻兵銅鏃百完」。還有一個小箱，箱蓋上寫明「顯明燧藥函」，這是軍用藥箱，可以見古代行軍及醫藥一斑。

四、雜器。還有他又得到一件量器，形同鞋匠足尺，上刻漢代尺度。又有一些木印盒，上有小槽排列的形式，可以用繩縛住。

其他的雜物還多，此處不盡載了。

所有這些木簡雜器物，論地點都屬於敦煌範圍以內。以時間說，又下接魏、晉、六朝，都是同一類型的文化所孕育。應當算入「敦煌學」一個課題之內去。然後漢以來的文化去路有所承受，六朝以來的文化來源有所承襲。所以在此特用專章詳述一番。

　　總結以上莫高窟、榆林、西千佛等的造型藝術，一五一洞的經典寫本，古長城一帶的古寫木竹簡，這些全部寶物，組成了「敦煌學」的內容。

　　這個內容是豐富而有光彩的。它包括了北中國兩千年的文化發展、民族興衰，也交織著一切與西北民族，乃至印度、歐洲民族的關係，說明中西交通的情形，文化傳播的大概。而其具體內容所表現的是我們祖先的輝煌的藝術文化的成就，吸收類化外來文化的能力，及其民族的一切偉大的發現、偉大的創作，藝術、宗教、哲學、人文科學、自然科學的精金美玉，無處不表現我們民族的先進的事蹟，不在一切民族之下。它的一切創作發現，幾無一件不影響全人類的幸福生活，正是我們值得驕傲的，也是我們值得發揚光大的一筆遺產。我們要踏著敦煌的基石，建設我們的光輝美滿的社會。從另一方面說，也要在了解和鑽研敦煌學的過程中，把過去百年中帝國主義侵入後我們民族所受到的自卑感的影響完全消除掉，恢復民族的自信心。敦煌古典文化的一切，正是值得我們深深學習的。

四　敦煌學在中國學術上的價值

　　全部敦煌學的範圍，是相當大而繁複的。從主要的內容而言，應分兩大類：一是屬於造型藝術的塑像、壁畫、絹畫及木建築（窟橡）等；一是屬於文書如竹簡、寫本佛經、儒經、中亞文書及一切史料文學等。但以必然不可少的參證比較資料來說，則敦煌一帶的漢墓，乃至於考古上的一切發現，也都是重要材料。擴大到全個河西，全個西域，乃至中亞細亞的一切文化歷史，莫不與敦煌相涉，要結合來研究才行！

説到這兩大類在中國學術上的價值，應具體地結合實際材料，才説得明白，也才是真的評衡。這樣做，應當是我下面各章分別專題擔負的事。我在這兒，祇作為一個概念來介紹給讀者。因為下面各章，是各各分別而觀，各有其特定的內容，各就這些內容來分析。但一個民族的學術文化，是個整體，雖各有其形式上的差殊，而必然有其統一的完整的元素，含得有統一的、完整的、一致的、最高的調和作用與氣氛。就這個統一的、完整的、最高原則性的精神來概括他、攝照他、描繪他的優缺點，是學術最高的要求，也是最初步的要求。所以本章的用意，祇在通論這兩大類在整個文化中的所表現的特點及其價值。現在就這兩類分別説之如下：

甲　造型藝術

中國造型藝術之發達是很早的。安特生在甘肅所得的新石器時代的陶器，上面幾何圖案花紋、動物紋樣，以及近似犬、鳥、日輪、人形等圖樣，這些圖樣，一方面是中國象形文字的來源，一方面也就是中國造型藝術的最早形式。此後文字與造型藝術，似乎是分別的發展：文字的路子，成為甲骨文與金文系統；造型藝術發展為獸骨用器上所刻的花紋，青銅器上的一切紋樣。但這兩個路子，始終貫穿著一個相同的，也許是統一的藝術作風與創作方法。這種作風與創作方法，成為一切造型藝術——雕刻、繪畫、建築、製器之中心路線。這個作風和創作方法是甚麼呢？即「文字」、「藝術」都趨向於重點的象徵作用。中國文字與藝術的作風與方法，是把一件事一個物的性行（品德與特有的動作），用抽象的方法，使用著線條，精練活潑，象徵著他的「運動的」（品德的動向，與特有的動作之動）性能（性質與能力）寫出來，結果往往重點的注意在「傳神」，文字比造型藝術更簡化，走到祇存骨架子，走到象徵符號去。而造型藝術也是凡非主題——「重點」、

「精神」、「神氣」（此用通俗所說的神氣一義，如言「神氣活現」一類，不用書畫中所說的意義）所在，一概省略或不注意，而以抽象象徵為之。有時這種抽象省略，也未嘗不用到主題所在的地方去（這有近於六朝以後的所謂「寫意」），先以文字為例，如一個人字𠂉，象徵一個恭謹垂手的人形，是骨架子；𡘾 像端正的人而大其頭部；𡚰 女人像委順而上部特大的女人，𡝫 字像女人之乳大者，𡕒 像襁褓中小人，𠈌 像委順相從，𠓜 像彼此並立，𡰪 像墊足企望，𠃛 像死而橫臥，𠫓 像倒子，𠃠 像孕中之子。這些文字，從形來看是單畫的骨架，從造字的作風方法來看，是向抽象特寫乃至象徵的方向走的，從近於寫實走到純用為語言符號為止，脫離了繪畫的作用。再從造型藝術來說，從石器時代以後，都各各與其時代的實際生活相配合，而有不相同的發展，但也不曾脫離了象徵的圖案性質，如前所舉的陶器上的圖案畫，及發展而為青銅器上的作地紋用的極其精細的圖案畫，再加上圖案化的獸形紋——即習稱的饕餮紋、雷紋等，都是最富於象徵作用的，使之意味著一種嚴肅神祕之感（也即是前說的傳神作用同義）。由此可以意味到，上古時代同自然環境鬪爭時的人們，對自然環境不了解的情形。殷墟還發現過兩個石刻，一是人，一是鳥，這人、鳥的本形，雖以寫實為主體，而仍以全部圖案為人身的裝飾及鳥羽，雕著銅器上類似的雷紋和饕餮紋，仍不注意人的真實造型。這種用嚴格的線條組成的圖案，整整控制了十幾個世紀，到漢才有顯著的變化，成為我們民族藝術基本特徵之一。[一七] 到了周人從西方來，與殷文化接觸。周民族的文化比較是更與生活實際相配合一些，於是周中葉以後的造型藝術，從現實生活著手的才日益加多，到後期才有寫漁獵、寫遊樂的畫面出現。大概是周代農業生產技術增長，也增長了對自然界的認識。然而對藝術的象徵作用、圖案作風基本上仍未改變。戰國是一個中國一切

民族大混合時期，經濟法則，也有了較劇烈的變動，人民對實際生活的要求，也因了生產的刺激而日益增長。造型的象徵作用，在創造的意識中，已將要失去其為中心要點，而代之以更為寫實的手法。所以在一切戰國所出的器物，從河南、安徽、山西一帶的青銅器墓刻，到長沙出土的銅器、石刻、漆器及墓道的畫來看，是天天在變的，把古代的象徵的路子，變向寫實的路子。最明白的例子，是長沙漆器上的圖畫，與絹上畫的舞女像。到了漢代，孝堂山的石刻所存的象徵部分還多，但東北營城子漢墓的壁畫，遼陽棒臺子的漢墓，三道壕的古墓的壁畫（見《文物參考資料》一九五五年第五期）。河北望都的漢墓的造型藝術品，成都楊子山漢墓的畫像石與磚，廣州東郊漢墓出土的陶製品，洛陽發現的五百多座古墓所出一萬多件文物，[一八]其他如河南輝縣、禹縣，陝西西安，甘肅古浪、熱河興隆等地，近數年來大批出土的文物如壁畫、石刻等，就這一切造型藝術來看，漢代的藝術創造的作風和方法，大有改變，變得與象徵作用益遠了。這其中有兩個解釋：一個是有新的意識成分滲入，另一個是戰國以前的一切文物，還沒有普遍到人民的手裡，祇是在某一特定階級以上之統治階級及統治者的臣工手裡。這些藝術，雖出於勞動者的創造，而是要求合於享用者的要求，所以還不能有巨大的解放。到漢來，顯然民間的生活有了廣大的開展；由於生產方法的改進，農奴的獲得解放，貿易的發展，周圍民族的交通，人民對藝術的要求提高了，傳統的不夠實際的作風，同當時人民生活已不配合，於是一種新的作風，新的創作態度與方法發生了，不再受傳統的抽象與「重點特寫」的藝術作風與方法所支配。所以從這些墓上的壁畫，可以看出此時「畫院」的內容，寫人民生活的複雜，是無所不包的。雕刻器物所表現的現實色彩，也非常豐富。

但是它仍有其共通性、統一性，不僅從東北到廣州有共通性統一

性，便是逆推到漢以前的秦，秦以前的戰國，乃至於殷商時代，這共通性與統一性，也仍然存在；漢畫仍存在許多象徵作用——對主題思想的特寫——仍然使用的是使藝術方法表現易於走向象徵抽象作用的線條畫，而雕刻裡仍存在「骨骼」的作用，都是藝術的基本傳統。

　　還有一件事，我以為也可以看出這一傳統。便是漢代的建築。本來中國的建築，與西洋建築的基本差殊是骨架，西洋建築以石堆砌成厚的牆，粗的柱頭，寬闊的門，是沒骨的；而中國則基本上是用木來搭成間架，為房屋的主要結構，好似人身的骨骼，然後在木架上裝修牆壁、窗櫺、門戶，從形式來看，是簡單的，從實質來看，木架子正是建築的精神，這個精神是寫意的、抽象的。要加以土牆、木版、燒瓦，才裝成實體。建一間屋子，與畫一間屋子，與寫一個屋字；建一個門窗，與畫一個門窗，寫一個門窗字，基本精神完全一樣。此事從殷墟文字到戰國畫圖中是一樣的。到了漢代，在畫中所見基本精神仍未有所改變。這更證明我們的藝術傳統，祇有進步，而無根本推翻，重新另造的現象。魏、晉以後，人民生活在軍閥割據，戰爭頻繁，天災常見，經濟遭到重大的破壞，求生也不容的情況下，他們需要的是宗教的寄託。此一時期士大夫間的風氣是，輕脫瀟灑，競於譚玄。文學也祇有形式而無實質內在的精神之美。這些風氣，影響到一切人士，滲透了每一個場合，於是一切藝術家，也以意趣為歸，而不問藝術所表現的真實性如何。淺言之，這種意趣，也似乎是「傳神」，似乎是象徵，豈不成為復古運動了嗎？其實大非。戰國以前的所謂傳神，是客觀事物之神；而魏、晉間藝人之所謂意趣，祇是傳他那主觀裡的神！

　　晉代的畫人雖多，其作品也都不傳。由當時人的文章中，可見其作風之一斑。此時唯一可傳而且有作品傳世的，祇有一個顧愷之。從

他遺留的作品及畫論所說，他的畫的特點，大概是筆跡緊勁，格調超逸。他曾畫過瓦官寺壁，為維摩圖。從他遺留下來的《女史箴》一圖（八國聯軍侵入北京之後，被英帝國主義者劫去，現藏倫敦不列顛博物院中。余昔遊英時，曾以一週之時，細加觀覽。惜畫中款識多已截去。絹本淡彩，神韻高逸，無可比擬。有人疑為唐摹者，誣也！）來看，是頗存漢人石刻風韻。所以他之能傳，是把傳統的民間藝術，與印度新人的畫派相結合，而產生的新東西，非一般專重意趣的畫家可比。

但是自武帝通西域，張騫到過中亞，武帝又從蜀、滇以通印度，於是與印度的交通大開，佛教大概已漸入中國。明帝遣蔡愔求佛經，偕攝摩騰、竺法蘭攜經，及釋迦佛的立像東還洛陽，明帝又遣使到月氏收集佛經，與畫於白鍵上之佛像，仿造數本，置於清涼臺及顯節壽陵，又畫《千乘萬騎遶塔三匝圖》於白馬寺壁。攝摩騰等也畫了《首楞嚴經二十五觀圖》於保福院。三國孫權時，印度和尚康僧來吳，為立建初寺於建業，康僧設像行道，大畫家曹不興臨摹佛像，盛傳國中。曹不興弟子衛協，作《七佛圖》，弟子張墨、荀勗（顧愷之亦協弟子）及王廙諸人（王羲之父輩）都善畫佛像。這都是接受外來藝術作風方法的影響，遂打開了六朝以後佛教藝術滲合中國藝術之門。此時的人民，在水深火熱的戰亂中，現實生活的要求得不到，無可奈何，為空虛無著的精神上取得交代期望，宗教的發達，是必然的。於是全中國各地，普建佛寺，（佛寺始建於明帝永平十一年，時天竺僧迦葉摩騰、竺法蘭二人，方從蔡愔東來，帝建白馬寺以居之。餘參閱註九、註六。後此天下佛寺漸興：靈帝建寧三年，建豫章大安寺，獻帝初平四年，笮融亦建寺於廣陵，天下佛寺益多。）寺造佛像、佛家故事畫。敦煌石室之興，正是在南北競建佛寺之時。據前面所說的永和九年初

建石室，正在建康建禪林、白馬兩寺後三十四年，廬山建歸宗寺後的十三年，剡州建隱嶽寺的後九年，金陵建莊嚴寺的後五年，金陵建瓦官寺、顧愷之為畫維摩詰於寺壁的前十年，也正是張僧繇在東晉「崇飾佛寺，繪壁畫，朝衣野服，奇形異狀，殊方夷夏，千變萬化」之時的前二十年，也是法顯赴印度帶回可普塔（Qupta）朝全盛時代之美術的前五十年。而沙門樂僔及法良禪師之興建，也正是趕這最熱鬧的時候。此時的建寺，以南方為最盛。大概中、印交通，此時是在南方，可能從廣州、滇蜀兩道出入。樂僔、法良都是從東方去的（見前石窟興建史一段）。可能是從水峽口向榆林發展，而到敦煌。（參閱後敦煌造型藝術章隋、唐二段）〔一九〕但到了敦煌，因為這是古代交通要鎮，歷史條件足夠，地理環境也好，所以發達起來。三八六年即晉孝武帝太元十一年，北魏建國以後，雖曾一度禁佛毀寺，但禁不住民間的崇奉，結果是皇皇天子，也向泥石偶下跪，大興迦藍殿堂。由此佛教在北地，也根深柢固了。所以有魏一代，在敦煌開建石窟的盛業，也打下了敦煌藝府堅實的基礎，一直到隋不衰。總結一句，北魏時期敦煌美術，是把中國固有象徵的、圖案的、裝飾趣味的藝術，混入了西方的寫實技巧的初初創新的一個新生的作風〔二〇〕。

　　唐代，在中國的文化史上，是各方面都發展得飽滿壯健，有新味、有生氣的時代。原來自隋統一中國後，國家得暫時的安寧，唐之得天下，並未大損毀民間原氣，繼續發展，生產日益豐盛。初唐、盛唐之時，民間得生息休養，一種大一統的雍容氣象，也表現在文化的每個部門。而佛道寺院，得免課役，所以宗教在裝點修飾的氣氛中，益加崇敬。而從南方的海道，從西北的陸路，交通西域與西歐，也日益發達，使得佛教藝術在唐代影響了全部藝術的領域。所有一切大畫家，莫不畫佛畫壁，而雕塑也熔煉中、印而冶之。僧眾不必說，如導

善大師，一生造淨土變相三百餘壁，慧果阿闍梨於青龍寺灌頂堂內、浮圖塔下、內外壁上，圖繪兩部及一尊曼陀羅，成都大聖慈寺之九十六院，到宋代尚有唐壁畫八千五百二十四間，佛一千二百十五，菩薩一萬四百八十八，梵釋六十八，羅漢祖僧一千七百八十五，天王明王神將三百六十三，佛會經驗變相一百五十八圖。其流行之盛，真意想不到！

　　這時一切的藝人，也都參加了這一個大流，大概有唐一代的畫家，莫不以人物畫為中心，而也莫不畫佛像，也莫不作壁畫，壁上正是他們用武之地呀！有名的尉遲乙僧、閻立本、范長壽、張孝師、吳道子、楊庭光、尹琳、韓幹、畢弘、張操、周昉、張南本、左金、趙溫奇、趙德齊、范瓊、麻居禮等不必說，即王維（曾畫慈恩寺大殿東廊）、盧楞伽（成都大聖慈寺行道身最有名）、鄭虔、王韶應等，都各有精妙的佛教畫。楊惠之的塑像，到今天還可以看見。敦煌的全部造型藝術，也是這個時代為最盛，而且也最精。當然即使不是閻立本、吳道子、張孝師、韓幹、周昉之所為，也必然是尉遲乙僧、楊契丹、鄭法士、盧楞伽（皆北人）的流風遺韻，也都要算中、印乃至中西文化接觸以後所發出的金光萬丈。然而閻、吳、張、韓、王（維）、楊（契丹）、鄭、尉遲輩的壁畫，已看不見。及武靜藏的《地獄變》（敬愛寺）、楊坦的天女（資聖寺）、劉行臣的鬼（敬愛寺）、劉阿祖的閻羅王（敬愛寺）、李果奴的行僧（慈恩寺）、唐湊的十惡十善（甘露寺），有的在會昌五年的一毀，有的也被歷代的兵災天災所毀，一無可得。而敦煌千壁萬塑，則至今還能巍然獨存，而且還有遠在北魏的作品，無一軀一壁不是中國流傳的最古的寶跡。一幅顧愷之的《女史箴》，引得藝術界如痴如醉；數十軀楊惠之的塑像，使人讚歎欣賞，不可名狀。這樣大的場面，這樣多的種色，這樣豐富的畫派，安能不令世人驚

賞！它是世界第一座壁畫塑像的寶庫，是我們大好驕傲的遺產，也是藝術界的寶典，史學上的第一等活材料！總之，以藝術來説，敦煌的唐代美術，是融合了中國的象徵寫意圖案趣味的古典藝術與印度的寫實手法，而發揮出其交融後最美麗的光彩，是中土美術得了新養分成長最為壯健的一個時代。

自然，宋以後已漸衰微，然而建隆四年的《地藏》，乾德六年、開寶四年、太平興國八年的觀音像，未必次於李公麟；沙州曹氏所造諸像及供養人像，未必即次於當時畫院學藝諸人。─當然宋中葉以後山水花鳥為其正潮，此當別論。

總之，就敦煌造型藝術而論，千佛洞的塑像壁畫，除了受自然的侵蝕及少數被剝者而外，大半數是完好的，上自晉、魏，下迄宋、元，其在歷史上可稱為具有系統的佛教美術寶庫。它包羅了中國傳統的藝術精神，也包羅了中西藝術接觸後所發的光輝，表現了高度的技術，及吸收類化的精沉的方式方法，成為人類思想領域中的一種最高表現。它總結了中國自先史以來的藝術創造意識，也吸收了印度藝術的精金美玉，類化之，發恢之，成為中國偉大傳統的最高標準。它是人類精神的最高發揚，……這是單從藝術本身所表現的造型而言〔二一〕。

然而論其在學術上的價值，猶不止此。

一、主題所表現的思想與理想。從全部主題所表現的思想與理想來説，雖是以宗教為主，但它是把中古以前東方民族生活意識的精華，從無數可敬的人民藝術工作者，在語言的、哲學的氣氛之外，通俗而又明暢地表達了出來。這裡面屬於勞苦悲慘的人民的願望，在一切故事畫面上，加入了它熱愛鄉土成分，圓透融合地表達出來，正合於人生對藝術的要求。它給與當時苦痛的人生、憂恐的旅行家以慰安，是有一定的時代任務的。而且使我們現在真能了解古代的時代。

　　二、從畫塑的附屬表現來説。譬如供養人的衣冠，婦女的頭面飾，是每個時代的活動影片。我們讀破了白居易的樂府詩，李賀的詩歌，溫庭筠詩詞，及宋人的詞，所想像不出的唐宋人生活服飾，敦煌所留給我們的，是真夠多。張擇端《清明上河圖》可以印證宋都人民各階層的生活，敦煌壁畫中，更可印證六朝、隋、唐人的生活。又譬如羅振玉氏從畫的題記內完成了張議潮、沙州曹氏世家的歷史，沙畹、伯希和、翟理斯諸人，也從題記中各各組合考證了許多西北史地，這又是副產物對學術上的大貢獻。

　　三、從所依據使用的物質材料來説。塑像所用的滲合物，畫幡所用的絹紙，壁畫的底層所使用附著畫面的泥漿，塑畫所使用的顏料、貼金、粉料、膠質、紙筋，及其他一切物質，都有一定的歷史價值、社會價值，與科學上的價值。

　　這些都是我們看得見，想得到的事物。不論舉哪一件，都可以成為一部大的歷史、大的科學技術寶庫。還有許多我們看不見，想不到的事物，動輒會關係到一個非常大的問題。

　　總之，造型藝術是一種綜合性的藝術，除了它本身——形——所表現的思想意識，與社會生活形態，歷史因素等外，它所據以表現其形的物質條件，也同時是一大串的學術歷史問題。這是不可否認的事象。徐悲鴻《我對於敦煌藝術的看法》一文，陳覺玄氏的《從敦煌莫高窟壁畫中所見到的佛教藝術之系統》，及謝稚柳氏《敦煌藝術敍錄》中的《概述》及《後記》兩文，賀昌群的《敦煌佛教藝術的系統》諸文，都可作此段及「造型藝術」一章的參考。

乙　古寫本卷子在中國學術上的價值

　　上面我們用了數千言長的文章，敍述了造型藝術的價值，但在寫本卷子上，我們不能這樣來做了。雖然它的內容比造型藝術要繁雜到

若干倍。為甚麼？因為造型藝術一類，是應當有一個綜合的提高到原則性的追求，從共同性中來歸納，從個別處來分析。所以要從它的歷史發展情況、吸收情況來分別證明，以說明其傳統成分、吸收成分、類化成分，故而得遠兜遠轉四方八面的才能說明。而寫本卷子所含的材料，各色各樣之間，固然也有其共通性、統一性，但它無須提高到原則性的分析，祇從個別的具體事象，已盡足說明其價值之所在。各件事物的價值的綜合，也即等於文化全部的綜合。因此我們對卷子的評價，是分別在下列各章中去具體的評論它。此處祇簡單的就那些必然要綜合評論，或個別評論不能見其價值的問題，提在這兒討論。

中國文獻的發現，在歷史上有了好幾次，與文化的關係都極大。一是孔壁古文的發現，形成了儒家經典與思想上的今古文兩派的分立，影響到學術思想的分歧，以及對古代史、古代學術思想的爭論，甚至也影響到後代政治教育、人民生活各方面的興廢得失，塑造成中國封建時代的文化的典型。但孔壁古文本身的問題，已模糊不清了，到現在還是疑獄。第二是汲冢竹書〔二二〕，這一次的發現史蹟，比孔壁清楚得多，而且流傳的原本，到今天也還存在，——雖然祇是少數了——經過清儒及近代學者的研究，其真價值已可評定。但是這一次的發現，材料既少，內容也簡單，而且自從發現寫以今文後，其原本我們已不可見，歷代對它的研究探討雖有，而不曾激起學術界的甚麼浪潮。對整個文化，雖不無影響，而價值確遠不及孔壁之龐大深邃。第三應算齊之襄陽發現的古簡。但楚邱竹簡，已毀於當時炬火。第四應當算近世紀來西陲竹簡與殷墟甲骨文字的發現。竹簡的內容，比較單純，足以證《史》、《漢》、《魏》、《晉》諸史書的是非，及漢、晉間邊地防務與生活的材料，有關中西交通的資料。在人類生活史上，有其一定的價值。甲骨文更證實了《史記》所用材料，九九可靠，也看

出了中國文化初期的形態，因而決定它（文化）發展中所具備的因素與條件，使對中國歷史、民族、社會的了解加深加詳。而且這兩種發現的地層、環境、時間，乃至實物，無一不是經得起科學的考驗的。且其附屬物之多，也正足以幫助說明主要發現品。本源昭明，不比孔壁之恛怳莫定，汲冢之異說紛轉。這是中國史上最可靠最可寶貴的一次（關於銅器文獻的價值，也是不可估計的。但它的問題比文獻問題更為複雜，故此處不再去說它）。可惜它的研究工作，到現在為止，仍未把片斷的、殘破不全的上古史、上古社會的材料全部連繫起來。它雖已證明《史記》及戰代以前載籍的是非，以及文化發展的系統，但要全部建立一個全面的殷商史、殷商社會，仍嫌不夠，甚至於也不能明白顯示「周因於殷，損益可知」的真相。所以在文化的價值是高而不大，好比是金剛石、是白金，而不是全文化中時時事事離不了的鋼鐵煤炭。至於敦煌這次的獻寶——六朝以來寫本卷子的發現，規模之大，內容之富，方面之博，可說是空前。而且與我們民眾的生活之貼切，有血有肉，不僅是幾種古經、幾部竹簡之可倫比。即數萬片甲骨相較，也各有其長短精粗！它在文化上的整個價值，雖此時尚不能作確切的估定。將來影響於學術文化，甚至於我們民族創進的資鑑，亦正待於國人的興起研究。但我可以平平實實，不誇張、不收不掝的說，它的深邃之處，容或不如孔壁之於儒家經典，甲骨之於殷商史實，銅器之於兩週史蹟，而博大之處，關連之處，即綜合的比價，必不在前幾次任何一次之下。但目前的研究，還在幼稚時代，就要估定它的文化上的價值，為時太早，事實上還不可能，而且也不應該。

　　敦煌寫本卷子，大部分抄的是佛經，小部分是儒家經典、《老子》、雜家書籍。其他專書的卷子，則有地志、圖經、短文、詩詞、信札、帳簿、戶籍、契約、醮詞、祭文、祝詞之類。也有圖畫、圖案，

及各種西藏、印度、窣利、突厥及小亞細亞一帶文字的文書之屬。也有無數的刻版書畫。這個內容是相當複雜的。我們要來定這些內容的價值，是應從各各內容立說，這有待於下列各章的敘述。此處祇舉比較有共通性的事件來說。

一、有關經典的佚存，歷代翻譯、校勘及書品書式者。有許多現在已失傳的佛經、儒家經典，在敦煌寫本中發現了。其可以解決經典的歷史的問題至多。尤其關於佛經，有的現已久佚，有的譯本與現在不同，有的是精沉的注釋，有的是第一等的演論。為通俗計，我姑且舉一個儒經的例子。在巴黎藏本中，有一件《尚書》帝典的釋文，是陸德明以前的舊本，所存古體至多，從此我們可以考見唐人改定的《尚書》，是非常不可靠的東西。它恢復了西晉以前的本子。此類例子極多。大半的卷子之現在有傳本者，無一件沒有校勘學上的價值（每事僅舉一例說明，以免繁瑣）。又如自竹簡至紙寫的書式書品，吾人前日僅能於想像中得一模糊不清之印象者，自敦煌卷子發現以後，則自簡策變為紙卷，自卷子變為蝴蝶裝，裱背裝⋯⋯屬於書籍品式裝訂之演進，了然明白。又自寫本至刻本前附圖像等，此屬於印刷之演進。又寫本所用之紙，有側理、橫簾、楮白、桑柘、麻蘗之差殊，此屬於造紙原料與方法之進化。又如染黃、硬黃、楮白等屬於紙之加工法則之演進。又如寫紙之朱欄或烏絲屬於書式之變化，加朱加墨改錯屬於校勘之方法者。及其用紙優劣，與經典內容有別等，無一不與書史發達有關，亦無一不表現當時的社會經濟能力與物質條件。這些價值，形式上祇有一部書、一種經的問題，綜合各方面來看，是整個歷史文化的生動表現。

二、有關中西文化交流的情事。敦煌自漢以來，即為中國西北邊防重鎮，雖不時受到荒蕪，但始終是個關係極為複雜的地區。它同中

小亞細亞乃至歐洲的關係，與印度的關係，都極複雜，應説是中西文化的接觸點。從許多的中小亞細亞、印度等文書看來，它是結集了唐、宋以前中國與西方交通的大業之所在的地方。所以它保存了在歐洲也幾於衰亡的許多宗教：摩尼佛、火祆教及印度許多小乘經典。也保存了許多中小亞細亞的古文書。民族與民族的了解，人類的真正情感交流，乃至於真正的和平共處，是在互相了解，了解的一個最重要也最基本的法則，是交通。所以敦煌可以有希臘、羅馬、印度、小亞細亞諸式的藝術，正是這些交流。有了這些交流，才能互以幸福相交換。這也有同於中國絲與紙使歐洲人增加了人生的幸福一樣。這是文化的最高價值，這是文化的最高點。敦煌文書中，既有了不少的中西交通史料，正是人類交流幸福的最高標幟。

三、其他。有關社會文化事業的這一段，我的意思要説的是：（一）有關史地社會的；（二）有關文藝語言的；（三）有關物質科學的。但詳情具體説明，應在下列各段去講，此處不應再多説。故把三類略在此一言。

寫本中有許多邊疆資料，尤其不可忘的是一大批竹簡。它説明漢代邊疆的情況，戍軍的組織，戍卒的生活，及與西域乃至小亞細亞一帶的關係，是與中國北疆民族史有關的資料。在寫本中也常常有記錄邊疆民情風俗的文書，及統治敦煌的統治者世家、《沙州圖經》、敦煌戶籍、帳冊、物價、麥米價，及寺僧與人民的交往、人民對宗教信仰的情形、僧侶比丘尼的生活、土地的買賣、民間的契約、建築圖像等。無一件不是魏、隋、唐、宋的社會史料。在這大批史料中，我們認識了我們這個民族是如何自己生活，生活如何進步，如何與人交往，如何深抱我們的文化遺產而發揮之，如何吸收外來文化而類化之。一些壯健而篤實的生活圖案，正足以説明我們民族的偉大的承受

力與同化力，足以導致我們消除過去因帝國主義者侵害而產生的某些自卑感，也使我們認識我們的祖先是如何以堅苦卓絕，為後人建立一個深厚堅實的基礎。我們偉大的文化，是自己創造的，建立的，不是依草附木而成的！

此外還有許多文學作品，這是當時的社會生活的反映。壯健的、熱情的、實際的生活寫真，與整個文化有不可分離的共通性。從文學史來說，它闡明了許多文學的來蹤去跡，及與文學有關的其他藝術一如音樂、舞蹈、戲劇等一的關係，及在人民中的作用。是研究文學、文學史的好材料，也是社會史的好材料。至於語言學方面，如《字寶碎金》、《俗物要名林》等，是教人寫方言俗語中的文字的字典。許多佛經音義、儒經音義的書，是讀音的問題。我們知道中國聲韻之學，是完成於隋，大盛於唐，而其孕育之期，則正是佛教經典輸入中國後，大量翻譯，要譯準梵音，印度聲韻之學也輸入了，促使中國學人整理中國舊籍，於是聲韻之學才發達，韻書才興起，在敦煌的卷子中，有不少的韻書，大概都是陸法言一系的東西，有長孫訥言的、王仁昫的、孫愐的，及諸晚唐人的韻書。也曾見過五代、北宋刻本，為《廣韻》所根據的韻書。千餘年失傳的學問，到此又復見於人間，不說它是瑰寶是不可能的了。

此外還應當估計一點卷子中所說到的科學及其附帶著的許多物質條件，也是各有其最高價值的。譬如《本草》殘卷，醫方殘卷，是醫學材料。這在中國藥物學與醫學上的價值，是不可估計的。又有星占術的書，二十四氣的書，七曜日曆等，是古天文學、曆學的材料。這些直接記錄的科學材料，雖然不算多，在過去不大注重科學的情形之下，是不可能多的。但無往不是科學材料，譬如卷子所用的紙的種類與其製造的方法，是科學資料。所用筆、墨、朱紅的原料與製造法，

也是科學資料。乃至染紙的蘗黃，塗誤的雌黃與鉛粉，又何嘗不是科學？從文書上去研究印刷術，也是科學。所以直接記錄材料雖少，而具體材料幾無往不是。這些應用，正是流行在人間，而為當時人所忽視的，其實無一非文化集結，科學發展得出來的結晶呢。

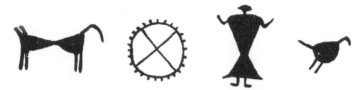

圖 4-1　安特生《甘肅考古記》陶器上花紋摹本

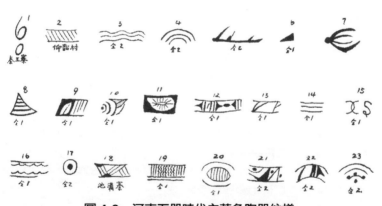

圖 4-2　河南石器時代之著色陶器紋樣

圖 4-3　殷墟出土白色刻畫陶片

圖 4-4　（上）（下）
殷墟出土白色大理石雕人像與鴟鴞

圖 4-5　殷墟出土牙雕

　　上三圖圖面各部皆雕刻著與銅器上類似的雷紋和饕餮紋，作風也是帶有圖案性的。

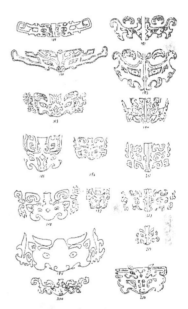

圖 4-6　銅器紋樣

　　式樣極繁，此單選一幅使用最多、變化也不少的饕餮紋為例。

圖 4-7　戰國時狩獵銅壺斷片
法國達微德藏（Collection David-weill）。

圖4-8　戰國時狩獵銅壺圖紋之一部

北京故宮博物院藏。

圖4-9　河南輝縣出土戰國銅鑑圖紋之一部：遊樂圖

　　戰國時已湧現大量寫實圖畫，而以狩獵圖與內容最為複雜。稍注意戰國時代藝術者，皆知之。而書法之發展，此實為一重要時代。以其上承上代的圖案裝飾性的遺風，如圖4-9，而下開漢石刻、漢畫的先導，如圖4-7、4-8是。故選浮雕式者兩圖，線條圖面者一圖，以作此一事之說明。

圖 4-10 漢鑑
中國古董商人 C. T. Loo 收藏，在他的巴黎商店裡。現不知下落。

圖 4-11　漢金錯鳥獸雲紋盤圖紋
這是日本人某氏所藏（根據 M.Rostovtzeff）。

圖 4-12　天成鐵路出土漢墓畫像磚

圖 4-13　成渝鐵路出土漢墓畫像磚

　　漢代的藝術，顯然是先秦尤其戰國的美術的引緒，下為魏、晉開其先導。由它那忠實描寫，極其自由生動的動物及人等的圖樣，都可以看出已非象徵圖案裝飾的舊作風。它這種變遷的痕跡，可能吸收了一點新的風氣，但它仍是以傳統的因素為根柢，不過由此根本的特點，更加增了些「動」的情調，而不再作靜止的狀態。這一點風氣，也已自戰國開始（參閱上 4-7、4-8、4-9 三圖自知），並非全由漢代的創造。祿福爾（Laufer）以漢的美術已滲有西伯利亞游牧氏族之美術（見 *Chinese Pottery of the Han Dynasty*），歐、美學人多宗之。其實吾人自 4-10、4-11 兩圖觀之，其承襲戰國、秦代之跡，固甚明也。故其說不久即見駁於德人菲歇爾（見 Fischer. *Dieder Han-Dynastie* 及 *La Peinture Chinoise au Temps des Han* 等書）。又有人主張受中亞細亞或希臘、伊蘭之影響者（M.Rostovtzeff 主之，見 *Inlaid Bronzes of Han Dynasty in the Collection of C. T. Loo* 一書），要皆影響之談也。細讀 4-7、4-8、4-9、4-10、4-11 諸圖自知之。又漢畫之可為代表見一時風氣者，尚有孝堂、武梁諸石刻，因世已多見，故不錄。4-12、4-13 兩圖，乃近來出土之器，且偏在西南者。選此以見全中國各地漢畫風格，內部固相一致也。

圖 4-14　顧愷之《女史箴圖》

圖 4-15　吳道子《送子天王圖》

圖 4-16　唐畫：《昭君出塞圖》

藏巴黎魯弗爾博物館。

這三幅是中國特有藝術的線條畫的極品，代表了三個時代。

五 敦煌的造型藝術

（讀此章時請隨時參照第四章甲項造型藝術一段）

莫高窟的石窟，在唐代已有千餘之多。假設每窟有壁畫三堵，塑像十軀，則唐代的壁畫在三千堵以上，塑像在萬軀左右。這真是世界古今中外無出其右的大藝苑[二三]。然而到現在毀損的真是不少。據最近幾年中公私公布的數字來看，存有壁畫塑像的石窟，祇有四百六十九個（張大千氏把耳洞算人正洞，故數目小於此），其中唐以前祇有三百十八個，計魏窟二十二，隋窟九十，唐窟二百〇六；其餘是唐以後新建，計五代窟三十二，宋窟一百〇三，西夏窟三，元窟八，清窟五。壁畫的數量，據常書鴻的統計，莫高窟全部面積，若用高五公尺的畫面計算，約共二萬五千餘公尺，全長可展到二十五公里。塑像的數目，唐以前為一千四百八十九軀，計魏塑七百二十九軀（包括影塑四百五十六軀），隋塑三百十八軀，唐塑四百四十二軀。再加上五代塑三十九軀，宋塑一百八十七軀，西夏塑八軀，元塑四軀，清塑六百八十四軀，實共二千四百十四軀。即使清塑無甚價值，不計在內，也在近二千軀的塑像，這還不夠世界塑像寶庫的資格嗎？！其實我們並不單用數量來誇飾，從內質上來說，也是豐富而多方面的。

我們先說畫：

敦煌的畫，從它所使用的材料來看，可分為壁畫與絹紙畫兩類，而壁畫占絕大多數，故此以壁畫為主。絹上、紙上的，已全部流落國外。

壁畫是先以泥塗窟使平，泥內加以剉碎的麥草或麻筋，與現在還流行的塗土牆的辦法相同。俟泥乾後，更在泥上塗一層極薄的石灰，這是最普通的辦法。別有一種用麻布膠在泥壁之上，[二四] 然後在這上面

敷色施畫。

　　至其題材，則「窟內諸作，大致南北壁上三之二為釋迦樹下說法像，或《佛本行經》、《賢劫千佛》。西壁佛龕之左右、帳門及佛龕內，為十大弟子；左右帳門上端最多者如《普賢供養品》，間亦有作《文殊問疾品》，然甚少。窟頂上多為散花神怪、飛仙，或賢劫千佛，亦有為《佛本行經者》。東南北壁最下端及佛龕下為窟主之一家供養人像，有為夜叉者」。「南北壁間之《佛本行經》等，常占全壁三分之二，頗似後世之橫幅，有上下連續三段者。故事中人物狀態，連接而錯雜，驟視之幾幾不可解，頗似今之連環圖畫。似此畫法，至唐時始不復見。」……總之，此時期以佛傳圖及佛本生故事為主題，其他也涉及人民生活的全部實際。

　　上面是單就各畫分布的地位，粗略的分個類而已。若細從內容而論，則除佛菩薩的像外，有《佛本生圖》、《佛傳圖》、佛教故事，及釋迦《降魔變》（說釋迦降伏惡魔一段故事）、《涅槃變》（畫釋迦死時故事者）、屍毘王本生故事、薩埵那太子本生故事、須達那太子本生故事、鹿王本生故事。

　　按：《佛傳圖》所描寫佛一生故事極多，大抵畫某一小段為一壁者多，亦有連若干小段為一連環畫者。其中有「然燈佛為善慧童子授記」、「乘象入胎」、「摩耶夫人出遊」、「樹下誕生」、「九龍灌頂」、「擊鼓報喜」、「七日喪母」、「悉達練騎」、「空中警策」、「太子挽力」、「擲象成坑」、「悉達議婚」、「五慾娛樂」、「出遊四門」、「初啟出家」、「半夜踰城」、「落髮貿衣」、「車匿還宮」、「六年苦修」、「禪河沐浴」、「授記龍王」、「二商奉食」、「釋迦降魔」、「臨終遺教」、「涅槃」、「入棺」、「現身說法」、「金棺自舉」、「均分舍利」等。

　　此外還有五百強盜故事（此畫描寫五百個強盜，被捕剜眼，因信

奉佛教，以致復明的佛教傳說故事）、《維摩詰經變》（毘邱離城長者維摩詰，富而好施，供養無量金佛，宣傳佛法，常作病狀，人來慰問，遂説以佛法《大乘佛經》，此為其講法時天人聽講之情形）、《西方淨土變》（西方淨土，即阿彌陀佛所住之地，佛經中説的西方極樂世界）、《彌勒經變》（彌勒下生經畫圖）、《觀經變》（阿闍世太子殺父，其母韋提希夫人，對世界一切作靜觀默想）、《東方藥師變》、《報恩經變》、《普門品變》（《法華經》敘信仰觀世音菩薩可以解脱一切苦難）等。此類故事畫，魏、隋較少，而唐以後最多，層出不窮，真是佛教故事的寶庫。除故事外，還有伎樂天、伎樂飛天，是每一説法圖上都有的畫面。其他還有僧人苦修圖，是描寫僧人出家後的苦行生活。單身像中，佛菩薩而外，有文殊、普賢、觀音（八臂、十一面、千手千眼、水月等）菩薩較多。其次為阿修羅王、天王、龍王，同密宗裡的不空觀音、嘛哈迦拉大威德。除此而外，也還有些非佛教的畫面：中國固有神話圖，如東王公、西王母圖，龍、鳳及玄武、白虎，及其他諸神話圖（雄虺九首、飛廉等，見於《山海經》、《楚辭》、《天問》等書中）。也還有當時統治階級的達官貴人圖，如張議潮收復河西圖、宋國夫人（議潮妻）出行圖、張議潮夫婦、曹議金夫婦、于闐國王李聖天皇后曹氏、曹延祿夫婦等人像及諸供養人群像，及許多西域諸國的太子貴賓等人像。還有更可貴的，是許多當時人民生活的寫實圖片，如採果、伐木、狩獵、耕作、捕魚、取水、操舟、角觝、習射、修塔、掃除、建屋、肩輿、貿易、背縴、守衛、收穫、揚穀、沐浴、游泳、屠場、擠奶、擔荷、磨穀、獵野豬、獵羊牛、獵鹿、乘牛。其中也有駱駝車、車馬、馬伕、武士、力士、農民、小市民等像。再配上些雙虎、黃羊、群馬、野牛、野豬、猴、野鹿、盤角羊、狐狸等。寫人民生活的全貌，是應有盡有。其內容之豐富，又不僅於佛教寶庫，直是

生活畫史了。而山水畫[二五]也在此中時見一二，為宋以後一大潮流之
所自始。界畫亦頗足為上承漢刻，下啟宋畫之根源，如塔、樓、閣、
宮、殿、城垣、說法堂、居室、園囿，及結合山水與界畫之圖面，如
五臺山圖，亦顯然可見其承先啟後之風格。其他龕楣圖案、頂光、背
光、藻井、邊飾，無一不是調和中、印的結晶。

　　但我們應注意，全部畫面中不見或極少有道家的畫面。雖是以李
唐尊道如是之盛，而於此獨缺者，一切文化，莫不有其一定的歷史條
件、生活條件，雖以國家力量，也不能虛構藝術呀！

　　就全部塑像與壁畫的作風來看，可以分為北魏以後為一個時期，
唐以後為一個時期。北魏以前佛教輸入中土，使中土人民的思想為之
轉變，佛教藝術也隨佛教經典與僧侶俱來（東來高僧中，如吉底俱、
摩羅菩提等，皆為擅長繪畫的印度人）[二六]，使中國樸素的古代美術，
初則加上了一層美麗的外衣，繼則類化為一種創新的作風。敦煌美術
之創始於晉而興於北魏，實為此一流波之所激成。當時傳入的佛教美
術，大都來自印度，而印度自亞力山大東征以後，在其西北建立許多
希臘小國，到西元後一二世紀之間，印度佛教起了一次大變動。於是
混有希臘、波斯成分，與固有之印度、希臘作風之犍陀羅派的佛教美
術，應運而生。所以這時傳入中土的佛教美術，也感受了羅馬、希臘
乃至於波斯的繁雜影響，也有了犍陀羅作風，此從魏塑與畫壁都可以
看出。有濃厚的印度畫風者，大抵筆觸粗健、豪放，骨體野獷、單
簡，略有塗染風味，著色簡單，而明快豪放，多用石青、石綠、赭
紅，而黑白本色對照，多於間色塗染。其用圖案之處，頗有波斯作
風，此皆受當時犍陀羅派之影響。其中也還保存了一部分傳統的作
風，——自漢、魏以來的藝術傳統形式，反映出中國社會的現實——
西陲人民的生活方式。故前面我說，北魏畫風，是以中國傳統的、象

徵的、寫意的裝飾趣味的結構，與西方寫實技巧互相融合，而成此中、印合流的特殊寫實的特徵。有時並加入中土事物，以為紋飾，如頂壁有漢畫中的玄武，即是一例。又如上面畫佛故事，下面即畫一堵魏、晉人的遊樂圖，也是中、印交融的象徵。試以張大千氏編號之八十三洞為例，左壁上半繪釋迦捨身故事，背景為山、樹、洞頂、天花，裝飾為荷花圖案，四周有飛天、神人、惡魔、怪物作飛舞狀，表現一種飄然輕舉的景象，和現存的漢墓彩畫、漆器畫有一脈相通之點。全部結構，無一不緊湊巧妙，豪放而簡單。在表現方法上，還不注意重線的處理，卻集中到面的效果，如漢代石刻平雕法、銅器鏤嵌法。使我們很清楚看到人民藝術工作者，在接受外來文化時，還如何好好保持固有的優良作風。又如九十五洞的故事畫，色彩作風與歐洲現代新派繪畫多相似。一百九十洞飛仙菩薩像，用筆豪放，色彩濃厚。試以伯希和《敦煌圖錄》（*Les Grottes de Touen-Houang*）證之，則一七九圖、一八九圖、一九○圖、二八○到二八五圖九幅，即足以大大證明上說之不謬。但西魏的畫已稍稍有些變化了，用筆雖然奔放，但已無北魏之氣，色澤富艷，而無傳統的柔和之風，骨體清空放蕩，也不是傳統，也不是印度的風格，這正是在轉變中的現象。但它那清勁矯誕之氣，又正是由轉變中得來的好處。

現象的表現，著重於畫面主題的擴大和加強，不甚重視比例，或「水不容泛」，「人大如山」，所以畫面中的雲山樹木，不是用作背景，就是用作故事的間隔，形成屏風或序幕的效果。這種構圖設計的巧妙，直到隋代。唐人以後，便不常見了。

畫中用線部分，多作鐵線描，起落無大變化，但卻活潑生動，使人體從柔軟衣褶中透出。可推想由曹不興到顧愷之用筆方法的發展。但許多壁畫，因年代過久，細鉤線條已漫滅，祇剩下一些輪廓，因此

反而顯得特別深厚，其實原畫面貌，並不如此。

　　晉、元魏的畫，是中、印兩文化初接觸時產物，在基本上都各各保持了自己的最基本優點，保持了合於中國民族的性習與愛好的傳統意識，也保持了最易接受與吸收的印度風格的外在形式，所以有生氣，有野獷之味，有樸實之風，有強烈刺激之感。這都是每種藝術滲人新成分必然的現象。到西魏之末，益見兩種文化之調協和諧，注入的新血液，發生了作用。所以是清勁調和，漸以熟練而趨於工巧。隋的莫高諸窟壁畫，也就是這個路子，已將外來藝術，逐漸融化，成為民族的新藝術。由隋起，用筆更為流利爽達，在表現方面，除了佛教故事外，已出現場面簡單的《維摩經變》，也給唐代的「經變」畫作了準備。和雲岡第五的維摩說法石刻，龍門賓陽的隱枕手執麈尾維摩說法石刻，天龍山第三的高據講壇的維摩說法石刻比較，很顯然，敦煌畫是從中原佛教藝術發展來的。唐張彥遠《歷代名畫記》稱晉顧愷之在瓦官寺作維摩詰相，向觀眾捐得百萬錢，齊、梁時袁倩作《維摩詰變》有百餘事，可知這種經變，是魏、晉清談風氣下發展的，先盛行中原。石刻、絹素、手絹都用之作主題，後來方傳人敦煌。

　　故事畫中，反映當時社會現實的人物作品，也更寫實了。一幅尾隨著當時統治階級進香的伎樂行列，構圖設計，就已達到很高的藝術效果。敷彩方法，雖還用赭紅作底子的，但故事畫已有淡彩薄裝表現，所以色調由魏畫的強烈對照，轉變為明快悅目。這種方法，可能是摹倣中原一種進步的畫風，如謝稚、楊子華、展子虔等，用筆設色。元湯垕《畫鑑》稱「展子虔畫人物，描法甚細，隨以色暈開人物面部，神彩如生」，敦煌隋畫中的人物，也就用這種畫法的。

　　這個時期的藻井圖案，富麗多變的程度，為莫高窟各時代之冠，可能也受中原裝鑾影響。佛的背光，還有用漢、魏鏡式鏤金描畫的，

用來推想齊、梁文化的南方鑲嵌工藝的做法，是極可珍貴的例子。

　　隋代統治時期雖短，但政治上都統一了南北文化，藝術也綜合了漢以後南北發展出來的多種多樣的形式。一切表現，都可說是由六朝過渡到唐代的橋梁。

　　而文帝又是個好佛的君主，開皇元年，詔復佛寺。至仁壽末，製造用金銀檀香夾紵牙石的佛像至十一萬六千五百八十軀，修復舊像一百五十萬八千九百四十軀。煬帝亦鑄刻新像三千八百五十軀，修復舊像十萬一千軀。后妃大臣聞風興起，禮部尚書張穎捐宅為寺，造十萬軀金銅像。天台智者大師一生造像至八十萬軀。此時南北混一，故藝術作風，又漸有混一的現象，已改變了元魏的舊風，滲入南圖的柔媚。故面貌益柔和圓滿，衣褶也更重寫實，流麗柔巧，正是統一全國，類化中印後正常規律。所以敦煌隋窟的壁畫，是「一承兩魏，惟骨體稍圓，開皇以後，則凝重純正，肆野之氣已絕，溫柔之風漸生，四十年中，神采氣質之間，與西魏卓爾殊途矣」。其實這一變化的結果，到唐才正式結了出來。

　　中、印藝術接觸的結果，產出了唐代的偉大的藝術。而此時的中、印交通益繁，天竺畫的摹本，來者益多，第一流的畫人，無不畫佛像，（見前所列）而且又莫不是以壁畫為主（當時畫在絹或紙上者，實為例外），寺廟裡也莫不請大師畫幾壁故事。即如長安的慈恩寺，閻立本畫大殿兩廊，張孝師畫塔東南中門《地獄變》，尉遲乙僧畫塔下南門千鉢文殊，吳道子畫文殊普賢降魔盤龍、又塔北殿菩薩、又塔北大殿軒廊、又塔下兩門，楊庭光畫塔北殿內經變，尹琳畫塔下菩薩騎獅子騎象，鄭虔畫大殿東廊第一殿（白畫），李果奴畫大殿兩廊行僧，王維畫大殿東廊第一院（白畫），韋鑾畫松樹，畢宏畫大殿東廊第一院（白畫），幾乎無壁不是名家手筆，就可見當時的風氣。敦煌僻在邊

陲，自然未必有這些大名手去過，然而它也是在這種風氣之下長成的，所以它並未與有唐一代的風格有分毫的差殊。不論拾取敦煌唐畫的任何一個角落，都可以看出它是成熟了的中、印美術結合後的產兒，而且必然是在魏、隋基礎上發展的。以內容而論，諸經變作主題是此時最多的題材，如西方淨土、東方藥師、彌勒報恩等十六種經變，場面雄麗，構圖緊湊，敷彩設色，金碧輝煌，是一般的情形。初唐還承襲六朝以來畫法，依然用筆遒勁果敢，大氣磅礴，表現在人物形貌上，多挺秀堅實，活潑生動，性格鮮明，處處可見是一種生發肯定的氣象。作群像組織，設計上卻有了新的發展，一反六朝以來以平面排列，進而為重疊堆集。主要是掌握人物種種動態，更具體而多變化。這種長處，到中唐時壁畫更顯著可見。尉遲乙僧、閻立本乃至於吳道子、陳閎等的畫風，是影響到了敦煌（麥積山有吳道子作品）。

《維摩經變》的維摩詰，照北魏以來中原各地相同時期石刻比較，大多是一種清癯病像，從容論道，猶充分保存六朝士大夫清談的神氣。莫高窟初唐維摩像，卻已鬚髯如戟，恰是兩唐盛傳的太宗虯髯形象。圖中維摩榻前，一群異族之人，與帝王從行，那種博衣大袖氣魄昂藏的神氣，完全和世傳閻立本畫《帝王圖像》彷彿，可證明中原畫風西去。

即以樂廷瓌一家供養像為例，以推金題名，甬道南北壁間，寫花柳綠茵為園林之境，供養人像，高可六七尺，北壁男像四，後有持杖拂等侍從四人，南壁女像三身，後侍婢九人，這許多供養人像，正如新疆吐峪溝發現的唐畫婦女相所表現的豐容盛鬢、明眸皓齒、渾厚融和的情狀，和敘錄上說到的張萱、周昉擅長綺羅人物，是一致的。用它來和傳世的宋徽宗臨摹張萱《搗練圖》裡的士女比較，可以見兩者的異同。

又如有垂拱二年發願文一窟的壁畫，「佛龕內之《收伏外道圖》，尚間有魏、隋遺意」。又如一三三窟（張編號，下同）之各部落酋長聽釋迦多寶說法，一三六窟之《維摩問疾品》，一三八窟之說法像，為初唐精品。其風格是厚重沉煉、雍容華貴、驚采絕麗，逐漸入天寶風度。又如榆林窟十七窟東壁盧舍那佛，南壁《西方淨土變》，北壁《彌勒變》，西壁左右文殊，普賢各一鋪，及四壁隙處之十六觀未生怨、釋迦諸菩薩等，都可以看出與垂拱體法稍變，而神趣頓異，穠湅新異，實又過之。供養人像，俱尚肥壯，作數尺高，亦前所未有。這是盛唐風度。說明印度藝術，已融入中國傳統，而發展到最高點。

自從安祿山亂後，西北遂無寧日，吐蕃雲擾河西，大概此時的一些有修養的名手，必然都四散奔走，或且都向東逃跑了，故敦煌壁畫的盛唐作風，從此斬然絕跡。而唐家的天下，也從此多事。此後的佳作，亦不復能如開、天以前了。

大抵代宗十一年，沙州陷吐蕃後，與中原關係全斷。其時的敦煌壁畫，體制雖一仍舊貫，「然筆漫意蕪，神荒氣率」，「間有清才，情文茂發，如三十六窟之經變，六十八窟之釋迦等，並為妙制，然猶病其外腴中疏，文高質虛」。唐代藝術，已走到漸衰的路上去了。然而其中如佛涅槃像後弟子舉哀圖，用筆沉著，和衣紋手足畫法，都給五代和尚貫休所畫羅漢開一先例。

又諸窟中《維摩變》，有吐蕃贊普畫於各國王子之前者，此為吐蕃據沙州時作品。

晚唐唯一可數的，是張議潮夫婦出行圖，在繪畫藝術上，那種壯偉的場面，都不是紙素上作畫的畫家所能著手的。人物繁密，骨體沉煉。更重要的是在這個遊藝行列中，曾反映了當時社會的各方面，如統治者的儀仗、樂舞、百戲、男女服飾、車輛、狗馬。對於唐代社會

制度，為中國學術上提供了許多問題與材質。

又從六朝孝子圖石刻棺，和流傳本《洛神賦圖》，我們知道山水畫原來祇是人物故事背景，並非主題，到了唐代李思訓父子一派，青綠金碧山水的出現，中國畫上的山水與人物，漸漸才走上分工發展的道路。

唐代壁畫的用色，屬於佛畫天宮天物者，多金碧輝煌，莊嚴富麗，屬於人間社會，則異常逼真，一點一畫，都情感洋溢，表情活潑。技巧上則無論人鬼鳥獸，都能用線和色，恰當的表現，充滿生命，富於人情，也反映這個時代藝術家在這個社會裡和中原同時代畫家一樣，有較高的社會地位，能得到廣大群眾的敬愛，既豐富了沙漠中人民的善良情感，還無疑的能給新中國人民藝術工作者以一種教育，一些鼓勵。

唐代藩鎮的發展，形成了五代軍閥割據的局面，不斷的戰爭，藝術也普遍低落。在中原一帶，此情最重。但以敦煌而論，則情形又稍有不同，這便是瓜州歸義軍節度使曹議金世守河西，以迄於宋。人民藝術家尚能在曹氏祖孫父子的統治下工作下去，所以曹氏營建之多，前所未有，尚保存有不少精美作品。但就一般而論，承襲晚唐衰敝之風，已無法振起。風骨呆滯，情采黯淡。但顏色華麗，尚承唐風。線條已由鐵線描漸變為蘭葉描，是五代一個重大轉變。作佛菩薩像，或因唐代粉本，可以取法，猶有生氣。例如供養人像，猶有作大排場者，與張議潮《出行圖》相似者，比宋以後雖有時有風力新俊之作，但終不及魏、隋的磅礴雄厚，唐代的富麗奇巧，博大精深。題材方面，祇有簡單的千佛像，而無經變圖。雖有圖案美，已不見活潑的社會性。大概五代以後，藝人書畫，已習在絹紙，而不習於立壁之作，此一代風氣之變，亦自有原因。[二七] 元代以一個新興的民族入主中國，應有許多新生的表現，但他被類化於漢民族傳統文化之下，新生之

風，倏然而逝，所以元初還有生氣勃勃之作，中葉以後遂衰，且其題材，多密宗佛教畫，與人民的實生活更遠了。所以明王一類的面貌，是醜惡的，而且畫幅祇限於小局面。但有幾件也值一稱：一、設色鮮美；二、鳥獸圖極活潑；三、千手千眼觀音，用濕壁畫，可能受西方文藝復興畫法的影響。明代守嘉峪關而不從事於西域，故千佛洞無新洞。

　　大概中、印藝術的交流，其光彩已在盛唐放發無餘。中國藝術的傳統與印度藝術的作風方法，熔為一爐，不能再分。而且藝人用盡了他們的智慧，發揮到最高的境界，結集為盛唐諸作。五代以後，已無法推陳出新，即使摹做，也已不可能。而更新的方法方式未入，風習又已轉變，故風力因以日下了。讀者欲深切了解此情，請參照圖片與說明，細細去體會罷。

　　由上面自魏至宋、元的敦煌美術看來，無一時代不在跟人民的生活現實而變[二八]。而吸收印度作風的最後結果，也是依我們民族的傳統愛好而類化之。魏、隋是起點，唐是結集而放光彩之點，宋以後是衰落點。

　　上面是依時代來分別說明敦煌壁畫所受印度美術的影響，因而生出來與中國傳統藝術所發生的融化、類化程度不同的作風，是從縱的方面說的。現在更就各內容表現，綜合地來介紹一下，也是大有助於了解這一份遺產的。

　　唐人壁畫，已有白畫，但在敦煌全部作品中，不僅唐以前、宋以後無白畫，即唐代也無白畫，一律是有色的，不僅是佛像供養人像有色，便是山水、樹木、房屋、樓閣都莫不上色，而且都極濃厚，顏色用礦物質最多，植物色即使是宋以後也少見。所以有部分保護得好的壁畫，雖已千餘年，而色彩如新。並且畫底聚在石灰面上，也往往先著淡紅淡赭色，然後再畫的。大概古人名家畫壁，用線條把輪廓細部

一齊畫好，然後由弟子或熟練的工匠，按照一定的規矩加色。

至於用筆來說，即使粗獷如北魏，也相當工細，一筆不苟。而唐畫為最緻密，而有風姿。宋畫工致者有時超過唐畫，但風姿韻味時有不如。

又畫中的布置比例，不一定都照投影規律，往往還存在寫意的部分，故常有人比樹大，花比頭大，繳比屋大的情事。又如供養人中，地位高的人比地位低的人大，佛菩薩比神大，神比鬼大，神比人大，這是自有其象徵作用的，不能純以理論為說。

每洞的正面，必然是畫一幅正大光明的佛像，以釋迦佛為多，兩旁是佛弟子。此外則千手千眼的智慧佛、觀世音、藥師、文殊、普賢像也特多。後面必飾以背光，背光有飾以光紋者，火焰者。背光之外，再飾以幡幢。左右或畫諸神，或畫飛天，或畫山水樓閣雲彩。有的則飾以耐冬花、荷花等。而耐冬花、荷花等又作為圖案，加在四圍邊際。

左右兩壁近佛像處，多數是畫佛故事：出生故事、修行故事以至於涅槃故事。也有畫成佛菩薩行列，一個一個的立著者。

也有不少的密宗畫，如大威德嘛哈伽拉綠度母等，大概以元以後的窟洞為多。

供養人的像，一律畫在洞口甬道上的壁上，或正面壇下，左右壁的下截，從二三人到十幾二十人不等。供養人必分主從，如張議潮各洞，曹議金各洞，是以張、曹夫婦為主，而其子若媳為從，主在列前而從者列後，後面又必有男女侍從，大體男的在左邊，女的在右邊，每邊十餘人。這些供養人的衣著、冠帶、珮飾，乃至於男女侍從的衣著、冠帶、珮飾，及婦女們的面飾，一律是當時時裝，這都是很好的歷史材料。畫成以後，各人用紙條簽了名，加上銜條，用膠貼於各人

像旁，如唐洞裡有一西平王李晟供養一洞，畫他全家大小，共二十餘
人，以李晟夫婦為主，男在左壁，女在右壁，都是唐代貴族階級的禮
服、頭面等。除李氏夫婦用朝官頭銜外，男稱某郎，女稱某娘子。唐
代文物制度，都可以清楚地看出。即以服裝而論，若把各時代供養人
的服裝安排研究，可以成一部《中國服裝史》。又如有一幅太子問病的
壁畫，各國太子各穿制服；于闐、印度等國太子，高鼻深目，可以分
明看出。這些人的奇裝異服，更是難以數清。男有如今日西服，女有
如今日旗裝者，這又幾可作為《中亞細亞人民服裝史》的材料了〔二九〕。

　　又在洞門高處，或在正面佛像一壁之下，或佛龕之下，或在左右
兩壁的高處，尚有橫幅的旅行圖，有的描寫去印度迎佛的僧侶使臣，
也有來東方學藝的，也有販絲織品、紙張的西商，販人寶石、香料的
中國商人。車拉馬馱，人擔乘騎，行者息者，帳中睡者，樹下坐者，
男男女女，老老少少，莫不齊備，而面貌、服飾又都各各不同，正是
中古時期中亞大道的旅行圖，也是人種展覽圖。可見當時交通盛況，
與交流情形種色。

　　也有行樂圖，冠蓋紛垂，僕從如雲，犬馬精壯，儀仗紛陳，侍女
娟好，僕夫孔健，雜以山光樹色，民情風習，表現得淋灕盡致。

　　假設我們再向上看，天花板上也都布滿了各種圖案，有以動物組
成的，如龍、鳳、龜、蛇、獅子、大象等類；也有以植物組成的，如
耐冬花、荷花、菩提樹等是；也有以方紋、圓形紋、流雲紋組成者；
也有各種特殊不可名狀的圖案等組成者，這裡邊是包含得有中國式、
印度、希臘、羅馬式，乃至於許多中亞細亞的風習，是很費人研究的。

　　地面本也有圖案，但大多已踏壞，僅能於龕底壁腳時見一二。

　　除了壁畫而外，石窟中還有大批在絹上、布上乃至於紙上畫的物
品，以屬於幡幢者為最多。這些上面所畫的東西，自然簡單的多，大

概是單軀或很簡單的佛像、觀音像、天王像、藥師像、供養人像等。幾乎全部為斯坦因所劫掠，不僅國內少見，即伯希和以後諸人也很少劫獲。我們也選了幾幅在卷首。又有繡像、繡花諸品，內容與絹畫相似，為數更少。繡的針腳雖然並不細，但設色鮮艷，神采生動，也足以說明我們美術遺產的光輝。千佛洞唐繡觀音大士像，幅長及丈，寬五、六尺，現藏不列顛博物院，上繡觀音、善財及韋陀，皆極壯麗（我不知道是不是有緙絲。在斯坦因的《千佛洞圖錄》中，頗有可疑之件）。還有刻本的佛像，應當是世界最早的木刻美術。

我們上面已把敦煌壁畫大要敘述明白，但這個多則千五、六百年，至少也有九百年歷史的寶庫，到今天是有些變化了，尤其是色彩方面。如何變呢？除了人為的而外，亦有其自身內在的因素，為自來諸家所不能言，而謝稚柳氏能言之，且說得扼要而得當。現在錄一段於下，以作此文之結：

莫高窟自樂傳建始，迄今為一千五百有餘年，自隋為一千三百餘年，自唐為一千三百年，自五季為一千年，自宋為九百餘年。既去古之已遠，今日猶得留連展觀於其下，可謂難能矣。世異時移，天時人事之變，莫能免其損壞剝落，顏色褪變者十居八九。今日壁間諸畫，無論佛菩薩鬼怪與夫供養人像，十之三四為灰黑色或棗黑色，十之四五為彩色。半為灰黑色者，元魏人好作夜叉，夜叉裸身，有作肉色或綠色者，復有一種灰黑色，其身體手足邊緣之黑色，闊壯如帶，一若其勾勒行筆，豪放若此者，實則為畫時所作之底，乃數色之深處，以此分屆曲肥瘦，其外層粉與勾勒，並已不見，今顏色盡變，其深處、其色黑，其淺處、其色灰，此即為肉色所變，實無灰黑夜叉也。灰黑色為銀硃與白粉所變。肉色乃銀硃白粉相合而成。古時俱用重色（礦

物質），重色中之青綠朱黃，永不變色，惟銀硃與白粉俱能變，白粉變黑，銀硃亦變黑、白粉與銀硃合變黑，乃至青綠朱黃與白粉合，則青綠朱黃俱變黑。白粉銀硃亦有不變者，此則為偶然，非常理也。今窟中諸畫，凡灰黑與棗黑者，俱系變色，非本來面目矣〔三○〕。

現在我們要談塑像：

莫高窟的塑像，自魏至清，所存為二千四百十四軀。即使清代的不算，也在兩千軀左右。不僅是中國任何地方所不能有，也是世界塑像的大倉庫，不！是大寶庫。

莫高窟的塑像，是每窟都有的。每窟的開建，塑像是個主要意義，壁畫還是配件，但每窟塑像的數目，視窟之大小為定，大致最小的窟必有本尊一軀。此外有三軀者，則為本尊、迦葉、阿蘭。有五軀者，為本尊、迦葉、阿蘭及二護法神。其最大者為九軀，為本尊、迦葉、阿蘭、文殊、普賢、觀音、大勢至及二護法神。亦有塑像涅槃者。其像的大者，要算所謂「九層樓」，有一個三十三公尺高的坐佛，可惜頭手足都經近世重修。又如有曹元忠題記一窟，有高至三十六公尺的佛像。又如有名的「大佛洞」，其中有二菩薩坐像，為莫高窟菩薩像中之最大者。中小型以下的塑像，是不可計數的，但這些像因了風沙等天然關係，及人為的有意無意的損毀等關係，頭臂手足殘毀者至多。有的經過後來的重修。到王道士來，又往往改佛像為道像，所遭毀壞，亦復不少。所以莫高窟完整保持原塑的魏、隋、唐、宋的塑像，並不到這上面的數目。有的身子是魏、隋，而頭面已是宋、元、清。有的某一部分是後人配修的。全洞保持原構完好者，大體不過十之二三。其中如一九三洞（用張氏編號，下同）、一九九洞、一九七洞、二○七洞、二○九洞、二一二洞、二一三洞、二四○洞已是完好

的魏洞之僅存者了。其中也有許多道教像，大體都是改作，如一五二洞、一五九洞、一六五洞、二七一洞、一七三洞等都是。

至於這一類塑像的作風，與壁畫完全是一致的。北魏的塑像與北魏壁畫相一致，唐的塑像與唐的壁畫相一致。所以我不預備多說了。

但在研究上說，敦煌塑像還有一種可以相為比較的材料，是必不可少的對勘。那就是屬於河西者，有昌馬的東千佛洞、玉門縣的紅山寺、酒泉的文殊山、張掖的馬蹄寺，屬於隴右之永靖炳靈寺、天水之麥積山、涇川縣之石窟寺、邠縣之大佛寺，再東則是大同與洛陽兩處的那些石刻佛像。以年代而言，敦煌雖然都前於此等地方，然而在藝術的發展上看，相差這一點年齡，是很微細的事。把大同、洛陽等處的雕刻藝術精神尋到，則敦煌塑像的作風，亦思過半矣。譬如大同、洛陽的雕刻，顯然是受印度阿旃陀（Ajanda）石窟製造的影響。在初期創製時，或者祇是從傳聞中得來，後來等到從印度得了圖樣，而且得了印度僧人的協助，形成這樣一種中、印合流的藝術作風，是可以說明的。連繫著新疆諸石窟，同孝堂山、四川的廣元等，都與敦煌是一脈的流衍。要是把河西涼州一帶的石窟寺的雕刻，與敦煌、雲岡相較，則涼州恰可作兩者間的橋梁，而隴右、北蜀，又是敦煌、雲岡的後繼。其演進的痕跡，是非常明白的。

塑像的內容，是比較簡單一點，此處不再詳說。關於雕塑部分，日人大村西崖的《支那美術雕塑編》，頗有精到處，可參閱。

現在還要附帶介紹的一件事，是莫高窟到現在為止，還殘存了唐末與宋時的木構窟椽，這也是中國木構藝術最古的遺物了。

本來中國的建築，以木構作骨架，這是與一切藝術是一致的作風。它是把這一個畫面的主要點，用線條來建立起一個骨骼，也即是建立一個全部的精神力量，而使用這種象徵的、寫意的筆調。同時也

即是全部建築的力學支點之所在。此後的發展，莫不因依著這兩件事（以骨骼與形式包含象徵的意識，與力學支點的作用）而前進。而在這基礎上，建立了許多美術上的結構。所以它在一切藝術之中，保存中國傳統精神、民族形式，而基本上不受任何一種外來建築的代替式的影響。自戰國所見的圖樣，到兩漢，到六朝，到隋、唐，一直到現在，都莫不然（此處原從一架一架的房屋建築而言。若就房屋在院落中的布置及房屋與園林的關係等，此事亦至明白。但非此處所需要，故不言）。但它並不停留在任何一個階段，換言之，每個時代，也都敷上一層那時代的民間愛好的裝備與作風。所以其歷史進程，也是文化發展的尺度（參看梁思成的《古建序論》及《敦煌壁畫中所見的中國古代建築》兩文）。

敦煌所有六個唐以後及宋人的木構窟檐，現在都已經修復。但為了使人了解到它的內部組織，我寧採用《文物參考資料》一九五五年二期上陳明達同仁的《敦煌石窟勘察報告》中窟檐概況一段，因為這是實地勘察的科學性報告。

一般窟檐概況

於窟外構造木窟檐，原為保護洞窟，及連繫各窟間之交通，對於防止風沙，也起了很大的作用。但窟檐進深較大，阻礙光線，使窟內黑暗。……根據崖面上遺留的痕跡，似乎每個洞窟，都曾構造過木窟檐。……然而，現在存在的，僅祇三十三個，其中唐、宋建的六個，清建二十四個，研究所新建的三個。窟檐大多數都是單層建築，結構簡單。在清建窟檐中，有三個較特殊的，一個是九六號窟窟檐，窟內是高達三十三公尺的敦煌第一大佛，窟外木檐，高達九層。一個是第一三〇號窟，窟內大佛僅次於第九六號窟，但塑造之精美，遠在第九

六號窟之上，窟外木簷，原為三層，現僅存最上一層，下面兩層，全部殘失。再一個是第十六號窟，即藏經洞，窟外木簷為三層，現在大木南部走動，山牆向內傾斜，甚為危險。

六個唐、宋窟簷，都是三間單層的。根據它們梁下的題字，可以確完第四二七號窟簷建於開寶三年（西元九七○年），第四四四號窟簷建於開寶九年（西元九七六年），第四三一號窟簷建於太平興國五年（西元九八○年）。第四二八和四三七號窟沒有記年，但它的結構和上面三窟很近似，大致可以斷定是屬於同一時期的。第一九六號窟也沒有記年，因為這窟內壁畫是唐代末年所繪，壁畫和木簷的梁架相交處，也處理得很適合，它可能是與壁畫同時所作，比以上幾個窟簷，要早幾十年。

唐宋窟簷的結構

（一）第一九六號窟三間，用八角形柱，無普柏枋。斗拱四鋪作華拱，上承乳栿，栿首出為耍頭，乳栿下有卷殺，自華拱裡端小門口外漸捲起，向上一五公分，因此栿尾似較頭端為厚。乳栿以上，早已坍塌，但栿上崖邊，還有梁尾石槽痕跡，證明乳栿之上，尚有一栿。當心間開門，次間開窗，並立頰安上下腰串蜀柱。

（二）第四二七號窟三間八角形柱，無普柏枋。斗拱六鋪作三抄單拱造。拱的比例較短。第三跳頭不用令拱，華拱直承於替木下。出簷短而舉摺平，至角不起翹。第二跳華拱至內出為足材三椽栿，第三跳華拱至內出為單材三椽草栿。第二跳角華拱內出遮角栿與三椽栿相交於第二槫縫下。第一跳羅漢枋通過轉角鋪作華拱中心上，不與角拱相交。第二跳羅漢枋一端過角拱心止於替木裏皮。平坐挑梁不與柱心相對。其開間大於窟簷的開間。裝修與上同，當心間有門簪孔三枚。

（三）第四二八號窟三間，殘存柱拱情況與第一九六號窟相似。栱

端為拋物線形，不見斫瓣。當心間亦有門簪孔三個。

（四）第四三一號窟三間，亦用八角柱，鋪作與第四二七號窟略同，惟栱的比例較長，出跳也較長。角栱實心不用齊心斗，轉角，鋪作第二跳瓜子栱不與角栱相交。當心間有門簪孔三個。屋面似原即不用瓦，祇用泥背，並塑出正脊、鴟尾及寶珠。

（五）第四三七號窟及第四四四號窟均三間，八角柱，五鋪作出雙抄單栱造。第二跳華栱後作乳栿。惟第四四四號窟次間仍作柱頭鋪作，不作轉角鋪作，似乎它原來還不止三間，或者與另一窟簷相連的。所有這六個窟簷都沒有補間鋪作，並在當心間的栱眼壁上，闢一小直櫺窗。

彩畫是敦煌窟簷最可寶貴的部分，它是現存木構彩畫中最完整最早的實例。在明代以前的彩壁，除此以外，我們祇看到片斷的遼代彩畫。第四二七號窟的彩畫，是最完整的，它以朱色為主，而在結構的關鍵部分則用青綠，柱用朱柱頭，柱中用青綠束蓮。在門額、窗額和立頰的中段，和次間下層的欄額、窗額和腰串與柱相交接處，也都用青綠束蓮。斗栱多以綠色白色的斗，和紅地雜色花的栱相配合，但仍以朱為主色。栱端的卷殺部分用赭色畫一工字。綠色的斗均為純綠色，白色的斗則在白色上密布小紅點。第二層橫栱以上的柱頭枋外緣道用朱色，中間白地，用朱色寬線道分為細長的橫格。梁兩端有細狹的箍頭，梁身外側均有緣道，身內作海石榴華，椽兩端及中腰亦畫束蓮，均以紅色為主，青綠為華。椽擋望板上畫佛像或卷草紋。所有木材之間的壁面，則全部為白色。

茲列圖如次：

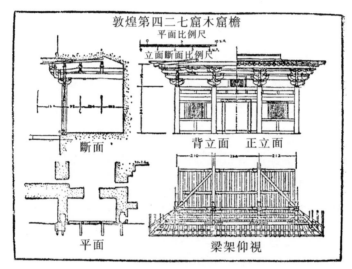

圖 5-1 敦煌第四二七窟木窟簷

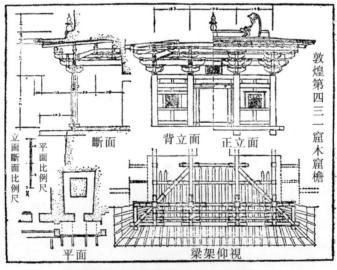

圖 5-2 敦煌第四三一窟木窟簷

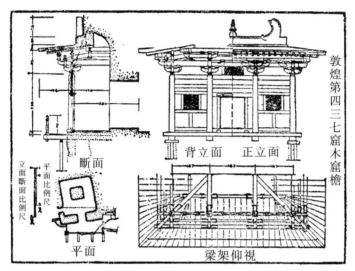

圖5-3　敦煌第四三七窟木窟簷

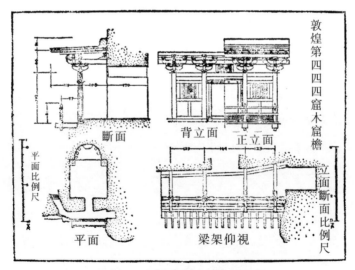

圖5-4　敦煌第四四四窟木窟簷

六 敦煌的佛教經典

敦煌石室原來是佛教的寺廟，從壁畫塑像等已可以分明認識。自石室寫經發現以後，其足以當佛教聖地的尊號，愈益顯著。其證據便是那一大批占全部寫本書百分之九十五以上的佛教經典！

百分之九十五的數字，祗是約計，因為全部寫本就有多少卷，至今還無法統計。這個百分之九十五的數字，祗是據北京圖書館、巴黎國民圖書館、倫敦不列顛博物館（已知之數）三處所藏，略作估計而已。這點我們已清楚地看出，佛教徒在當時的努力，與佛教在當時的能攝住人心〔三一〕。

從內容來說，幾乎各宗的書，經、論、律三類的各種譯本都應有盡有，而且還有些宋以後已佚的本子，也在此中發現者不少。

這些本子中絕大多數是寫本，有極少數是刻本〔三二〕。從這些寫本、刻本的題記來看，始自東晉，盛於隋、唐，終於五代。自東晉安帝義熙六年（西元四一〇年）比丘德祐書《戒經》始，至宋太宗太平興國五年（九八〇）的《大智度論》止，共歷五百七十年（此僅就北京、巴黎、倫敦三處藏卷而論）。以各時代寫的內容而論，其重要經典的抄寫，有如下表：

《維摩經義記》五〇〇到九五八年　凡七見

《勝鬘經義記》五〇四到五一五年　凡二見

《大般涅槃經》五〇六到六二七年　凡十見

《妙法蓮華經》五五〇到九三〇年　凡十九見

《大方廣佛華嚴經》五一三到五九七年　凡四見

《金剛般若波羅密經》五三〇到八九〇年　凡九見

《大智度論》五三二到六〇七年　凡三見

《金光明經》五四一到八四八年　凡四見

《大比丘尼羯磨》五四三年　凡一見

《十地義疏》五六五年　凡一見

《大集經》五八三年　凡一見

《攝論疏》六〇一年　凡一見

以上北魏及隋

《大方便佛數恩經》六四一年　凡一見

《佛説普賢菩薩證明經》六五二　年凡一見

《阿毗曇毗婆沙論》六六二年　凡二見

《金真玉光八景飛經》六九二年　凡一見

《觀世音經》六九六年　凡一見

《佛説示所犯者瑜伽註鏡經》七〇七年　凡一見

《佛説阿彌陀經》七〇九到七二八年　凡二見

《陀羅尼經論》七一六到七三九年　凡二見

《大乘起信論略解》七六三年　凡一見

《藥師經》七六四年　凡一見

《瑜伽師地論》八五七年　凡二見

《大般波羅密多經》八六八年　凡一見

《大佛陀羅尼經咒》八八五年　凡一見

《梵網經盧舍那佛説菩薩心地法開戒品》九〇六年　凡一見

以上唐

《佛説佛名經》九二〇到九三四年　凡四見

《佛説無量大慈教經》九二四年　凡一見

《佛説延壽命經》九五九年　凡一見

以上五代

　　其間有同年所寫同名之經見於倫敦、巴黎、北京所藏者，或同一經於多年連續寫成者。詳細理董，必待將來之佛學專家。

　　上面是說明各經書寫譯述的時代。要是就各經寫本的數量來說，則其間相差也是相當大的，這可見民間對各宗的信仰多少。我約略的統計一下，其多少有如下列次序：

　　（一）《妙法蓮華經》（二）《大般若經》（三）《金剛經》

　　（四）《金光明經》（五）《維摩詰經》（六）《四分律》

　　（七）《大般涅槃經》（八）《無量壽宗要經》（九）《佛名經》

　　唐以後所最流行諸經，如《華嚴》、《楞伽》、《心經》、《楞嚴》諸經，反而分量最少。而論部諸譯本，如《瑜伽師地論》、《百法論》、《起信論》、《大智度論》，為數之少，是很可驚訝的。即以律而論，也衹有一個《四分律》，其他幾於不見。這也說明佛教在魏至唐這一段期間，不論三藏大師如鳩摩羅什、玄奘等如何努力的譯述，而民間的需要，衹限於極少數的經典。

　　何以說民間需要衹限於極少數的經典呢？因為敦煌的佛經，最大多數是屬於佛教信仰者發願寫的──有的自寫，有的請人寫，有的為父母、丈夫、妻室、兒女、叔伯、親人、友人寫的，所以是屬於大眾的要求。

　　占百分之九十五以上的佛經，要是就每一卷來論其在佛教教義歷史及中國文化的影響而言，那是複雜到萬分的事，不是淺學如我所能，也不是我們這個通俗性的小冊子所必要的。現在我們衹綜合分類，以明要義，是應有的責任。就我所能知道的佛經寫本與學術上的幾件關係絕大的事，略說如下：

　　一、佛經卷子中有很多藏文本及很多附有梵文原文的寫本。

　　此類卷子，以巴黎收藏為最多。因為伯希和是個東方語言學者，

所以幾乎都被他選去了。這類華梵對照的寫本，其有助於對梵文原文的認真翻譯，是必然有最高的價值的。這不用我說，每個人都體會得到。即以伯氏書目而論，此 P.2025、P.2782、P.2790、P.2798 等等《大般若波羅密多經》，一面為華文譯本，他面即梵文原文。P.2026《金光明經》卷三，P.2739《大智度論》殘卷、P.2741 之《般若波羅密多經》，P.2741《佛說無量壽經》，P.2745《金光明最勝王經》，P.2781 之《妙法蓮華經》，P.2783 之《法華經》，P.2786 之《維摩經》，P.2027、P.2068、P.2030、P.2031、P.2742 諸卷，皆正面寫華文譯文，背面寫梵文原文。且有夾寫於行間者，如 P.2024 卷是。而且這類經藏，也正是當時最為流行的幾種經典，這也是很夠人玩味的一件事。

　　二、多存中土已佚亡的經典。魏正始五年中原廣德寺寫《勝鬘經》，為現存最古之《勝鬘》。而敦煌寫本中所發現的唐以後已久亡佚的經典，是很多的。其已劫於伯希和氏者，如《大乘入道次第》、《大乘四法經論廣釋開決記》、《佛說延壽命經》、《諸星母陀羅尼經》、《如來像法滅盡記》、《薩婆多宗五事論》、《佛說閻羅王授記四眾預修生人往生淨土經》、《大乘稻芊經隨聽手鏡記》等書，都是中土已亡的佛教經典。以北京圖書館所藏而論：

　　（一）《世親所造普賢行願王經大乘四法經》（芥字五六）（二）《大方廣華嚴十惡品經》（柰字五九）（三）《佛說無量壽經》（皇字七五）（四）《楞伽經》（成字二二）（五）《維摩經義疏》（呂字九六）（六）《淨名經科要》（致字六二）（七）《妙法蓮華經度量天地品》二十九（生字一七）（八）《四大戒略疏》（律字八九）（九）《八婆羅夷經》（海字三〇）（十）《沙彌戒文》（日字七八）（十一）《沙彌十戒文》（裳字九一）（十二）《大乘百法明門論開宗義記》（出字一〇〇）（十三）《大乘百法明門論開宗

義記疏》（露字六）又（鳥字六七）（十四）《百法述》（崑字六）（十五）
《百法明門論疏》（呂字三七）（十六）《摩訶衍經》（菜字五〇）（十七）
《淨度三昧經》（昃字二）（十八）《了性句》（裳字六七）（十九）《藥師
琉璃光如來本願功德經疏》（結字七七）（二十）《六門陀羅尼經論廣釋》
（結字六一）（二十一）《佛說要行捨身經》（推字一〇）

　　都是敦煌所發現的後代佚本。其他倫敦、日本及諸家私人所藏，
一定還有不少，可惜不能一一指出，以供讀者參考。日本《大正藏》
收入此類經典最多。國人也曾有此議，惜至今未成書。又敦煌任子宜
藏禪宗要籍三種，為《大藏》久佚之書，其名為《菩薩達摩南宗定是
非論》、《南陽和上頓教解脫禪門真了性壇語》、《南宗頓教最上大乘壇
經》。北宗漸教法門，由此可窺一二。

　　三、可供校勘之用的諸經典。敦煌所出諸寫本卷子，幾無一不可
供校勘之用。即如儒家經典中的《詩》、《書》及《道德經》，文學作品
等（分別詳後），莫不皆然。佛經寫本應在二萬卷左右，其足以供校
勘，不必待言而可推知，這正是吾人今後整理舊籍一大憑藉。這兒我
們根據專家考定，錄一些特別值得注意的寫本如下。如北京圖書館所
藏：

　　（一）《賢劫千佛名經》（致字四九）（二）《維摩詰所說經》（秋字
七〇）又（鱗字二六）（三）《維摩詰經》（列字四二）（四）《摩訶般若
經》（辰字六）又（鱗字五七）（露字八一）又（調字九七）（陽字八二）
（盈字九八）（服字一七）（鹹字五五）（五）《金剛經》（黃字三五）（寒
字四）（調字一〇）（六）《四分比丘尼羯磨法》（官字一〇）（七）《四
分比丘尼含註戒本》（霜字三七）（八）《四分律戒本疏》（藏字一二）（九）

《大比丘尼戒經》（盈字九五）（十）《沙彌尼威儀》（地字五五）（十一）
《佛頂尊勝陀羅尼》（生字七）（十二）《贊僧功德經》（衣字二二）

我們姑且舉這十二種為例。其他巴黎、倫敦兩處之藏，必有可以
特別指出的寫本，可惜尚無人作全部檢查。而倫敦所藏，連翻閱都大
不可能（大正《大藏經》多引異本相校，是最好的整理方法）。

四、同一經之異譯。唐以後所流傳的佛經，往往有好幾個譯本，
但有許多經典的異譯，在唐以後是已經亡佚了，而在敦煌眾經中，還
有存在的。如：

（一）《佛說觀佛三昧海經》（閏字五五）（二）《佛說大乘稻芊》（藏
本無「大乘」二字。《隨聽手鏡記》即依此譯而作）（閏字六八）（三）《淨
名經關中釋鈔》（生字二四）（四）《佛說隨求即得大自在陀羅尼神咒經》
（薑字六五）（五）《如意輪王摩尼別行法印》（官字一五）（六）《佛金
剛壇陀羅尼經》（冬字七〇）（七）《佛說八陽神咒經》（宇字一〇）（八）
《入無分別總持經》（薑字二三）（九）《佛說無量大慈教經》（夜字四二）
（十）《千眼千臂觀世音菩薩陀羅尼神咒》（裳字二三）（十一）《青頸觀
音大悲心咒》（官字一八）

這單就北京圖書館所藏諸卷而言。其在巴黎、倫敦兩處者，亦復
不少。不僅如此，而且往往在題記中，還有記載當時諸譯本的情形
者。如《淨名經關中釋鈔》生字第二四號，有題記云：

爰至皇朝，時移九代，此經翻傳，總有六譯：第一後漢劉氏靈帝
代臨淮清信士嚴佛調，於雒陽白馬寺譯二卷《維摩詰經》。第二吳朝孫

氏大皇帝月氏國優婆塞支謙於武康譯三卷，名《維摩詰所說不思議法門經》。第三西晉司馬氏武帝沙門竺法護，西域人，解三十六國語，於雒陽譯一卷，名《維摩詰所說法門經》。第四東晉惠帝西域沙門竺叔蘭，元康六年雒陽譯三卷，名《毗摩羅詰經》。第五後秦姚興弘始八年三藏沙門鳩摩羅什於長安大寺譯三卷，名《維摩詰所說經》，即今所譯之本是也。第六大唐朝三藏沙門玄奘貞觀二十一年於長安大慈恩寺譯六卷，名《無垢稱經》。六譯中今惟第二、五、六吳、秦、唐三譯存，餘均佚。

　　這不僅說明一經的異譯諸本，而且說明諸本的存失，不能不說是佛教典籍史的寶貴材料。諸如此類的題記，現在都可發現的，而且也都在在可以由此發現學術上許多問題。

　　五、有關佛教事蹟之史料。在北京藏寫本陽字二一號、淡字五八號的《佛說普賢菩薩證明經》寫本，在每卷的為首若干行，都寫明本經流通的原委，這與前面我們所舉生字二四號《淨名經關中釋鈔》的題記，都說明一經的原委流傳。這原是佛經目錄校勘學的資料，也是佛教史蹟之一種。在巴黎所藏各卷中，如 P.2692 佛贊及佛畫目錄，其第一篇述本土佛教情形，正是此事的擴大。P.2174 是紀中土佛教史實的重要材料。又如 P.3436 為自劉宏至李唐屬於楞伽宗系統相承之大師八人列傳。P.3336 列舉吐蕃贊普改組佛教後，頒給三界寺抄本佛經事實。又 P.2182 中有論定派及其史事。又如 P.2191 卷，一面寫《淨名經關中疏》卷下，一面寫關於各地佛教情狀之著述。P.2122 正面為《瑜伽師地論》卷十五至二十，背面書佛經之各種記錄。倘能即此等材料而考之，正是佛教史最好的材料。又如 P.2449 正面寫《原始應變歷化經》一卷，背面及正面之行間，均吐蕃統治沙州時佛教源流有關史實之要

籍。又如 P.2879 寫敦煌十七寺僧名冊，由此可考見敦煌佛寺之規制。
P.3258、P.3259 有本土釋家文牒數通，可以考見佛教史跡。即 P.3391 之
佛社文牒，P.3392 之三界寺佛事牒文等，莫不可為佛教史實考證之用。
P.2671 之佛教事蹟草圖，P.2668 記同光（九二三到九二六間）佛窟落成
紀事，以及許多卷子上的題記，都可作地方佛教流行史，尤其是敦煌
佛教史的好材料。

　　六、佛教與其他各教爭衡、化合的材料。全部敦煌宗卷中，還有
許多教與教間的爭衡、化合的史蹟，這也是研究中國宗教史必不可少
的材料與知識。有的卷子是明白標出屬於某教某教的，如道家的許多
經典一望而知其不是佛家而是道家之作（見後）。但也有許多從表面題
名，不能分別的卷子，這正有待於人之整理。這一問題，伯希和的書
目，是比較經過整理的。我們即以伯氏書目為據，約略介紹一下。大
概釋道兩教爭衡的卷子，比較容易分明些。如 P.2861 卷第四節，《明帝
大臣等稱揚品》（有帝謂通士曰，卿等不聞益州部內有鍾山，及張衍之
辯論）。第五節《廣通流布品》（其中劉善峻之「辯告」費後，即繼以
漢桓帝建和三年安靖之《玄通記》），此為佛家駁斥道家之書。P.2352
為釋、道兩家辯駁文，又列舉初期擯斥之古道經名。P.3475 為釋、道辯
論書，與《集合佛道論衡》中《漢法內傳》極相類。又如敦煌卷子中
的《老子化胡經》，人人知其為道家駁斥佛家之書。又如《漢法內傳》
（P.2654、P.2763）引褚善信等五大師攻　佛教之言，此書僅見於《新集
古今佛道論衡》。本來道、釋之相斥，自東晉以後，至六朝之齊、梁，
是很激烈的。但在敦煌發現了兩家調和之說，如 P.2864 卷，伯氏注云：
「此乃道、釋兩家雜糅之書。」又如 P.2464 卷《首羅比丘經》，伯氏說：
「此經所用名辭，雜亂不一，詳細審覈，當是混淆各教而成。」又如
P.2462《太上洞玄靈寶智慧上品戒》是道經，其中有云：「元始天尊，

以開皇元年七月一日午時於西那王國鬱察山浮羅之嶽長桑林中，授太上道君智慧上品大戒。」西那見《化胡經》。其中十大戒，顯是受西方宗教影響而然。P.2626 卷述明帝時廣成子獻書兩家爭論事。在現今的《道藏》裡，有若干道經，都受佛經的影響，這是人所共知的，大概此事已早始於隋、唐以來了。又在敦煌卷子中有一個很可令人玩味的現象，是佛經、道經同時寫在一張紙上，如 P.2401 卷，一面寫道經，一面寫佛經《天請問經》；P.2404 一面為道家之《太玄真本際經》卷三，他面寫《六門陀羅尼經》、《六門陀羅尼經論》、《六門陀羅尼經廣釋》；又如 P.2406，一面為《太上洞玄靈寶明真經科儀》，他面為佛經；P.2432 正面為道經，背面為《大乘百法明門論本事品》；又如 P.2352，正面為道經，背面為《大乘四法經》及《四法經釋》；又如 P.2366，正面為《太玄真一本際經》、《太上玄陽經》、《洞淵神咒經》，背面為佛經；他如 P.2343、P.2355、P.2356、P.2357、P.2358、P.2377、P.2403、P.2419、P.2430、P.2434、P.2435、P.2436、P.2443、P.2445、P.2450 等，皆一面道經，一面佛經，多不勝舉。道佛雜糅的情形，並不簡單。想到如殷浩諸人的慘殺，是兩教最後鬩爭的結果。現在兩種經典，寫在一紙之兩面，而不覺其異，這是糅合，這是化合，這很不簡單。

附各教糅合點滴：

佛教可以說是一切唯心論的宗教中最完備深透的宗教，大可以供給一切唯心論的宗教的撝撦，所以在敦煌經典中，也有多種與佛教糅合的經典。如 P.3047，是佛家討論問答的記錄，而所舉神佛除印度諸名外，有太山府君、河伯將軍等名，而最後又有附錄，可謂中土宗教與佛教的大雜糅。又如前舉的 P.2461 卷，伯氏以為《上品大戒》中之十大戒，恐被西方宗教影響，或與摩尼教有關。又如 P.2396，伯氏注云：「中論明教，以陰陽明闇，相對立說，殆受摩尼教之影響。」在北京所

藏九千卷中，此種經典為數當亦不少，可惜尚無人整理，吾人無從說起了。

　　至於其他宗教經典，在敦煌中是最少的一種，大概是商人或稀有的傳教士帶來的，但其中很有中西交通史，及中國宗教史上的價值，也應詳述。不過材料太少，不可能單錄一二斷簡了事。所以想把學者所寫的較重要的論文，列目如下，比較對大家有用些。

　　敦煌摩尼教經典，已由羅振玉印過，而且他還有跋，以為摩尼教入中土，在晉已流行（日人桑原隲藏以為始漢獻帝）。這是可以考摩尼教史的材料。王靜安先生有一篇《摩尼教流行中國考》，是鉤稽出唐、宋以來的一切文獻中，所載的摩尼教材料，是最具體的材料了，可作中土摩尼教史讀。此外蔣伯斧跋巴黎藏摩尼教殘經，附有摩尼教人中國源流，內容亦有可採。伯希和氏的《摩尼教考》，與沙畹氏合著的 Ed. Chavannes et P. Pelliot. Un Traite manicheen retrouve Chine 一文即以北京藏宇字五十六號殘卷為主，而參與巴黎所藏的二十七行一卷。宇字五十六號，伯氏稱為「從來之摩尼教經，無如此卷之美富者」。國內有一位宗教史專家陳垣先生（援庵）的《摩尼教人中國考》一文，是一篇劃時代的著作，「其書精博，世皆讀而知之」（陳寅恪先生評語）。許地山氏的《摩尼之二宗三際論》是更專門的教義討論。

　　摩尼與火祆教，都是伊朗民族的宗教。而祆教曾為波斯國教。摩尼教乃波斯人摩尼所創，以巴比倫古教為本，參以基督教、祆教，加以東方思想，唱善惡二元論，其神話及宇宙論，殘經中言之最明。人中土後，又冒名為光明教而中國化，其經典已人《道藏》。宋末又仿白蓮、白雲二派之風，成一祕密社會。明代所禁之明尊教，實亦摩尼教之異名（詳伯希和氏《近日東方古語言學及史學上之發明》。又摩尼殘經二卷，曾由陳垣氏校定，登刊於《北京大學國學季刊》中）。在國外

尚有穆勒（F. W. K. Muller 德國土俗學博物館東亞土俗部部長）、有《摩尼教遺經研究》（Handschriften-Reste in Estrangelo-Schrift ous Turfan 及 Sogdische Texte），而勒考克（A. von Le Coq）也曾譯過摩尼教經典（其所著《中亞後期古代佛教美術》五大冊，與佛教藝術亦至有關係）。

　　景教：《大唐景教流行中國碑》，是中土景教最寶貴的材料。但在敦煌經典中，亦已有發現。一九三二伯希和氏在上海的一篇演說《中古時代中亞細亞》及《中國之基督教》中已詳言之（陸翔氏譯載《說文月刊》一卷）。此外則據伯氏材料而有作者，以下三文為最好：一‧德拉克氏（F. S. Drake）有 在 Historia Literature of Tang Dynasty, Chinese Records, 1936 一文裡，有唐景教的文獻，同一雜誌中，又有同一人的《景教三威蒙度贊》（The Nestorian Gloria in Excelsis Deo）。國人許地山氏的《景教三威蒙度贊釋略》等三文。皆以伯希和所發現之材料為據而為之者，故伯氏應算此學之大家。又 Edward Sachan 博士著《天主教東方傳播考》一書，與景教的研究，也極有關。伯希和氏也因而推論到中國的基督教流行時日與事蹟，見上引在上海演講。又德人穆勒亦有《景教經典殘簡之讀解》。陳垣氏亦有撰著，篇名一時不憶。《三威蒙度贊》已印入羅氏《鳴沙石室佚書續編》。此經卷後附景教經目三十種，尤為可貴。德化李氏藏《志玄安樂經》、《宣元至本經》，日本富岡氏藏《一神論》，亦皆景教典籍之見於私家收藏者。羅振玉氏還印有一卷敦煌本波斯教殘經，據言此卷已歸北京圖書館，李翊灼證其為景教經典，但羅氏說：「火祆、摩尼、景教頗類似，未易分別，故姑顏之曰波斯教經，以俟當世治宗教者考證焉！」羅先生的話是對的。火祆與摩尼的關係最近，景教也用西方教義，而都源於伊朗人。祆教即火祆教，曾為波斯國教，其傳入中土史實，以陳垣氏《火祆教傳入中國考》一文言之最詳。伯氏羅氏，亦有撰著。

七　敦煌的道家經典

這兒用道家經典四字，至少要包括兩類寫本：一是《老子道德經》五千言寫本，一是屬於道教的含有宗教性的一些寫本。把這兩類放在一道兒，本來不甚合適，但有兩個原因，我們暫時使它合於一題之下。

一是自魏、晉以後，道教藉五千言為他們的經典，到了唐代尊老聃為李唐鼻祖[三三]，老子的宗教性，似乎更得了統治階級的提倡，所以在敦煌的寫本，幾乎全是屬於河上公本，又都莫不加上一篇太極左仙公葛玄的序訣，《道德經》已成為道教的統領經典，此其一。二是使這個小冊子章節不要太瑣碎，而且歷來目錄學家以及《道藏》的編輯，也都混而一之。並且我們不是在討論新的學術分類，則一仍舊貫，也自有其方便之處。不過為敘述方便計，我們是分開作兩小段來述敘。先談談五千言的《道德經》。

敦煌卷子，除了佛教經典外，接觸在眼裡最頻繁的，怕要算道家的經典為最多。而道家經典，據我所翻閱過的巴黎、倫敦兩處卷子本來說，其紙質、墨色、字跡都普遍的比任何一種寫本精良，而尤以《道德經》五千言為最。原來唐人寫字，喜用硬黃紙，硬黃有兩種作法：一是以紙置熱熨斗上，以黃蠟塗勻，紙性自然變硬，而瑩徹透明，好似現在的透明紙（又不如玻璃紙的透明），用來影寫鉤摹魏、晉人書法墨跡的，此法至今猶傳，但不是敦煌寫經用的。敦煌寫經用的黃紙，是以黃蘗染紙，取其可以避蠹，然而是光澤瑩潔。這一道加工的黃紙，所用的紙的本質，得用較好的，所以它的價值，是比普通貴。我在《瀛涯敦煌韻輯》一書的隋、唐、宋韻書體式略說一文中有云：

　　唐人以黃蘗染紙，取其辟蠹，澤瑩滑潤，最宜作字，故唐人多用

黃紙，而寫《道德經》者，幾無卷不黃。其他則五經三傳用黃最多，佛經用黃反少。韻書用硬黃者，實較楮白為少。蓋黃紙品貴，楮紙品賤。韻書為場屋必備之卷，非豪富未能以高價寫之，故凡紙之黃者，其字必精美，職是故也。然唐時用紙，不僅有黃白之分，且有南北之異。北紙質鬆而厚，南紙質堅而薄，而黃紙則質近南而遠北，則染黃其用南紙歟？〔三四〕

為甚麼道經會用黃紙呢？恐怕不單是李唐尊老子為鼻祖的原故，我以為道教尚黃，應當是他的更重要的原因。則五千言無卷不黃，實寓尊經之意。

《道德經》卷，北京、巴黎、倫敦三處所藏，以巴黎為最多，而且最完全。據我所看過的來說，已在二十卷以上，而其全者，如 P.2584 是全部《道經》，P.2420、P.2417 兩卷，是全部《德經》，無一殘損。其他如 P.2375、P.2347 諸卷，也可以拼合成全卷，P.2417 且是天寶十載寫本。我別輯成《敦煌道德經輯校》一書論之。

就這些寫本來看，與現在傳世通行本，其內容頗有些不同，今僅就這些不同點，大略談談。

以我們現在可能看到的材料來看《道德經》的寫本，一般是先寫一段葛玄的序，次寫一段所謂《太上隱訣》（兩文見 P.2407 卷，別詳余《敦煌經籍校錄道德經卷校錄跋》），然後才接寫正文（亦有僅寫葛序而不寫《太上隱訣》者，如 P.2584 卷是也）。正文題《道德經》，或《道經上》、《德經下》。大抵將五千言分為《道經》、《德經》兩部分，遂題為上下卷。以 P.2584 為例，卷首今殘，有口訣：「讀經五百言，輒叩齒三，咽液三也」十五字。是葛仙公序訣殘存者。次行題「道德經」三字。卷末題「老子道經上」五字。左下方有「道士索洞玄經」六字。

此指本卷卷主也。中凡經文一百四十六行，行十七、八字不等。又如 P.2417 卷卷首題「老子德經下」，因其為下卷，故無卷首那些序訣之類。但卷末的情形，便複雜得多了。全文一百八十八行，行十七八字不等，行後即題：「道經三十七章，二千一百八十四字」；「德經三十四章，二千八百一十五字」；「五千文上下二共合八十一章，四千九百九十九字」；「太極左仙公序，係師定，河上真人章句」四行（P.2347 卷則無此四行）。卷尾附跋文一段，字較小，凡九行，行二十五字至三十二字不等。此等跋文，大概有年月，如 P.2347 卷為景龍三年，P.2417 卷為天寶十年。小跋後有的附上一些道家的雜經文，如 P.2347 附《十戒經》是也，但大多數是無所附錄的。

　　有的卷子，每章後皆有一章字數，這是計算全書總數的起點。所以 P.2417 卷在全書完結的最後，有共若干章、共若干字的記載。這是許多寫本《道德經》卷中常有的現象。我現在試將 P.2417 卷的字數全部移寫如下，這是古寫本的一種通常辦法：

　　一 129　　二 132　　三 21　　四 95　　五 73　　六 37　　七 30　　八 40　九 42　　一〇 36　　一一 40　　一二 63　　一三 79　　一四 66　　一五 72　一六 52　　一七 84　　一八 75　　一九 60　　二〇 85　　二一 64　　二二 63　二三 47　　二四 80　　二五 80　　二六 61　　二七 125　　二八 65　　二九 76　三〇 97　　三一 41　　三二 55　　三三 47　　三四 22　　三五 44　　三六 57　　三七 54　　三八 53　　三九 54　　四〇 74　　四一 64　　四二 40　　四三 73　四四 57

最後的總結是四十四章，二千八百一十五字。

　　在敦煌的卷子中，又可以看出一個現象，是把《道德經》全書向

五千言整數湊齊的現象，以之與一切傳本及《道德經幢》校，是字數最少的一種。詳案其省略的地方，都是虛字，或不甚重要的形況字、助字之類，名動字也有。這些字在文法上，似乎無甚用，的確可省；而在文章的韻味，乃至於修辭上，多半不可省。還有一種是省去全句的，也有改動多字以資簡化的。這顯然是習聞五千言之說而生出來的現象。這是有損於語言的時代之真的〔三五〕。

又就它的章數而言，則上引 P.2417 諸卷，固已明言其為八十一章，據道教一派的學人說，是本於劉向的校本，但這話恐也是出於一種讕言。這與嚴遵的分為七十二章，是根據陰道八、陽道九相承而得的，同一是道教家言。就是道教家的話，也並不一致。如 P.2420 卷與 P.2594 兩卷，四十一章「上士聞道」一句，與上章相連不分，析「建言有之」以下為另一章，無「是以」二字。P.2347 卷的五八、五九兩章相連不分。又如 P.2375 卷，析三十二章「始制有名」以下為另一章，皆是其證。本來《老子》一書的分章，是古今來聚訟之一事。敦煌各本，與世傳他本，頗有不同，也足為此一問題提供一些材料。

還有一個分為《道經》、《德經》上下兩篇的問題。《老子》分二篇，從《史記·老子傳》、《漢書·藝文志》以來都如是說。但明言上篇為《道經》，下篇為《德經》，大概是魏、晉以後的人所題，〔三六〕必然不是玄宗改定章句所題，如董迫《藏書志》之所言。陳振孫《書錄解題》又說：「王弼本無《道經》、《德經》之目」，這話並不是瞽說。看看敦煌各卷，都用河上公本。本來王弼與河上公兩人，對五千言的基本看法是不相同的。王氏所有的解釋註子，要在「理玄言之奧義」，是魏、晉清淡派的正傳，並不雜方士神仙之說。而河上公的注釋，則方士神仙之說為多。這個基本要義既異，故王弼祇從思想上的推闡，從章句入手；而河上公則雜人神仙服食丹鼎等作用，已帶上宗教色

彩。故河上公改動經文以就己説者必至多，而王弼沿用舊本為主，比較近真。這一點基本認識要是弄不清，則敦煌卷子的是非得失，不易判別。此事若明，則敦煌《道德經》卷子，所以是河上公本，而不是王弼的道理，亦因以明了。而我們把五千言與道教經典列在一目，也才勉強説得過。

敦煌《老子》卷與傳世王本相異各點，重要的如上述，其他似乎也不必多説了。此外還應當談的，我想要算五千言的注家各書了。我想就我所見到的《道德經》注疏各家，列目於下，已足夠我們作常識用了。至各書的內容如何，這是一個更專門的問題，此處不再説。

《老子道德經序訣》（P.2407）。

《老子道德經義疏》（P.2594，又P.2517卷五。羅氏已有印本，定為孟智周書，不見於陸氏《釋文》所引各家，則初唐已少見矣。析每章為數項，而分疏之，且釋每章先後相次之義，皆他注所無）。

《道德經四卷本注》（下經，殘卷，見P.2639。起下經「為之而為以為」句，終經末。注者為誰，不能知。注極繁富，不甚精，然多存古注）。

又（P.2823，起「希言自然」，終「信不足有不信」句。正文朱書，注墨書）。

又（P.3277，起下經「天之道其猶張弓」句）。

又（P.2577，起下經「古之善為士者」章，終「人之生柔弱」章，此為P.3377卷之裂。）

又（P.2732，貞元十年校）。

上六種必非一書，P.2823或為王弼本，其他不可知。

《道德經河上公注》（P.2735。至德二年書）。

《道德經釋文》（北京藏地字一七號，前為《道經》，後為釋文）。

顏師古注《玄言新記明老部五》（P.2462）。

這從數量來說，其實是很少的。但我們知道敦煌祇是個佛教聖地，《道德經》的需要是不會多的。而且《道德經》本書最盛之時，祇是玄宗一代。自玄宗以後，唐朝對於《老子》的崇敬，已是有名無實。所以其興盛的時間是很短的〔三七〕。

其次來說道教經典。

敦煌的道教經典，也相當繁複。以學術的本質來說，是雜糅中土舊有的神仙方士陰陽雜家之說，再襲取一些印度小乘的一部分思想而成的。但在中國歷史上，對人民生活有過一些作用，對學術上也有過一些影響，好的壞的都很多，是歷史材料不可缺少的一個部門，所以也是值得介紹的。

這類道教經典，五千言為最尊，好似佛教的釋迦所說各經一樣，這在上節已說得多了。此處我們也無法像對五千言一樣，來為道教一切經典作詳盡的內容介紹。單就敦煌所有的道教書籍，來列一個目，我想要是研究道教史的學人，要作更深的研究，也有個索引。要知道一點道教常識的讀者，也已覺有益多多。

道教經典，據我所知，以伯希和將去的為最多，倫敦較北京稍多，北京為最少，一總不過七種八卷。我們把這些目錄，抄在下面，要研究的人，不妨去與《道藏》全藏對勘！對學術來說，不是無益的舉動！

《太上洞玄靈寶業報因緣經》　北京藏柰字六七號。P.2362（卷八）作《太上業報因緣經》，無「洞玄靈寶」四字，當係省文。又 P.2387 同省「洞玄靈寶」四字。

《太上洞玄靈寶天尊名》　北京藏列字一八號。

《金光明經》　北京人字五號。

《太玄真一本際經》　北京往字七六號。P.2359（卷二）、P.2366（卷五）、P.2369（卷四）、又 P.2392、又 P.2393（卷三）、又 P.2398（卷三）、又 P.2404（卷三）、P.2422、又 P.2425（卷四）、P.2437（卷七）、P.2438（卷五）、P.2462（卷四）、P.2470、P.2475（卷二）、P. 2795、P. 2806（卷四）、P. 2827、P. 2839（卷三）、P. 3285（卷七）、P.3300（卷四）。羅氏《貞松堂秘籍叢殘》印卷二一卷、卷五一卷。

《元始無量人上品妙經》　北京麗字九九號。P.2355 作《元始無量度人上品妙經》，亦當為一經之異名。又 P.2458、P.2651《太上洞玄無量度人經》。

《無上秘要》　北京珍字二〇號。P.2371（卷三十三）中載道經重要目錄。P.2602（卷二十二）、P.2861。伯氏曰：「一面書無上秘要之詳細書目。」自唐以來道書目錄，無不詳備，至關重要。開元六年，上清觀馬處幽、馬抱一所書。後黏一殘文，是道教要籍，現存及待訪書目，亦極重要。

《道懺》　北京麗字四七號、又皇字二〇號。

《老子化胡經》　十餘卷。P.2004、又 P.2007 等。倫敦亦有之。此為道教通俗宣傳小說，近人考研者至多，實晉、宋間人所撰，盛行於北周。及初唐而後，一焚於唐，事見《隆興佛教編年通論》；再毀於元，事見元釋念祖《佛祖歷代通載》。故諸史不載，《道藏》亦不載。P.3404 為《化胡經》之演繹本。又此經近小說，故國人研究者至多，自羅、王而後，蔣伯斧氏考之最詳，其他無慮十餘家。以其太普通，故不再列舉。又羅氏已印入《鳴沙石室佚書續編》。

《真言要訣》　P.2044。伯希和謂是釋道雜糅之作。

《太上大道玉清經》　P.2257。天寶十二年為皇帝書於白鶴觀。

《三洞奉道科誡儀範》卷第五　P.2337。

《大乘密羅經》卷下　P.2248。

《十戒經》　P.2350。此經多附《道德經》後，如 P.2347 卷是。羅振玉印一卷。

《本際經疏》　P.2361。景龍二年書於神泉觀。按此當為《太玄真一本際經疏》之省稱。

《大道通玄要》（卷十二）P.2363、P.2456、P.2466。羅氏印卷十四一卷。

《太上濟眾經》（卷八）P.2364、P.2792（卷二十四）。

《洞淵神咒經》（卷八）P.2365、又 P.2366（卷十）、又 P.2424、P.2444（卷七）、P.2473（卷九）。

《太上元陽經》（卷十六一十八）P.2366。

《太上洞玄靈寶淨土生神經》　P.2383。

《靈真戒拔除生死濟苦經》　P.2385。

《三元品戒經》　P.2386。

《太上洞玄靈寶空洞靈章經》　P.2399（原奪經字）、老子《道德經》殘卷　P.2594。

《太上妙法本相經》　P.2388（卷二十一）、又 P.2429（卷五）。

《太上靈寶洗浴身心經》　P.2402。羅氏印一卷。

《太上洞玄靈寶明真經科儀》　P.2406。

《神人所說三元威儀觀行經》（卷二）P.2410。

《太上靈寶昇玄內教經》　P.2430（卷九）。P.2474

《靈寶昇玄經》（卷八），當是同一經之省名。P.2560（卷六）、P.3341 無內教二字（卷七）。

《洞玄靈寶諸天內音自然玉字》　P.2431。

《靈寶真一五稱經》　P.2440。

《老子説法食禁誡經》　P.2447（一卷）。

《元始應變歷化經》一卷，P.2449。

《靈寶威儀經訣》卷五，P.2452。

《太上洞玄靈寶妙經》　P.2454（卷十五）、P.2724。

《閱紫錄儀三年一説》　P.2457（開元二十三年書）。

《太上洞玄靈寶智慧上品大戒》　P.2461（卷四）。

《太上本際道本通微妙經十卷》　P.2465。

《諸經要略妙義》　P.2467。伯氏曰：「此係道家《玉清經》、《元始天尊應變歷化經》、《天上內秘真藏經》、《太玄真一本際妙經》、《太上業報因緣經》之撮要。」

《無上內秘真藏經》　P.2467引。

《太上消魔寶真安志智慧本願大戒上品》　P.2468。

《老子西昇經》P.2469。此為道家偽經，與《化胡經》同禁於元世祖十八年。P.3299。

《明威經》　P.2469、P.3299。

《太上昇玄護命經》一卷　P.2471。

《慈善孝子報恩成道經》　P.2582（卷九）。

《孔子備問書》　P.2594。

《闈外春秋、新菩薩經》　P.2668（卷三）。

《九幽玉匱罪福緣對拔度上品》　P.2730。

《太上靈寶昇玄內教無極九誡妙經》　P.2750（卷九）。

《老子説罪福大報應經》　P.2818（卷七）。

《太上玄一真人真錠光説無量妙轉通神人定妙經》　P.2842。

《天尊説隨願往生罪福報對次説預修科文妙經》　P.2868。

《太上洞玄靈寶昇玄內教善勝還國經》　P.2990（卷五）。

《孝經殘卷》　P.3382。

《洞真三天正法經》　P.3327。

《上元金籙簡文真仙品》近世敦煌某人所藏，向達氏曾見之。

以上共得五十四經，儼然是經、論、律三類都全的宗教經典，而且還有演繹性質的小說，不可謂非中土宗教中一大勢力。此外還有些不能知名的道經，在伯希和將去的諸卷中，即有 P.2231、P.2254、P.2255、P.2256、P.2326、P.2341、P.2352、P.2353、P.2354、P.2356、P.2357、P.2367、P.2368、P.2372、P.2433、P.2434、P.2402 諸卷。伯氏稍稍介紹內容的，有 P.2426 論地獄之道理，P.2559 多論朝禮名山事。其內容之繁富，在唐代實已大有規模，並不是宋以後方興盛起來的。

此外也有關於道教史料的寫本，如 P.2732，伯氏注云：「似為七世紀物，對於道家律令成立史實，此書殊為重要。」又如 P.2872，伯氏注云「為道家偽史殘文」，皆是。

但在唐代已有反對「三張」（道陵、角、魯三人）的文件，如 P.2587，伯氏注云：「似為二教論中文，為張氏而作，係抨擊源出三張之道家學說，推論頗詳。張魯初名其部眾曰『貴卒』，後名之曰『祭酒』。」也算一種重要文獻。

倫敦所藏，也有溢出上列範圍之外者，茲記目如下：

《太上玄一第二真人光妙音說三徒五苦生死命根勸戒上經》

《天尊說禁戒經》

《元陽上卷趨廣濟難品》

《太極真問功德行業經》

《秀樂蒙天帝君道德空洞靈章第二十八》

八　敦煌的儒家經典

　　敦煌寫本除了僧人所必備、必學的佛經，及李唐所崇敬的道經而外，其他最有系統的經典，無出儒家右者。大概自漢以來，儒家經典，已成國定教科書，以為取士選能的標準，是一切士大夫之所必習。即使是佛道之徒，啟蒙入學，也必讀《論語》、《詩》、《書》。所以儒家經典，又成為通俗必須之品。

　　綜觀敦煌所有儒家經典，六朝以來的古本，各經都有，而《詩》、《書》、《論語》為最多，其次則《春秋左氏傳》為最多，《禮》類為最少。各經中《尚書》幾全部是衛包未解以前「隸古定」的本來面目，猶然是六朝以來舊本，而且都是孔傳。《詩經》全部是毛傳、鄭箋，齊、魯、韓三家不見，他家注也不見。三傳有《左氏》、《穀梁》二家，而《左氏》幾全部是杜預注，《穀梁》幾全是范寧注。《周易》皆用王弼注，《禮記》都用鄭注，《論語》都用何晏注，這是說明當時的學風如此，與唐家取士的政策完全是相一致的。

　　以北京、巴黎、倫敦三地所藏而論，北京是一卷也不見，倫敦有多少不可知，因為小翟理斯博士的編目除了羅氏所錄一部分外，國內不易得見。惟有巴黎的卷子，比較目錄全些。我即就此目，先分類摘錄如次，然後再加以分析，說明其在學術上的價值。其中有我已校錄過的，也加說明某某卷「已錄入校錄中」，即《瀛涯敦煌經籍校錄》之省稱。其中《詩經》、《尚書》兩類，我別有《敦煌本詩經輯校》與《尚書輯校》兩書，故不再列此名。

《詩經》類

　　唐寫本毛傳鄭箋　P.2538，起《邶柏舟故訓傳》第三，終《瓠有苦葉》「卬須我友」句傳。劉師培有提要，至精。

又一卷　P.2529，起《汝墳》「室如毀」句，至《陳風・頓丘》「值其鷺羽」句。按，本卷《唐風》以前，單錄經文；《蟋蟀》以後，兼寫傳箋，字亦不類，疑是兩卷併合。劉師培有提要，最精。

又《小雅》殘卷　P.2570，起《出車》、《不皇啟居》傳，終《華黍》序，後有「毛詩卷第九」一行，卷末有「寅年淨土寺學生趙會全讀記」一行題字。寫在咸通十六年前。

又《小雅》白文一卷　P.2978，起《小旻》「是用不潰於成」句，終《瞻彼洛矣》「韎韐有奭」句。按卷中題曰《毛詩故訓傳》，其實有傳者僅十二句。此為當時校過本。

毛傳鄭箋《小雅》一卷　P.2506，起《六月》小序，終《吉日》篇末，卷尾有「《毛詩》卷第十」五字。此為精抄本，當時校過。

又一本　P.2514，起《小雅・鹿鳴》「承筐是將」句，終《南陔》篇末，卷尾有「《毛詩》卷第九」五字。

此為當時校過本。但全卷是兩人所書，共十三紙，第二紙以後，為另一人書。

又《大雅》卷　P.2669，起《文王》「侯於周服」，終《文王有聲》，全。書成於大順二年五月，見題記。又此卷篇名章句數，皆在篇首，與敦煌他《詩經》卷異。又以黃色筆校改。

又《國風》殘卷　P.2669，起《唐風・雞鳴》，終《碩鼠》篇，全。按，此篇與上《大雅》卷原黏合為一卷，故編號亦同。細為審定，寫時出於一人之手，由字跡可決。惟此卷未經校過，又其黏合非原樣，乃出巴黎整理時所為。

又《國風》　P.2660，僅有《樛木》、《螽斯》兩章。

又《詩經音釋》　P.3383，即陸德明《釋文》，今存卷十六末，及十七（二十四章《生民》）（二十五章《蕩之什》）兩卷，當為六朝寫本，

書法極佳。王重民氏有跋文。倫敦亦有一卷，存《周南》至《齊》八卷，但非陸氏書。

又《詩經》卷四　P.2129，僅有《鴻雁之什故訓傳》第十六篇題，而無正文。

《尚書》類

唐寫本隸古定《尚書·堯典篇》王肅《音義》殘卷　P.3315，起「格於上下」句，終《舜典》篇末。按此卷國人為之考釋者至多，首載入《涵芬祕笈》，及羅振玉《吉石庵叢書》中。除吳士鑑（綱齋）、吳檢齋、馬叙倫（彝初）、胡玉縉（綏之）等數人而外，尚有華陽龔向農（道耕）、羅莘田、洪業、潘重規、伯希和及日人狩野直喜等人。此實為《尚書》最要寶典，為隸古定最早之本。余有照片，並集諸家說為詳考，故舉冠《尚書》各卷之首。以下依《尚書》篇次錄之[三八]。

六朝寫本隸古定《古文尚書篇目》全一卷　P.2549，卷首題「古文尚書」四字，次題「古文尚書虞夏商周書目錄」，內計「虞書五篇」、「夏書四篇」、「商書十七篇」、「周書三十二篇」，末計總數云：「凡虞夏商周書五十八篇。」末有注一段曰：「孔國字子國，又曰孔安國，漢武帝時為臨淮太守，孔子十世孫」二十四字，字極厚重，全是六朝碑法。

唐寫本隸古定《古文尚書·堯典篇》殘卷　P.3015，起「籲靜言庸違」句，終「舜典第二虞書孔氏傳」。按，此校過本，且以硃筆斷句，中諱「民」字，當為初唐寫本。

唐寫本隸古定《古文尚書·禹貢篇》殘卷　P.3169，起「伊洛瀍澗，既入於河」之孔傳，終「滎波」二字。按此卷古字極多，而字體亦近六朝碑體，至少當為初唐寫本。

又一卷　P.3469，起「蒙羽其藝」孔傳，終「松於江海」句。按字

跡紙質，此卷當為 P.3169 之前段。

又一卷　P.3628，起「東為中江」句，終「二百里男邦」句孔傳。按本卷為殘紙之上截，其下截已殘，每行僅存十二三字。

六朝寫本隸古定《古文尚書‧夏書》殘卷一　P.2533，起《禹貢》「六府孔修」句，終《胤征》「汙俗咸與惟」句。按此為精抄本，未經天寶改字，猶是魏、晉以來相傳隸古定本。羅振玉印入《鳴沙石室佚書》中。劉師培氏有提要，極精。

唐寫本隸古定《古文尚書‧商書》殘卷一卷　P.2643，起《盤庚》「敵大言汝」句，終「尚書微子第十七商書孔氏傳」。末有題記云：「乾元二年正月二十六日，義學生王老子寫了口記之也。」全卷為已校過之本。又本卷經用隸古定字，而注則用唐時通行字，頗堪注意。

唐寫本隸古定《古文尚書‧盤庚篇》殘卷一卷　P.3670，起《盤庚》上篇「胥動以浮言」句，終中篇「汝誕勸憂」，以墨色紙質字體諸端細審之，蓋為 P.2516 卷之前段，應兩卷合看。

初唐寫本隸古定《古文尚書‧商書》殘卷一卷　P.2516，起《盤庚》「有今罔後」句，終《微子篇》末。有「尚書卷第五」五字。天寶前本也。卷末有題記，記寫者為薛石二，惜無年月。是精抄本，有硃筆校。又按，此即 P.3670 卷之後截，此卷之起句「有今罔後」即緊承上卷之末「汝誕勸憂」句。羅氏印入《鳴沙石室佚書中》。

唐寫本隸古定《古文尚書‧周書》殘卷一卷　P.2748，起《洛誥》「予乃胤保大」句，終《蔡仲之命》「車七乘」句。按此卷共寫九紙，以紙質墨色審之，乃先後不同時之同一人所寫。疑前一紙為後來補寫，故經文相承無間，而字跡亦顯為一人之筆也。原卷凡校兩次，一以墨，一以朱，但字跡不甚好。又《多士》以前「民」字皆諱「人」，《多士》以後則不諱，疑亦唐初寫本。至補寫第一頁時，則在太宗即位

後矣。倫敦亦有《洛誥》殘卷一卷，是孔傳。

又一卷　P.2630，起《多方》「惟和哉」句，終《立政》篇末。按以紙質墨色字體各端審之，本卷與 P.2549、P.2980 二卷，皆為一人所寫，或一卷之裂。（惟 P.2549、P.2980 兩卷，不諱「民」、「基」二字，此卷則「民」作「𡰥」，「基」作「𦰩」為異。）出於一人手筆，且用硃筆細校斷句，蓋亦精抄本也。

唐寫本隸古定《古文尚書・費誓篇》殘卷　P.3871，起「汝則有常刑」孔傳，終「汝則有大刑」孔傳。此卷所存僅八行，極少。

唐寫本今字校改隸古定《古文尚書・秦誓篇》殘卷　P.2980，起《秦誓》篇題，終篇。末有「古文尚書卷十三」一行。按此卷與 P.2549 為一人先後所書，或且為一卷之裂，惟 P.2549 不諱「民」、「基」，此卷則諱之，則此卷必在太宗以前抄錄。且此卷與 P.2549 及 P.2630 三卷，不僅紙質字跡相同，即背面所錄殘書（類《世說新語》）亦相同，決其為一人之手，或先後書之者也。又此卷在經文首以硃筆校改為今體字，如「𢼼」側改「諸」，「𣂪」側改「誓」，「㠯」改作「以」等，皆是。此事至堪注意。

初唐寫本隸古定《古文尚書・顧命》殘卷存九行，起「末命汝尹𣅩，」止「盬呂異」。羅氏《鳴沙石室佚書》影印。

《周易》類

唐寫本《周易》王注殘卷　P.2530，起《噬嗑》一卦之「貞厲無咎」注，終《離卦》全。末有「周易第三」四字。按本卷決為一人所抄，惟紙色有兩種，版心亦大小不一致。又自第四紙《大過》一卦以前，凡卦文皆用朱書；自《大過》以後，則更以墨筆掩之。卷中亦偶以朱校改，蓋非精抄而有略校者也。已錄入校錄。末有「顯慶五年五月十四日午時記」字樣。劉師培氏提要，極精。

又一卷　P.2532，起《解卦》「吉往有功也」，終《益卦》全。尾有「周易第四」四字。按文中以硃筆斷句，每卦每爻起處用朱作大圓點。其校改塗抹之處，則用黃色為之。朱黃兩色，皆極鮮艷。惟卷末三行，是後來抄配，故字較劣，原卷蓋精抄本也。已錄入校錄。劉師培有提要，極精。

又一卷　P.2619，起《兌卦》「是以順乎天而應乎人」句，終《中孚》「君子以議獄緩死」句。按本捲紙墨皆劣，蓋非精抄也。中「民」字諱筆，則寫在盛唐以後也。已錄入校錄。

唐寫本《周易釋文》殘卷　P.2617，起《大有》一卦，終全經尾。卷末有「開元二十六年九月九日於蒲州，趙全岳本寫」及「開元二十七年正月十七在新泉勘音，並易一遍」兩題記，為此卷書寫與校勘時代，至可注意。已錄入校錄。

《禮》類

唐寫本《禮記》鄭注《檀弓篇》殘卷　P. 2500，起《黔敖為食》章「貿貿然來」句，終「衛人衲也」句。卷尾有「禮記第三卅六張」七字，卷末有「開元十年九月廿三日周啟心」十二字。按此卷為精寫本，紙墨字跡皆佳，以硃筆斷句，以黃色校改譌誤。（有誤則以黃色塗去，而以墨筆改正字於上，此皆唐人雌黃正規。）不分章，亦無章號。已錄入校錄。

唐寫本《禮記》鄭注　P.3380，起《少儀》「聞始見於君子者辭曰」句。王重民有敘錄。

《春秋》類一《左氏傳》

唐寫本《春秋左氏傳》杜注殘卷　P.2489，起昭十三年傳，「每舍損焉」句，終本年傳「志業於好」句。按本卷無校語，紙墨亦不佳，非精本也。字體則古俗錯雜。已錄入校錄。

又一卷　P.2499，起僖二十六年經，終二十六年傳「大師職之」句。以字審之，至少當為初唐寫本，極精，有校。已錄入校錄。

又一卷　P.2509，起僖二十八年經，終僖三十三年「於禘廟」句，共三百三十八行，前一十行下截殘損，卷末有「春秋經傳集解僖下第七」一行，字極佳。各章無分章識別，皆聯綿書之。經傳二字在欄外。以硃筆斷句，亦有校文，為當時精抄本。已錄入校錄。

又一卷　P.2523，起定四年傳「以戈擊玉」句，止定六年傳「謂范獻子曰陽」句，凡存百三十三行。經傳字亦在欄外。字尚勁健，紙質堅靭，亦精抄本，惜未校過。已錄入校錄。劉師培有提要，最精。

又一卷　P.2540，起昭二十七年傳「興謗」句，終昭二十八年「吾是以舉汝」句杜注。紙墨字跡皆佳，且以硃筆校過，是當日精抄本也。中諱「丙」字，皆作「帀」。已錄入校錄。劉師培有提要，最精。

又一本　P.2562，起僖五年傳「鄭伯喜於王命」句，終僖十五年經「戰於韓」句。按，本卷共三百二十行，紙質極佳，字跡稍欠端整，然亦精寫本也。以硃筆校點，誤處則塗黃色，極鮮。經傳二字皆在欄外。已錄入校錄。

又一本　P.2764，起昭十五年傳：「曰王惟信吳」句，終十五年「克鼓而反，不戮一人」句。按以紙質、筆跡、版式等審之，當為 P.2489 卷之裂，而中有脫佚者也。字不佳，無朱墨校點。「民」字諱缺末筆，他則不諱。字體亦古俗雜糅，非精抄本也。已錄入校錄。

又一本　P.2767，起襄十八年傳「邢伯告中行伯曰」，終十九年傳「荀偃瘤疽」句。按本傳省略極多，如十九年經無經文，僅於經字下書「十九（二字平列）濰水」一行，即接傳文。傳文亦多刪節，如「晉人欲逐歸者魯衛請攻險。己卯」十三字及杜注皆刪。杜注亦有增刪，如「下軍克邿」句，刪「□□死其子盈佐下軍」九字，而於「邿」下增「式

之反」三字，皆與今本異。字極佳，無校跡。已錄入校錄。

又一本　P.2981，起昭二十八年傳「分祁氏之田」句。杜注，終昭二十九年傳「執歸馬者賣之」句。按本卷經傳皆排比而錄，且有橫格，最為特別。字跡工整方秀，惜未校過，蓋精抄而未校者。為首一行及卷末十四行，皆殘損下截。經傳二字，亦在欄外。已錄入校錄。

又一本　P.3634，起僖二十一年傳「初平王之東遷」句，終二十八年傳「夏四月戊辰」句。按全卷凡存百三十九行，前七十六行與後六十三行字體大小不同，然確是一人手筆。七十六行前，字略潦草，後六十三行則工整。又七十六行前杜注較完整，後六十三行則節刪最多，又僅錄傳文，而不錄經文，即傳文亦非全錄，不僅篇章有刪節，即每篇中亦常刪去一二小段，或一二句。疑為當時誦習用本，則《左傳》讀本，不僅明以後人乃有節刪也。已錄入校錄。

又一本　S. 133，《左氏傳》節本，並杜預注，存百二十七行，起襄公四年，至二十五年，多取嘉言懿行，蓋用以教童蒙者。唐諱不避，為六朝寫本。又 P.1443 寫本為僖公十六、二十二、二十三年傳節文，專輯重耳走國事，亦有杜注。

《春秋》類二《穀梁傳》

唐寫本《春秋穀梁傳》范寧集解殘卷　P.2536，起莊公十九年「勝賤事也不志」句，終閔二年傳，全。尾為「春秋穀梁莊公第三閔公第四」合為一卷。末有題記五行，云：「龍翔三年，三月十九日，書吏高義寫。」「用小紙卅三張。」「凡大小字一萬二千一百四。」「五千六百四十言本。」「六千五百言解。」此為寫卷時日計字數如此，亦唐人習慣法。所謂「本」者，指經言，「解者」范氏《集解》也。又全卷共存三百十行凡十六紙，於第十三紙末，「范寧集解」四字。紙極佳，字亦佳妙，與 P.2486 卷為同年寫本，而寫人不同，然字體頗相似，蓋皆唐

人經生書也。已錄入校錄。劉師培有提要，至精。

又一本　P.2486，起哀公六年「陳乞弒其君」句，終全書卷末。尾有「春秋穀梁傳哀公第十二」。又有題記三行云：「凡大小字四千一百六十言，一千九百言大，二千二百六十言小。」「龍翔三年三月囗日亭長婁思憚寫。」「用紙十二張。」字極佳妙，近魏夫人。每事起迄，不加圈識，皆相連抄寫。其有譌誤，以黃色塗改之。已錄入校錄。

又一本　P.2590，起莊公十九年，至閔公二年。

唐末人注《春秋穀梁經傳解釋》殘卷 P. 2535，起僖八年「十有二月丁未」句，終十五年，全卷。按本卷共存百六十八行，前五十八行上截殘損，約六字。卷末有「春秋穀梁經傳解釋僖公上第五」一行。紙色極佳，與 P.2486 卷同，字較該卷為劣，而約有魏碑意味，橫筆好作「丁」頭，恐是唐以前寫本。已錄入校錄。原書宋以後已亡。其經傳文字與今本多異同，而此本為優。羅氏已印入《鳴沙石室遺書》中。劉師培提要考定精確，勝羅氏定為麋信書之語遠矣。

《論語》類

我在巴黎所閱讀過的《論語》卷子，有二十八卷之多。當時因了有《論語》皇侃《疏》一卷，是中土久亡之書，本欲全抄，王重民先生已影攝寄張菊生先生，將由商務印行，我覺得我的時間不夠支配，既已有全份寄歸，可以不必細校，所以衹寫點敘錄之類。歸國後，非常悔恨，現在僅能說個大概。王先生有《論語義疏跋》，見《北平圖館刊》，可參考。除皇《疏》外，巴黎所有的《論語》卷，大概在三十卷以上，我所見到的二十多卷，以何晏《集解》為最多，而以鄭玄《注》為最稀有。本卷羅氏已印入《鳴沙石室佚書》，存《述而》至《鄉黨》四篇。羅氏有長跋，可參。又大谷光瑞在西域亦得《論語》鄭《注》一卷，與此書為一書之裂。此書自唐以後即久佚。王靜安先生有書

後，甚重要。何晏《集解》計：

P.3193、P.2681 兩卷，是何氏《集解》序。其他有 P.2766、P.3193（卷一）、P.3194（卷一、四）、P.2601（卷二）、P.2676（卷三、卷四）、P.2548（卷六）、P.3433（卷八）、P.2496（卷十五、十六）、P.2628（卷十八、十九、二十三卷）等十卷。最稀有的 P.2510 即鄭玄《注》，起卷二，及七、八、九、十等卷，而且是龍翔三年（六六三）寫的。在全部《論語》寫本，此為最早（其中最遲有年代可考為 P.3271 卷，寫於八九七年）。

第三類是尚未判明是誰的注本的，有 P.2618（卷一是八六二年寫本）、P.2604（卷一、二是大中七年即八五三年寫）、P.2904（卷二）、P.2664（卷三）、P.2663、P.3271、P.3305（三卷皆卷五）、P.2620、P.3402、P. 3474（三卷是寫的卷六）、P. 2716（卷七）、P.2699（卷九）、P.2597（卷十四）。

第四類無注者有 P. 3467（卷三）、P.3192（八五六年寫）、P.3441（是八五三年寫，以上這二卷寫的是卷六）。

還有一個特別的卷子，是 P.2663，是《論語》的卷五，後面有藏文注文。大概此時到敦煌來的西藏人，學習漢文的可能也以《論語》為教科書。所以《論語》卷子在敦煌經卷中，才如此之多而奇。

《孝經》類

據伯希和氏目錄，巴黎藏《孝經》共有九卷，其中四卷標明有《注》，即 P.2674、P.3274、P.3378、P.3428 四卷也。其標明有《疏》者，即 P.2757 卷。未標明《注》、《疏》者，是否皆為白文，不敢必，有P.2545、P.2715、P.3372 三卷。而 P.2715 卷僅缺一至七，其餘十八篇皆全。但 P.3378 是三章至七章，可補此缺。則唐代流行的《孝經》，也可即此而得其全貌。

又從他們的題記來看，最早是天寶元年（七四二），即 P.3274 卷。最遲是八七四年，即 P.3369 卷。大概儒家經典的要籍，有上面這個目錄，我們已大可窺見六朝以來的情況，尤其是唐代的情況。這有助於吾人了解唐以前的時代情況，自不必説。有助於儒家經典的歷史的認識，也是對學術文化上有益的事。但這是些具體材料，我們歸納它對文化上的作用，可以從兩點來説明：一是古本古注的發現，二是糾正今本的偽誤。

一、古本古注之發現。據我個人所知，大概以《尚書》隸古定本的發現為最重要，其次是《論語》皇侃《疏》、《尚書》王肅《注》等。《尚書》自衛包改定為今本後，唐以前的本子，久已不存。宋人雖然尚有看見的，已是鳳毛麟角，稀世奇寶了。但在敦煌經卷中，所保存的真不在少數。即以伯氏所將去的，即上面所列諸卷而論，如 P.2549 卷之《尚書》篇目，當為六朝時人寫本，對後代本子，它所顯示出來的異同，一點一滴，都是學術上爭持不下的問題。餘如 P.3015 之《堯典》，P.3169、P.3469 之《禹貢》，及上面所列直到 P.2980 之《秦誓》，其文字異同，與今本殊絕。而 P.2980 以硃筆在古字旁改今字，猶可見當時改定的痕跡，説明文化進展，人民不需要的是甚麼、需要的是甚麼。這在考論《尚書》的文獻史，歷代《尚書》的變遷與文字關係上的貢獻，當然不少。《尚書》問題之多，在儒家經典中是最特殊的，此種材料一出，不僅段玉裁不必去作文字異同功夫，甚至閻若璩、江聲、王鳴盛、孫星衍、王先謙，也可省許多麻煩。其中因誤字、誤句而可改正的地方，為校勘考據諸師百思不得之奧，可以多所解決。即經本的是非問題，也未始不因之而有些消息。還有一卷可寶貴的材料，是《尚書》王肅《注》的《釋文》，即 P.3315。王肅注《尚書》，大概宋代還有傳本，譬如楊備《書訓》「刺」字用古文，即是一證。然

而當時已屬奇聞。到今又將近千年，居然又再與人世相見，這真是一個奇寶。這關於《尚書》古本問題，《尚書》流傳問題，及古文字學的發展演變，皆有極大關係。所以自《涵芬樓秘笈》及羅氏同影印了它，近來學人討論它的，從各個角度來研究的文章，也有靠十篇左右。我已輯成專書，將來設法印出，與世人相見罷！他如《穀梁》范甯《集解》，也是中土久佚之書。

二、糾正今本的譌誤。一切古本，也都可以作為糾正今本錯誤的根據，如上段所敘。但一切敦煌寫卷，不論其為古本如《尚書》與否，也都可以作為校勘考據之用。世人得一宋本，視為璟寶，並不因為其「古」，而是因為它保存更近於原本的面目。敦煌經卷，比宋本又早了幾百年，而其所依據的本子，大體還是魏、晉、六朝古本，則吾人謂敦煌寫本，更與原本相近，早於宋本千年以上，依本子的根據而論，其較宋本的價值，應更高得多了。即以我抄得的巴黎藏本而論，真已說得上字如珠璣。且舉《詩經》各卷為證罷。我所得的巴黎藏本，已在七十紙（指寫經用的紙）。全經已勉強可拼得起一大半（其每卷長者如 P.2529 至二十頁之多），本子幾乎全是毛《傳》鄭《箋》，其中與今本不同之處至多。現在舉一點與經旨關係較大的例子。如《齊風·東方之日》，今本《序》作「刺衰也」，而 P.2529 及 P.2669 兩卷皆云「刺襄公也」。這明明是「襄」以形誤「衰」，後人不知，而又刪去「公」字。又如今本《秦風駟驖》「輶車鸞鑣」，《傳》：「輶，輕也。」歷來注家，頗有爭論，比較可靠的校訂，是認為「輕」下脫一「車」字，而 P.2529 卷，便有此一「車」字。又如今本《出車》「執訊獲醜」句，鄭《箋》云：「執其可言問所獲之眾。」這話語義實在不太明白，等我們看到 P.2570 卷，則作：「執訊，執其可言，問及所獲之眾。」多了「執訊」二字同一個「及」字，語義是何等清楚朗暢。又如今本《杕杜》「征

夫不遠」句，鄭《箋》作：「不遠者言其來，喻路近。」而 P.2570 作「不遠者言其來愈近也」。又是何等明白，而生何等情趣。又如《小宛序》今本作「大夫刺宣王」，解者就詩義去勉強附會，而寫本作「刺幽王」，不論從詩義從史實，都比刺宣王說得出些道理。又《六月》「弁服朱裳」，鄭「箋」今本作「朱衣裳也」，寫本作「朱衣纁裳也」。又「赤帶金舄」，今本鄭「箋」作「金舄，黃朱色也」，寫本作「金舄，黃金為舄，朱色也」。這有關古禮制者至大，豈可誤偽。諸如此類，真是多得很。又如《大明箋》，今本作「有所識則為之生配」，寫本作「有所識，則天為之生賢配」。又如《綿序》：「本由大王也」。寫本作「本太王也。太王能興綿綿之化，文王因以自廣大也」。又「乃召司空」二句，今本《箋》：「司徒掌徒役之事」。寫本作：「司徒掌教及徒眾之事」。又《棫樸》：「六師及之」。今本《箋》：「五師為軍」。寫本作「五師為旅，五旅為軍」。又《皇矣》「自太伯、王季」《傳》、「見王季也」，寫本「王季也」下尚有「謂王跡之興，自太伯、王季時也」十二字。《南山》「乘公而搋」，寫本「公」作「車」。又「必告父母」《箋》「卜子死者」，寫本下尚有「之禮」二字。這些條數中，寫本與今本之差，雖衹一二字之間，而關係經文旨意，關係古代禮制，關係古社會的真實，關係毛氏與鄭氏學說的統一等，莫不有決定性的作用。凡是研究《詩經》的人（不論是以舊經學家的態度研究的人，是以社會學家、史學家、文學家的研究，皆然）。不可不知，不然是會白費氣力的。清代的學者，費極大的力，更定一字，而不可得，現在寫本的異文，有百思不得其妙之處。僅此一端，也大可視為瓌寶也。其他經卷，也同樣有這些可貴的材料，此處不再一一舉例了！

九　敦煌的史地材料

敦煌史地材料，從分量上說，是比較少的，僅比科學材料多點。譬如北京所藏八九千卷中，無一卷正式的史地材料卷子，祇有在題記中，還勉強有點。倫敦藏的也極少，從羅福萇所譯過來的目錄來看，即可知之。此類寫本最多的，仍要算伯希和將去的諸卷。因為北京是被人選盜了賸下來的，倫敦是一個不懂中國字的斯坦因盜去的。伯希和能讀中國書，而且讀得很好，所以他選盜去的卷子，是比較範圍寬博、內容精彩之品。即使是最多的佛經卷子，也比較是精品，或書有遠東、中小亞細亞語文者為多。好的《老子》、道教、儒經及文史材料，大概都被他選盜走了。其他都祇是殘餘。我們現以巴黎各卷為主，略舉大端，分為數項，先列具體材料，再把重要的事項，說明於後。

巴黎藏卷中，有些古文書籍，如《史記》、《漢書》、《晉記》（羅振玉等有跋）〔三九〕大體都可為校勘之用。也有佚遺的典籍，可資補亡之作，如 P.2485、P.2513、P.2973 的《漢書》，P.2627 的《史記》，P.2504 的《唐代職官表》（倫敦亦有此卷殘段，王靜安先生有跋文，見《觀堂集林》卷二十一。余得 P.2504 卷，友人金靜菴有跋）。這都是可作校勘考據的古本看待的材料。又如鄧粲《晉記》（羅氏《鳴沙石室佚書》影印），多可補正《晉史》材料，李荃的《閫外春秋》（羅氏《鳴沙石室佚書》影印，多可補正班、范二史）、《春秋後語》（P.2569。今存第五篇《趙語》、第六篇《韓語》、第七篇《魏語》、第八篇《楚語》，共四篇，羅氏印入《鳴沙石室佚書》中。此本為《後語》略出本，羅氏別藏《後語》之《秦語》），孔衍《春秋國語》（原 P.2701 卷，題孟說《秦語》。羅振玉《鳴沙石室佚書》錄之，謂是《唐書·藝文志》著錄孔衍

《春秋國語》十卷之殘，其說是也）。孔氏兩書，羅氏皆有跋文，都足以補後世之佚亡。這算是第一類。

　　第二類是敦煌本地的史地材料，這其中約略歸納，可得四類：

　　一、地志。如 P.2005 為《沙州都督府圖經》四段銜結。羅振玉説：「《沙州志》殘卷，首尾缺佚，其存者長不踰三丈，始於水渠，竟於歌謠。敘述詳贍，文字爾雅。其所記十六國時諸涼遺事，如西涼武昭王之庚子紀年，直稱至五年，非元年稱庚子，二年稱辛丑，足證史家之誤。又志中敘沮渠蒙遜滅西涼李恂事，亦較今本《十六國春秋》為詳贍。」其有裨歷史社會，不言自喻。〔四〇〕與此同一書的，尚有 P.2695，為《圖經》卷三，始甘露右武德六年六月，終卷末（此卷王重民有敘錄，可參。倫敦所藏為卷一）。又如 P.2009 是《西州志》殘卷，內縣六曰文昌、前庭、柳中、蒲昌、天中、交河。《舊唐地志》縣五，無文昌，此可補史缺（王仁俊《石室真跡錄》有跋）。又 P.2691 為《沙州地志》，就是我們在論莫高窟開鑿年代的永和九年癸丑創建的那一個卷子（此卷已錄入余《敦煌雜錄》中）。又如倫敦藏地志殘卷（Giles. Bulletin of School of Orient Studies. Vol.1，No.4 有影印本）説明壽昌縣由壽昌擇得名，而現在南湖破城即壽昌城遺址。又如羅振玉氏印的《劍南道十二州殘志》，與《通典》、《元和郡縣志》、《唐書・地理志》，異同至多，羅有長跋詳之，而劉師培提要，尤多發明，謂是代宗以後、憲宗以前之殘地志。又如 P.2738 是敦煌鄉名錄（見前敦煌史一段引用），及寺名錄，〔四一〕參與天寶九年寫本 P.2803 卷。則天寶時敦煌一縣，凡有十三鄉（倫敦有《敦煌錄》及《敦煌縣志》二卷），本卷並有各鄉戶籍分配貸穀等材料。再加上 P.2592 卷龍勒鄉戶籍，P.2719 的神沙鄉戶籍，則唐代鄉鎮戶籍的繁簡可明。而如何授田，戶籍如何計算，田畝如何登記，下及民間親屬稱謂，及唐代統治階級如何管理、統治、剝削的程序，

也因以大明了。（羅振玉《貞松堂西陲秘籍叢殘》有先天、大順等戶籍四種，可為參考〔四二〕）。

二、氏族人物。唐代承六朝門閥之習，是相當考研氏族的劃分，正是統治階級內部的階層區分。如 P.3421 始平四姓、扶風六姓、新平一姓〔四三〕（見余《敦煌雜錄》）。敦煌諸卷中，單載本地的氏族人物者，如 P.2625 記載敦煌世族，現存陰氏、索氏兩篇。又如 P.2807 卷伯氏注云中：「有敦煌古人頌殘文。」其實我們要是從一切題記中來追求，則還不祇此呢！譬如上面殘卷中的陰、索兩姓，陰姓有：

陰嗣（六九六）　　陰嗣瑗（七〇八）

陰志清（七一四）　　陰惠達（八五一）

陰人衷（八五三）　　陰賢君（八八三）

陰存禮（九八六）

索姓有：

索洞玄（七一四）　　索　玉（七〇七）

索大力（八九三）　　索　奇（九四二）

《敦煌縣志》說李、張、曹、索四姓是敦煌世族，舉了李家的李暠、李珽，張姓有張朗（敦煌太守）、張守陸（唐瓜州刺史）、張議潮（唐大中二年為歸義軍節度使），曹姓有曹崇、曹全，索姓有大書家索靖及索琳、索琪。要是照縣志四姓來看，則敦煌題記中，尚有李奉裕（七〇九）、李荃（七四三，當即著《閫外春秋》、天寶二年進呈的李荃。見 P.2668 卷）。張姓還有張君徵（六七九）、張球（八八五、八八七）。曹姓還有曹議金（八六二）、曹元德、元忠、延祿。此外則尚有楊姓、馬姓、翟姓，都是大姓。這些大姓中，大抵都是綿延到三五百年不等。附在此類的，還有高僧名冊，如 P.2879、P.2971，《官守名冊》如 P.3312。至他如 P.2482 為陰善雄、羅盈達、閻海員、張懷慶的墓誌，

P.2970 為陰善雄墓誌，P.2624 為索氏墓碑，P.2656 為《張嵩別傳》，P.2640 為《法琳別傳》，P.3256 為《智顗傳》，北京藏字字一九卷為《義淨三藏法師碑》。或有關一地的人物，或有關佛家的大師事蹟，都不能不令我們十分注意。

三、大事。這類其實是很多的，我別有《莫高窟年表》詳載此事，此處不再多說。但如 P.2629 皆紀敦煌鄉土事實，中述接待和闐國使臣事，極詳盡。P.2605 之《敦煌郡羌戎不雜德政序》，中敘敦煌羌、戎雜處，因及石室事，也都算要籍。這類事之大者，則不僅關於敦煌一地。請參考下史實一段中自明。

四、石窟修建有關諸卷。莫高窟自創修以後，歷有修補、新開等事，從未見有系統的記載。但並不是毫無記載，除了我們在《敦煌石室》一段所舉諸卷外，尚有 P.2641 的《莫高窟再修功德記》，P.2991 的《塗飾丹艘千佛洞》的記載，P.3302 為唐長興元年《修理千佛洞記》，P.3425 之景福二年（八九三）《建造佛洞記》，都是莫高窟的重要史料（別詳余《莫高窟年表》，此處不再詳）。P.3101 為大中五年（八五一）之佛牒，為敦煌與中國復通時期的史籍，為研究敦煌者所不可不知。

第三類是不限於敦煌的一般較廣大的史料。

這一類中，我想舉這幾件事：一、是同敦煌有關的張氏、曹氏世守河西的材料。二、是同敦煌有關於西域與中小亞細亞一帶的外國史料。

一、是統治敦煌的兩世家一張、曹兩姓。先說張氏。記錄張氏的卷子，有 P.2484、P.2762、P.2815、P.2913、P.3261 諸卷。唐宣宗大中五年，張議潮獻瓜、沙、伊、肅十一州。其年冬，置歸義軍於沙州，以議潮為節度使。此後的事，正史記載是很簡略的。即如正史上「議潮」的「義」字，敦煌諸卷皆作「議」，此可糾正史誤者也。議潮以後，子

孫相據，守瓜、沙，主河西，直至終唐之世。所以《舊五代史・吐蕃傳》稱咸通十三年，曹議金已代張氏守河西的話，從敦煌材料《張延綬別傳》（羅氏印入《鳴沙石室佚書》中）等看來，是錯誤的。羅振玉氏即根據此等材料，及李氏《再修功德記》、《索勳碑》等，作《張議潮補傳》，補正薛史之誤，發千年之秘，是此等材料之賜。又如曹議金繼張氏世守河西，直至宋時，在敦煌卷子中，也有 P.2649、P.3128、P.3239、P.3347 諸卷。《舊五代史》說：「後唐莊宗時，回鶻來朝，沙州留後曹議金亦遣使附回鶻以來，莊宗拜議金為歸義軍節度使，瓜、沙等觀察使。」但議金以後的事蹟，正史極略。羅振玉氏又根據了這批材料，及倫敦藏開寶八年《歸義軍節度使曹延恭施功疏》，合歐、薛兩《五代史》，及《宋》、《遼》兩史紀傳，《續通鑑長編》，《冊府元龜》等書考之，其卒立世次，粗可觀覽，成《瓜州曹氏系譜》一稿，不僅敦煌的歷史得明，即正史的缺誤，亦因以得到糾正。我更根據各窟中的題識抓疏出一些羅氏所未見的材料，以補羅氏之不足，詳載於《莫高窟年表》及《補張曹兩姓事蹟考》中。這對造型藝術的關係，也極重要。就以敦煌史而論，也是一些足以與造型藝術相為印證的可貴材料。還有一卷至道元年《新鄉眾百姓謝司徒施麥恩牒》，也是曹延祿事蹟的點滴。

　　二、是同敦煌有關的西域及中小亞細亞各國材料。這類材料，在敦煌卷子中，更為瑣碎。有時祇提到一個名字，但仍不失其為可貴。如 P.2049、P.3336 及 P.3337、P.3365 諸卷，都與吐魯番有關。P.2009 是記吐魯番道裡的殘籍（已收入《敦煌石室遺書》中）。P.3336 以下三卷歷舉吐蕃贊普丑年改組佛教後頒給三界寺抄本佛經之事實。又如 P.2754、P.2812，都是述敘和闐的史料（P.2812 為和闐居民醵資畫佛像事）。P.3416 為于闐使書，P.3412 為回鶻達坦沙州將軍西征會盟於大雲

寺的誓文。P.3451 記中國與回鶻往來史蹟。這類材料，對史蹟的發現雖少，但如 P.2594、P.2838 兩卷，都說到金山白衣天子，這是朱梁開平中節度使張奉自稱，事雖見《新五代史・吐蕃傳》，王重民氏即據以作了《金山國墜事拾零》。考古的事，材料多則多做、大做，材料少則少做、小做，不論大小多少，也都是成績啊。他如 P.2222 之紀晉大秦、月氏、印度通禮事，P.2271 有西天竺十六國六錄，也都是可貴的史籍。可惜這些材料，都為帝國主義者所盜竊，國人無由知之。此外值得特別提出一談的，有釋慧超《往五天竺傳》殘卷，羅氏已印人《雲窗叢刻》中。古殊域行記，今惟《法顯傳》及《西域記》尚存人間，此傳晚出，得與兩書並傳，亦幸事。書本記周遊五天竺行程並及國土、民風、宗教、氣候、物產，甚多可以訂正《唐書》及許多地理書之誤，亦講地理學史者的重要典冊。

　　第四類是與敦煌有關的許多社會史料。這一類史料，比上一類更瑣碎，很少是寫在一卷正式紙上，大半是在紙尾紙背的空處，亂寫一點草稿之屬，或在題記中寫一點。整幅的專門寫在一張的，少得令人不相信。我們可以從伯希和目錄中尋到許多，也可由北京圖書館藏卷中尋到許多。北京圖書館的這批材料，許國霖已為我們從卷中分類鈔出。可惜倫敦諸卷，無法運用。我現在暫以此等材料為據（伯氏的材料，劉半農《敦煌掇瑣》的中卷幾全是此類材料），略略介紹如下。大概分為兩大類。一是社會經濟，一是一般社會關係。

　　一、社會經濟。這一門姑以人口及土地問題及物價三門為主。關於人口的，有 P.2803 的天寶九載戶口冊，P.3018 的殘戶籍，及 P.3370 的人賦籍。這一個問題，可與上面第二類第一項地志中引用的戶籍材料作參證（倫敦敦煌戶籍有六卷：建初十二年一卷，索思禮、安游璟、安大中三人寫各一卷，雍熙二年及至道元年各一卷，可參），必然能知

悉《唐書‧食貨志》的記載然否，也許可以補史之缺文。日人中村不折藏一卷，以寡婦及在室女為戶主之開元四年籍，這是唐代女子得為戶主的好材料。又 P.3684 為授田記冊（戶主白樹合，年二十四歲），可見授田時的田界，戶主直系親屬、兄弟姊妹，且有官田自田等目（已錄入余《敦煌雜錄》）。又如 P.3396，是田畝面積文據，他面還有田園附圖。P. 3394 是田券。敦煌還有不少的分產遺囑的材料，如 P.2685 是兄弟析產分關，不僅土地，即農具也包括在內。又如斯坦因所得尼靈惠遺書，為遺留婢女與姪之遺書，則人身亦作財產之處分，奴隸制殘遺，猶見於唐代也。又如 P.3410 之遺書，是將銀碗、衣服、牛、麥、使女等，分別賜與姪、表姪、僧、乳母等人的契文。P.3331 兵馬使宋欺忠買舍契，及北京藏沈都和賣地契、鄭醜撻賣地契，則唐、宋土地私有及寺僧私相買賣的情形，土地價值，買賣方式，契約形式、習慣等，及賣田原因，無一不清楚明白，煞是可貴（倫敦藏天復九年董姓兄弟售主業契文亦可參）。

與土地問題相關的，是田稅，P.2803 卷是天寶九年敦煌縣郡倉，每天收到百姓所納稅，中有麥、豌豆、糜粟之分，又有所謂天九二分稅、迴殘粟、迴殘糜等名稱，可以考見當時的稅別（已錄入余《敦煌雜錄》中。余有詳考，茲不錄）。

其三是物價。正式的物價，也許從 P.3348 卷可以看出。天寶三年、四年的各種布帛價值，這是當時的一個價目表。從 P.3420 卷的賣穀文據，可以知道當時的穀價。又有 P.2744、P.2763、P.2972、P.3273、P.3364、P.3490 諸卷，都是食物帳目。P.2689 之寺中支給僧侶人戶衣用食物帳，從這些卷內，可以看出當時人民的日用、飲食、衣服的形式、種類、數量及其價值等，是社會史的好材料。

二、是一般社會關係的材料。這批材料，也是社會史的記錄，為

研究唐宋社會所必不可少的東西。我舉幾件重要的如次：

（甲）是勞動力在當時的價值。此中可分兩大類：一是人力，一是畜力。記人力的價值，如北京鳥字八十四號的書幡帳目云：「丑年五月十五日，杜都督當家書幡冊二□，每一□麥一碩，准合麥冊二碩。」又：「寅年三月二十日僧海印書幡十二□，每□麥壹碩二升。」又如北京生字二十五號，盧貝跛蹄僱用鄧延受造作，從正月至九月末，僱價：「每月一馱，春衣一對，汗衫一領，楉襠一腰，皮鞋一兩。」下面還有如王褒《僮約》那樣的約束。另外一卷，是殷字四十一號的文德僱人力約，文稍殘損，但大致與盧貝跛蹄一約相同（倫敦藏敦煌張家僱定工人字據，可參）。這裡不僅看出人力價，而且也看出僱農的身分，是如何的苦楚。還有一卷，是更窮的人，典子與人的約。典子典兒契（又倫敦敦煌淳化二年賣女契文），是因「家中常虧物用」，可惜下面已殘，無由知其典價了。至於僱用畜力，也是當時的農村常見習慣，鳥字八十四號說：「三月五日，使牛具種兩日，折麥一石，又布一疋，折麥四碩二升。」又：「使牛兩日，折麥一石。」這是短期使用的「零工」。如殷字四十一號，張修造僱五歲父駝約文云：「癸未年四月十五日，張修造遂於西州充使，欠闕駝棄，遂於押衙王道之面上，僱五歲父馳一碩（當為「頭」字誤），斷作駝價官布十六疋，長七八，到日送納。……」又同人同年另外「僱用價延德六歲父馳一頭，斷作馳價，官布十個，長二丈六七……」這於當時的社會史料，是至為寶貴的文獻。

（乙）是借貸，一般社會關係的文件中，還有一類借貸關係，如貸布帛的，有 P.3453、P.34580 上一件是一個到西州去的商人，向龍興寺告貸布帛的文契。下卷關係不明，祇知其為告貸布帛文契。但在殷字四十一號，沈延慶向張修告貸絹一疋，「長二丈，黑頭，現還羊皮一

章，其絲限八月末還，於本□□於月還，不得者，每月於鄉元生利……」則方法、方式、利息等，已很明白了。又王的「貸沈弘禮生絹一疋，長四十尺，幅闊一尺八寸二分，□舟使到來之日，限十五日便須田還，不許推延。絹利白氈一個，長八尺，橫五尺，人了便須還納。……」這一件更詳細，但大體是一致的。利息以實物作算，可見當時代用的幣鈔未盛，是一般的現象。對唐代社會經濟的現象，這短短幾個文件，說明的問題是極其豐富的。

北京藏卷中還有幾件借麥種牒，全是鹹字第五十九號卷中的。計有開元寺寺戶張僧奴領銜，借四拾馱麥，報恩寺人戶劉沙沙，請便借麥二十五馱，金光明寺寺戶史太平等，請便借麥二十馱，靈修寺寺戶頭劉進國頭下四戶，共請種子麥二十馱，龍興寺寺戶團頭李庭秀等四戶，請便種子五十馱五件，都異口同聲地說：「自限至秋，依時較納。」借的日子，都是二月，這是寺戶向大寺借種子的牒子，其中並無利息多少，但又安知其息麥不是口頭允許，不落筆跡的嗎？且從此五牒，可以看出當時敦煌寺僧擁有大量土地的實況，是從六朝以來，便已有皇皇功令保護著的，至唐、宋而未衰。並且有團頭、有人戶等，其組織的情形，也是佛教史料的好材料。

說到社會史料，本來還有許多可以列入的，如 P.3121 之營造室舍圖（見余《雜錄》），婚事程式（P.3284），人民對官府的呈報（P.2734），吳慶順典身契（P.3150），吉兇書儀（原 P.3691 及 P.3246 號等），相宅吉兇書（P.5547），九族尊卑書儀，寺廟祝醮文，各種祭文、祝文、祈文、願文等，在在都是材料。此間無法一一為之分析了。

第五類我想把地志一類及普通雜件，都歸在這類略談二一。先說地志。

巴黎 P.2511 卷，是《諸道山河地名要略》卷二。這與 P.2547 的一

卷,記全國河渠、橋梁、漕運,及 P.2522 卷,都應當是唐代的輿地要籍,而且是久已亡佚的本子,是研究中古乃至上古輿地的寶典。P.2511卷已由羅振玉氏印入《鳴沙石室佚書》中,且有長跋,我們可以參考。大體可以糾正唐、宋史籍之誤的地方是很不少的。其中有兩卷,是專記五臺山的,即 S.0397 與 P.2131。這因為五臺山自六朝以後,已成為佛教聖地,故敦煌有文件記之,有壁畫畫之,是必然之理。在敦煌一切文物中,特為一地作記載、作壁畫,是很少的事。此外祇有 P.2559 件論朝禮名山事,中引到《五嶽真形圖》一書,可惜在敦煌文件中,尚未見到。這也是唐以後已久亡佚的古地志要籍。

此外還有一卷散頒《刑部格》卷殘文(P.3078),是蘇瓌等奉勅刪定:「存九十一行,凡十口條,大率補律所未備。如《唐律》無盜官物罪,卷中有盜兩京九城諸庫、司農諸倉、少府監諸庫,及軍糧、軍資治罪之文。此外關於手續者頗多,與《唐律》互證,殊有趣味。若得《唐書》逐節為之疏證,此亦考唐代制度不可少之書,並見明、清訴訟手續之沿革。」又 P.3252 亦為律書之殘者,有廄庫律二八條,不知與上卷是否一書(王重民有序)?

第六類是漢代邊防上的竹簡。斯坦因在玉門關一帶所發現的竹簡,應當納人敦煌學中來討論。這比那敦煌附近考古發掘的材料,可為一切敦煌學作佐證,還要直接些。這在敦煌學一章,我們已經討論到了。當然這批材料,一點也未在莫高窟、西千佛等處發現過。但它地屬縣內,玉門、陽關是古通西域第一關,而敦煌正是總轄出入的咽喉,中西文化交流的要點,正是不可少的部分。

漢代竹簡的歷史材料,在前面我們已略略介紹過一些了。具體一點說,它關係到玉門關一帶的古輿地,及漢代的邊防守禦的制度,士兵生活,與人民生活交際往還等一切事象。這批竹簡出土之地,在敦

煌之北，當北緯四十度，自東經九十三度十分至九十五度二十分。出土之地，東西互一度有餘。斯坦因以此為漢之長城，王靜安先生更依古史料及法顯《佛國記》及《沙州圖經》（見前引）證明出土之地，實即《沙州圖經》所謂古長城之地。又據漢時敦煌郡所置三都尉的治所，考定竹簡出土地，實為漢代三都尉治屯戍之所，由平原通西域之孔道。斯坦因又據竹簡考定，玉門在武帝太始三年（《屯戍叢殘》第一葉）已在今小方盤城（此事勞榦據竹簡材料而成的《兩關遺址考》一文可作參考）。更證以漢及新莽時玉門都尉版籍，皆出於此地，則玉門不在敦煌之東，已否定了歷史上的謬說。竹簡中更可看見漢代的許多邊郡制度（勞榦有《從漢簡所見之邊郡制度》，見《中央研究院歷史語言研究所集刊》八本二分。又有《釋漢代之亭障與烽燧》，見《史語集刊》十九本，兩文考之最詳，即據竹簡為之，可參考）。又如西域長史一官，自黃初以來，即與戊己校尉同置，而其治所不在柳中而在海頭，因而魏、晉以來的邊郡官制及其治所，是：一、戊己校尉，屯高昌：二、玉門大護軍，屯玉門；三、西域長史，屯海頭，以成鼎足之勢，從可知之。而海頭一地，自魏、晉訖涼，皆為西域重地，蓋又不待言。這些問題，王靜安先生都從竹簡中一一證明，都是有關古代西域地理，與漢、魏、晉以來的官制設置，可補史之缺者。他如漢代效穀縣所在地，漢敦煌郡中都、玉門二都尉，及四候官之治所，步廣、萬歲為一候所之異名，王先生又根據斯氏地圖及竹簡所載各烽燧之名，決定某敦即漢之某地，由是沙漠中之廢址，驟得而呼其名；斷簡上之空名，亦得而指其地。這不是歷史研究上可大書特書的事嗎？由王靜安先生《敦煌所出漢簡跋》十四篇看來，某簡是宣帝神爵元年賜酒泉太守制書，某簡為神爵、五鳳中丞相丙吉於詔書後行下中二千、二千、郡太守的竹簡，某簡為玉門都尉下大煎都候官之書，某簡為玉

門都尉言事之書，某簡證明漢代制書體式，某簡為宣帝六年破先令羌事，勅酒泉太守武賢與趙充國使說合，某簡言漢丞相行下詔書之制，及漢時公文中術語向例，真是豐富得令人驚嘆。我們引一段羅振玉《流沙墜簡序》的話，以見一斑：

法儒……沙畹，……乃以手校之本（即沙畹校錄斯氏所得各簡之專書）寄至，乃以數夕之力，讀之再，……因與同好王君靜安分端考訂，析為三類。……乃知遺文裨益至宏，如玉門之方位，烽燧之次第，西域二道之分歧，魏、晉長史之治所。都尉、曲候，數有前後之殊，海頭、樓蘭，地有東西之異。並可補職方之記載，訂史氏之闕遺。若夫不觚證宣尼之欺，馬佚訂墨子之文；字體別構，拾洪丞相之遺；書跡遞遷，證許泟長之說，此又名物藝事，考鏡所資。……

不論是羅氏所舉的哪一端，都是學術文化上的要事、大事，這正是敦煌學之所以令人神往之地。此事若要詳說，則十倍於此，也說不完。好在這批材料，已經法儒沙畹（Dr. E. Chavanes）及羅振玉、王國維兩氏整理印行，即《流沙墜簡》一書是也。要知其詳，全書具在，不必再多說了罷！沙畹的書名：*Les documents Chinois decouverts par Aurel Stein dans les sables du Turkestan Oriental.* 此學除沙畹、羅、王而外，當以勞榦氏為第一。除了上舉的著作外，還有一部《居延漢簡考釋》，也是必不可少的參考書，全書分五大類，二十五個小題（即書檄、符券、律令、錢穀、名籍、疾病、死亡、器物、計簿、曆譜、小學、六經、術數、醫方等是也）。此外如陳槃的《漢晉遺簡偶述》（《史語集刊》十六本，凡釋功令、秋射、不害日、塞上軍吏不治民、天田、漢酒價等三十二題），夏鼐之《新獲之敦煌漢簡》（《史語集刊》十九本，如歲和

元、子奉謁不、酒泉玉門都尉等二十餘事，其材料是一九四四年在兩
關遺址與漢代烽隧遺跡所得的），都有參考的必要。勞氏他著，多見於
《中央研究院歷史語言集刊》之中。他的成就，雖也是從王、羅基礎上
建築起來，而實突過王、羅至多。譬如漢簡中的河西經濟生活，可算
得有決定性價值的文章。餘如漢代兵制及漢簡中兵制，漢代社祀的源
流，都是重要的有發現的著作，都是研究漢史者所必不可少的參考。

十　敦煌的語言文學材料

　　敦煌語言學材料應包括古漢語的一切書，──字書、音義、韻
書，及其他古外國語言，如窣利、吐蕃、西夏等。文學應當包括詞
曲、俗講、古代詩文集等。這是一個不太簡單的課題。但自從羅振玉
印行《雲謠集雜曲子》〔四四〕後，已開了對敦煌文學重視之門。《國粹學
報》影印吳縣蔣氏所藏《唐韻》，王靜安先生影寫倫敦《切韻》三種之
後，也已開了對敦煌語言學重視之門。國人對此兩類的研究，除了中
小亞細亞的部分古語文外，是比較有成績的。因之影響到這批材料的
鈔錄印行等工作，也就比較的多一些。現在我們來介紹，總也不外踏
著許多前人的腳跡來追尋。為了敘述方便，我先介紹文學部門，次介
紹漢語中的語音部門，最後才介紹到古代亞洲西部的許多民族或部族
的語言。

　　較早而又較有系統地介紹敦煌作品者，怕要算登載《東方雜誌》
上的王靜安先生《敦煌發見唐朝之通俗詩及通俗小說》一文，凡介紹
了藏在倫敦的韋莊《秦婦吟》一卷（為韋莊《浣花集》所未收錄者），
後人因此而為之考證解說者頗不乏人（巴黎所藏明題韋莊撰）。又介紹
了《季布歌》一卷（記漢季布亡命事的七言韻語，似後世七言唱本），

《孝子董永傳》（亦七言），及唐人小說記唐太宗入冥事，又《太公家教》（多用俗語，為當時幫助幼童讀書之用，實民間流行之小說），及《西江月》、《菩薩蠻》等詞，並及《雲謠集雜曲子》三十首中之《鳳歸雲》二首、《天仙子》一首等。全文祇是一種普通介紹性質，但實在是將敦煌文學的全貌，明白地宣告給國人，有篳路藍縷之功。其中有詩、詞、曲、俗文、俗講等類。此後繼起有人，而王先生對《秦婦吟》更加考釋，為此後敦煌文學研究開了門徑。

由王先生這篇紹介，已具體的分為詩歌、俗講、詞曲、小說四類。我們也即以此四類，分別介紹如下：

詩歌一類，也保存了許多古書，如《文選》、《玉臺新詠》〔四五〕（今存五十行全，七行殘，為敦煌唯一寫本，起雜詩二首，終石崇《王明君詞》一首）。諸總集殘卷，大可為校勘之用。《文選》殘卷在敦煌寫本中，約可分為有注、無注兩種，而有注本則以李善注為最通行，如 P.2527 卷，P.2528（永隆元年本，劉師培有提要，極精）、P. 2525、P. 2542、P. 2645 等都無注。其他還有 P.2543、P.2554、P.2658、P.2707 等卷，譬如 P.2658 的揚雄《劇秦美新》、班固《典引》，P.3354 的王儉《褚淵碑文》，與今本《文選》便有十幾字可資校勘之用。除此之外，如 P.2493 之陸機《演連珠》，P.2493（天成三年寫）、P.2847 之《李陵蘇武書》等（王重民有敘錄詳考）都可資為校勘之用。《玉臺新詠》羅氏有跋文介紹。此外倫敦有《陳子昂集》S.5971、S.5967 兩殘段。又李嶠《雜詠》的 S.555 卷。又巴黎有劉鄩《甘棠集》的 P.4093。又兩處共有《珠英學士集》的 P.3771、S.2717 等卷，王重民有敘錄論之。

詩歌一類的《秦婦吟》，自然有其至高的文學與社會史的價值，自羅振玉印行（《敦煌拾零》）為之跋，王靜安先生參照伯氏寄來的天復五年張龜寫本，及梁貞明五年安友盛本，及日人狩野所得本，為之考

證。張蔭麟為之校勘〔四六〕（見《燕京學報》一期），後來作者，尚不少，以陳寅恪先生之《校箋》為最佳。最後劉修業又集諸本作重校，頗有發現，茲不一一。

其他尚有可資校勘或補遺的作品，如《貳師泉賦》（鄉貢進士張俠撰。P.2488 及 P.2712），《溫泉賦》（天寶元年進士劉蝦撰，P.2976），《秦將賦》（同上卷），劉長卿《酒賦》（同上卷，又 P.2544 卷題雲江州刺史劉長卿撰。又 P.2633，無名），《龍門賦》（P.2544 卷，題南縣尉盧立身撰，永和九年作。P.2673 卷作河南縣尉盧立身撰）。此以賦名者。又如天寶年間的唐人小集（P.2492 卷），開元中無名氏的集子（P.2567），包含得有《梧桐樹》、《焉耆》、《番禾縣》、《金河》、《閒詠》、《平涼堡》、《嘉麟縣》、《鐵門關》、《自述》、《塞上逢友人》、《納職述懷》、《寄友人》等詩篇的卷子（P.2672 卷作於涼州者），還有包含有《王昭君》、《北邙篇》、《游靈鷲寺》、《游韶州廣果寺》等詩篇的卷子，有《敦煌二十詠》（P.2690），《敦煌廿詠》（P.2983）等卷子。又有包含馮待徵《虞美人怨》、魏奉古《長門怨》、《燕歌行》等歌詩的卷子（P.3195），還有包含《燕歌行》、《古賢集》、《大漠行》、《長門怨》、《王昭君怨》、《諸詞人連句》、《沙州十二詠》等詩篇的卷子（P.2748，正面為《尚書孔安國傳》，中間尚有《國師唐和尚百歲書》一篇），還有天福三年寫的《王梵志詩集》（P.2914，又 P.2718，共三十八首，附有鄉貢進士王　撰開寶二年闍海真書的《茶酒論》一篇；《茶酒論》又見 P.2875、P.2972 兩卷）。還有包含無名氏的《錦衣篇》、《老人篇》、《老人相向嗟嘆傳及雜詩》、《傳中都打馬毬詩》、《藏鉤詩》等詩篇的卷子（即上 P.2544 一卷之部分也）。還有唐人作的《胡笳十八拍》（即 P.2845，伯氏以為蔡琰作，非也，乃唐人作品，但與今本郭茂倩《樂府詩集》所傳字多異，余別有文跋之）。還有無名氏的《詠月詩》（P.2973），《女人百歲篇》

（P.3168），《咒願新郎文》（P.3350）等。想來我所未見各卷，是還多著呢（以上各卷多錄入余《敦煌雜錄》）！

　　詞曲一類，倫敦的《雲謠集雜曲子》，被朱彊邨先生引冠《彊邨叢書》的編首，而為舉世所重，是有其不可磨滅的原因。因為詞的來源，詞與詩的關係界限等，都可因此一小冊三十首而得許多啟示。並且以文學的價值來說，敦煌的詞曲，大抵出於民間，並非出於文人或有文學修養的人之手，論技巧可能是較差，論其所表現的民間現實生活，是最為真切。而唐自太宗以後，吐蕃漸強，幾與唐室相終始，敦煌正是逼處吐蕃兵爭最前線的地方，而河、隴一帶，又屢次淪陷，人民生活的痛苦可知，敦煌詞曲，正是反映了這些痛苦，反映了民族矛盾，反映了軍事的、戰爭的、祖國的、異族的許多矛盾情調，是處處表現得最為真切，令人百讀不懨。此外如《孟姜女小唱》、《五更調小唱》、《悔嫁風流婿》、《十四十五上戰場》及許多五言白話詩（P.3418及 P.3122 等）等。也有寫男女歡情的，寫市民交際的，寫征夫怨婦的，寫妓女的，寫市民的，無所不有，真是中國文學史上新生的一朵鮮花。關於這類材料，前有《雲謠集雜曲子》，近來王重民的《敦煌曲子詞》，共有百六十首，大概已近完全了，我們不必再費甚麼力來錄這批材料。近來任二北氏《敦煌曲初探》頗有些見到之言，讀者可參考此書，我此處不再多說了（任先生的《敦煌曲校錄》較王重民所收範圍為大，把一部分「曲」詞也收入，如所謂《連章詞》等是，亦自有其歷史發展根據）。

　　現在談到俗講，這一標題之下，大別為三類，以標題為「押座文」者為第一類，而以「緣起」為名者亦歸入此類。所有押座文，大都隱括全經，引起下文；緣起略同，惟篇幅較長，有如後世之引子、楔子之類。

標題為「變文」者為第二類，如《目連變文》、《降魔變》等，其體制大概相同。他如《季布歌》，或《大漢三年楚將季布罵陣漢王羞恥群臣拔馬收軍詞文》之屬，就體裁言，亦可歸人此類。

敷衍《維摩經》故事諸篇為第三類。此類作品，大都引據經文偈語，末總收以「□□□□唱將來」之格式，敷衍全經者為多，摘述一段者甚少。俗講話本正宗，大略即為此類作品。

這類俗講文學的體式，是一段散文，接著一段七言韻語，是當時流行在寺廟裡的民間文學。其內容都是演說故事，敷衍佛經，搬演史傳為多。唯作者志在化俗，故文辭通俗，意旨淺顯。最初大概是佛教徒的一種宣傳教義的通俗講唱，有講有唱。後來也搬演一點中國史傳，大為當時市民所愛好，佛徒借此化願宣教，所以是接合了佛經中的轉讀導唱（導唱就近取譬，仍以說現為主。而俗講則根本經文，敷衍陳篇，有同小說，此其異也）。與中土舊樂中的「六變曲」，或又以為與印度之所謂「Avadāna」不無關係，此為一未決之問題。

此類俗講文學之底本，即所謂話本者，敦煌流傳者尚不少。此等話本，且有插圖，如 P.4524 號的為《降魔變》，正面為變文六段，紙背插圖六幅，與文相應，是即一證。

俗講文學的研究，正是近十多年來許多人注意到的，因而題名也頗有不同。我這一段，全是以向達氏的主張為主。他的一篇《唐代俗講考》，頗為詳盡。其中還說到唐代寺院中的俗講、俗講儀式、俗講文學的起源與演變等，是這一問題的重要文章。讀者若要較深的探討，自可去尋該文一讀。此文後面附了一個《敦煌所出俗講文學作品目錄》，我採錄如下，作為材料的具體介紹。

（一）《目連變文》（北京成九六號。見《北平圖書館館刊》五卷六號，又《敦煌雜錄》）。

（二）又（同上麗八五號，又同上）。

（三）又（同上霜八九號。又同上）。

（四）又（同上盈七六號。又見《敦煌雜錄》）。

（五）又（德化李氏舊藏）。

（六）《大目乾連冥間救母變文》（倫敦 S.2614，收入《大正藏》八五卷）。

（七）又（P.2319）。

（八）又（P.3109）。

（九）《目連緣起》（P.2193）。

（十）《八相成道俗文》（北京雲二四號，收入《北平圖書館館刊》六卷二號）。

（十一）又（同上乃九一‧號，又同上）。

（十二）又（同上麗四十號）。

（十三）《八相押座文》（倫敦 S.2440，收入《大正藏》八五）。（十四）《降魔變》（胡適藏）。

（十五）又（羅振玉，收入《敦煌零拾》）。

（十六）又（P.4524，帶圖）。

（十七）又（S.4398 紙背）。

（十八）《降魔變押座文》（P.2187，下即為《破魔變》）。

（十九）《地獄俗文》（北京衣三三號，收入《北平圖書館館刊》六卷二號）。

（二十）《舜子至孝變文》（P.2721，收入《敦煌掇瑣》上）。

（二十一）《舜子變》（S.4654）。

（二十二）《漢將王陵變》（S.5437）。

（二十三）又（P.3627a）。

（二十四）又（P.3627b）。

（二十五）又（P.3867）。

（二十六）《昭君變》（P.2553，收入《敦煌掇瑣》上，又《敦煌遺書》第二集）。

（二十七）《張淮深變文》（P.3451）。

（二十八）《娑娑羅王后宮綵女功德意供養塔生天因緣變》（S.3491紙背）。

（二十九）《有相夫人生天因緣變》（《敦煌零拾》）。

（三十）《太子成道經》（北京推七九號，收入《敦煌雜錄》）。

（三十一）《大漢三年季布罵陣詞文》（S.1156，按，吳世昌對以下各文有校釋）。

（三十二）又（S.5440）。

（三十三）《季布歌》（S.5439）。

（三十四）又（羅振玉，《敦煌零拾》）。

（三十五）《大漢三年楚將季布罵陣漢王羞恥群臣拔馬收軍詞文》（S.2056）。

（三十六）《捉季布傳文》一卷《大漢三年楚將季布罵陣漢王羞恥群臣拔馬收軍詞文》（S.5441）。

（三十七）《秋胡小說》（S.133 紙背）。

（三十八）《伍子胥小說》（？）（S.528）。

（三十九）又（P.2794）。

（四十）又（P.3213）。

（四十一）《維摩經講話文》第一卷（羅氏，《敦煌零拾》）。

（四十二）維摩經俗文，北京光九四號，收入《北平圖書館館刊》六卷二號，又人《敦煌雜錄》。

（四十三）又第二十卷（P.2292）。

（四十四）又不知名第一卷（S.4571）。

（四十五）《維摩經押座文》（S.1441 收入《大正藏》八五）。

（四十六）又（S.2041，又同上）。

（四十七）《父母恩重俗文》（？）（北京河一二號，收入《敦煌雜錄》）。

（四十八）又（P.2418）。

（四十九）《阿彌陀經講經文》（？）（北京殷六二號，收入《敦煌雜錄》）。

（五十）又（P.2955，收入《敦煌掇瑣》上）。

（五十一）《彌勒上生經講經文》（P.3093）。

（五十二）《妙法蓮華經講經文》（P.2305）。

（五十三）《長興四年中興殿應聖節講經文》（一作《仁王經抄》P.3808）。

（五十四）《身餧餓虎經講經文》（？）（鄭振鐸）。

（五十五）《佛本行集經俗文》（？）（北京潛八〇號，收入《北平圖書館館刊》六卷六號）。

關於這一類材料，羅振玉的《敦煌零拾》，劉復的《敦煌掇瑣》，許國霖的《敦煌雜錄》，鄭振鐸的《中國俗文學史》，我的《瀛涯敦煌雜錄》都有一些，可以參考。近來看見周紹良的《敦煌變文匯錄》錄文二十餘篇，雖不過向氏三分之二，已算目前出版較多的變文集了。向先生的《敦煌變文錄》的全部，正在進行校勘中，大約不久即與國人相見，材料也大致是以此目為據的。

現在談到小說。唐代小說，本是新興文體之一種，在正統的文人集中，已經不少。其中題材多少有些理想成分，如《毛穎》、《賣蛇》

之類。《唐代叢書》（又名《唐人說薈》）所收多屬此類。但以通俗文學方式來寫的，以敦煌所發現為最多，大半都是以古史題材，作現實反映，合於大眾人民的理想與要求的作品。即如上面所引《季布罵陣》、《伍子胥》等，其實也是小說一類的題材呵。在我所讀過的敦煌卷子中，通俗小說其實已不太少，起碼足以說明文學史的上源流了。

王靜安先生舉的《太宗人冥記》，已是唐以後說部中所據為母本的材料，這是正式的小說。又以王先生舉到的《太公家教》來說，雖是「依經傍史，約禮時宜，為書一卷，助幼童兒」的教科書，其中也演繹了不少的古事。作為小說材料，也未為不可。他如 P.2564 及 P.3460 的《晏子賦》，是根據《晏子春秋》來演繹的通俗文學〔四七〕。P.2653 的《韓朋賦》是寫韓朋遠遊，其妻守貞，誓死不失節的言情小說。這兩篇仍以賦名，其實非賦也。他如《齖䶗新婦文》（P.2564 及 P.2633 兩卷）也是小說材料。又如 P.2653 的《燕子賦》、P.3048 的《醜女緣起》、P.2962 的《張議潮變文》、P.2553 的《昭君出塞》、P.2718 的《茶酒論》等，也都是小說，又如 P.3126 卷的《冥報記》，記孔基為孔敵所殺事，曇摩讖為沮渠蒙遜所殺事，皆為死者魂靈所報，雖文筆修飾，但也不能說非通俗小說（余有抄本）。這可能是文人所為，而也是以現實材料（傳說）為據的化俗書之類，為中土久佚之籍，也當在發揚之列。還有一卷句道興撰的《搜神記》，也是志怪小說之類。

文學一類因為學術界人士比較愛好者多，所以材料刊布比較多，討論文章也多，所以我祇簡單提個綱領而已。

此外還有一些類書，也是為文學而編纂的，如巴黎藏本羅氏印過的《修文殿御覽》，及類似《兔園冊府》的類書及李若立的《籯金》等（劉師培氏有提要，極精），都是類書之佳者，並可作唐以前古籍校勘之用，也為久亡之本，其可貴可知！《籯金》久已亡佚，由羅氏《鳴

沙石室叢殘》中所印一卷，可知大要。全書凡五卷，分為帝德、諸
君、諸王、公主、東都、西京、明堂、功臣良將、輔臣等五十題。每
篇有文有事，與今存《初學記》體例頗相似。即羅氏所謂《兔園冊子》
之類也。寫者為張議潮之宗人，當為大中、咸通之物。

　　現在來談到語言方面的材料。

　　這一批材料，分量並不多，但內容是相當複雜的。為了使人易於
明白，姑分為五類述之。一為古籍殘卷，二文字，三音義，四韻書，
五古外國語言。

　　古籍殘卷，是指《爾雅》、《玉篇》之屬。我們知道黎蓴齋在日本
所得唐寫本《玉篇》殘卷，與今本大不相同，而且來歷不明。但自羅
振玉得黎氏原據各本後，則知黎書訛誤增刪，不大可靠，而「其原本
書法勁妙，迥出初唐人手」。及細審羅氏印本，稍習敦煌經卷者，都能
知其必為敦煌寫本，可惜除此而外，尚未見他本，姑置之不論。巴黎
藏有《爾雅》二卷：P.2661 一卷，今存《釋天》、《釋地》兩篇，P.3735
卷今存《釋丘》、《釋山》、《釋水》三篇，卷末有「爾雅卷中」字樣，
最後復有題記云：「大曆九年二月二十七日書主尹朝宗」云云（按卷末
有張真「乾元二年十月十四日略口（似寫字）。乃知時所重，亦不妄
也。」中尚有雜亂字，當為學書者所寫。張真題記，字極佳，「乃知時
所重」以下九字，筆意結構，酷似蘭亭。〔四八〕乾元二年前於大曆者二十
餘年，則題記顯與正卷不符。但卷末大曆、乾元兩題中，尚有「天寶
八載八月二十九日寫」一行，似與張題相應。但大曆題字，字跡墨
色，皆與正卷不殊，而紙幅又無接痕，則天寶、乾元兩題乃後人戲為
追寫。這兩卷其實是一卷之裂，自紙質、墨色、款式、字跡皆可斷
知。除《爾雅》一書外，《說文》、《字林》二類較專門的字學古書，在
敦煌尚未發現。大概當時當地的需要，祇是如此。《爾雅》是六朝以來

列於國家教科書的古籍，故當時人習之，敦煌人亦習之。

　　第二類是字書。這所謂字書，並不指《說文》、《爾雅》、《字林》、《玉篇》之類古籍，是專指唐代敦煌民間所流行的幾種字書。一是《千字文》，二是《字寶碎金》，三是《俗用字要》，四是《雜辨字書》。

　　《千字文》在巴黎藏卷中有四五卷之多。此書作者是鍾繇，注者是李暹，而周興嗣為之次韻（此說見敦煌卷子 P.2771，與一般說法不同，伯希和氏有詳考，其說可信）。是唐以前的通俗字書，故敦煌的人民，是需要的。所以寫本在一切字書中為最多。其中以 P.3108 卷為最完整。餘如 P.3168、P.3170 都是。而 P.3419 卷後附藏音，可見在吐蕃時代的藏人，也習此書，則其為當時民間流行的書無疑了！

　　《字寶碎金》，這是用 P.2717 卷的書名。唐時民間通行的一種辯字音的書，依四聲分類，每類摘錄若干俗語、通用語，也有經史中語，將其中一、二字的音，用反切注出，如人瞠眼（丑庚反，怒貌），丑庚反是音瞠字。馬趉踏（所交反），所交反是音趙字。崢嶸（士爭反，下橫），是音崢嶸二字。又如貪婪（音藍）又惏，這是為婪注音，又為婪寫出或體。這裡面有趣的俗語是很多的。大體是唐代西北方言中的俗語，為考唐音者最重要的材料，也是要讀唐以來俗文學者所必不可少的「字典」。全文已錄我的《瀛涯敦煌韻輯》的最後面了！

　　此外還有 P.2758 一卷，是以韻分類的，彙集常用同音字於一處的。其實也可以放在韻書一類去講，不過他的要點是在認識許多常用同音字，而不是在作詩用韻。它也是依陸法言韻次排列下去的，可惜祇存東至戈止，連平聲韻也還不全。如洪烘（二字同戶公反），庸傭鏞蓉瑢（餘封反五同），蹏渵綈緹（杜奚反），哦峨俄鵝蛾（五何反），訛吪（五禾反），蘿攞囉剆（魯何反）。這我們不難一眼即知其為同音字典了。據我考證，是以孫愐《唐韻》為據的摘字本。已收入我的《瀛

涯敦煌韻輯》中。

《俗用字要》，以 P.2609 卷為例。此卷名《俗物要名林》，一卷，這是唐代另一種編輯方式的字典，以事物為類，各類錄通用常用的名物，然後注其音義，可惜前面有殘缺。現起量名的十撮為一勺，以下為市部（擬）、果部、菜蔬部、酒部、□食部、飲食部、聚會部、雜畜部、獸部、鳥部、蟲部、魚　部、木部、竹部、草部、舟部、車部、代伏部、□□部（當是河流部）、□□□（當是藥物部）、手部，共二十一部。這種分類編輯法，本是六朝以來類書體式，也是適應當時民間需要而作的。每一名詞下，都有音，大體一字者一音，二字者二音。稍艱澀的字，則注其義，如「樟，竹樟也，薄皆反。紅，轂中鐵也，音工。枸杺，上古佳反，下音心」。但是每字必有音，即最普通字也必注音，而義則並不全有，可見此卷的要義，還是在於正音。所有的音，以反切為最多，其次是直音。我細為分析，所有反切用字，直音用字，無出陸法言《切韻》一系之《唐韻》以外者。又其中俗字極多，很多是一般字書、韻書之所無。故此書是為俗務要名而作的，是唐代社會——尤其是敦煌一地的社會的寫真。我們由此不僅可以看見西北語言情況，也可以看見中古時西北社會活動情況。倫敦一卷是乾符六年寫本。

字書之類還多，上三類已足包舉諸體。有的不過是三類的放大，如 P.2537、P.2659（殘字書，釋馬字）都是。倫敦尚有郎知本撰的《正名要錄》，後唐泰清二年寫的《開蒙要訓》，此處不再詳談了。

第三類音義。一提到音義的書，我們便立刻想到《一切經音義》，因為敦煌是佛教聖地，佛經之多既如此，則佛經音義，必然是不少的。其實許多佛經的經文的卷子後面，便附有音義，故獨立的佛經音義，是不應更多了。但在巴黎藏中，連玄應的《一切經音義》（P.3095）

與慧琳的《一切經音義》（P.3734）都有了。許國霖氏所錄得的音義，便是附在每卷正文後面的，其中已有《妙法蓮華經》、《大方等大集經賢護分》、《金光明最勝王經》、《菩薩瓔珞本業經》、《大莊嚴論》、《三論》十卷等，其中《妙法》、《金光明》是唐代最流行的兩經（見前），可見這也是應了當時的需要而有的。

　　我想要一卷卷來列，不是通俗讀物的需要，我衹想提出一、二卷特別對目前古典研究工作有用一點的來説説。其有的已在儒家經典中，或者已在其他篇章説到者，我多省略。但《尚書王肅注音義》一卷，雖在儒家經典已説過，但彼處是以隸古定文字為主體，此處應以音義為主，重説一説。因為這是現傳儒家經典音義中最早而且也是最好的一種，這卷子不僅大量使用反切，而且也有直音，這是標誌著反切之用，在漢末已大興盛的事實。從語音史上看，他與開元本《周易音義》（曾刊入羅氏《鳴沙石室古籍叢殘》），《禮記音義》之一，《禮記音義》之二（日本昭和十五年京都帝國大學文學部影印流行）四卷，羅莘田教授曾為之作過分析，標立九目，與今本通志堂刻《經典釋文》相較，在六百四十五條音切中，僅有今本與寫本音切用字不同，而音類亦異者四條，因斷為於音系異同，無何影響。則唐、宋兩代之改竄《釋文》，是於文字訓釋者多，涉及音韻系統者殊尠。偶有增益之音切，類多復見習見，絕少超軼原書音系以外者。

　　此外我想特別講講的是比較對一般人多所學習到的兩個書的音義，即是《毛詩音》與道騫《楚辭音》。徐邈《毛詩音》，藏巴黎，原號為 P.3382，共存《大雅》十六、十七、十八三卷，共九十七行，起《大雅・旱麓》「鳶飛戾天」傳「鴟類」之「鴟」字，至《召旻》五章「胡不自替」之「自」字止，幾乎是全部《大雅》的音義，以與今本《經典釋文》相較，則出入極多。此本以音為主，故音多而義少，一也。

音多用反語，陸本則時用直音，此其二。出字多少，與今本不同，三也。引舊音亦多異，四也（如《思齊》之「無射」，今本云「毛音亦」，卷子作「毛羊石反」。又如同篇「列」字，今本作「烈」，注云：「毛如字，業也。鄭作『厲』，力世反，又音賴。」卷子本字作「列」，音義云：「毛力哲，鄭為厲，良滯反，《説文》云：惡疾」）。篇題分卷，亦不全同，五也（如《生民》以下為卷十七，今本無此分）。音切用反字時，有省略反字者，今本久無此例，六也。文字亦多不同，如「思齊」之「齊」，陸本作「齊」，而卷子作「齌」，七也。又卷子引《説文》最多，今本則引《説文》處多不明出處，八也。總觀寫本，可以資為校勘考證的地方，非常之多，此處不能詳列了。

　　《楚辭》釋道騫《音》，即 P.2494 卷，伯氏誤為殘字書者也。僅存《離騷》「駟玉虯以桀鷖兮」以下至「雜瑤象以為車」止，共存八十四行。這是《屈賦》現存的最古的本子，其文字與今本頗有不同，而且連宋人也似未見過，其為可貴，是毋庸懷疑的。我已全部分別採入我的《屈原賦校註》中，別又整個錄入《敦煌雜錄》中。與今本較，大約有幾點不同：文字多不同，一也；二音切不同於宋人所傳各本，如朱熹、洪興祖諸注所錄，而且又有許多特別字音，大概就是道騫所特別誦讀的楚音罷，二也；其註中的字義解釋，頗與王逸不同，而用雜説處更相異，三也。尤其特別的是有所謂「協韻作某某音」的協韻之説，在音史上，有其一定歷史作用。又正字形處，則曰「宜作某」。此所「宜作某」，有為宋人傳本中相同之處，可能這個本子，在唐以前是很流行的，所以敦煌也有了這一卷書。還有對於古史材料及異禽異獸，特別注得詳細，引《山海經》的地方，也特多（我疑心洪興祖見過這個本子）。這都是我們不可不注意的。

　　我重點的介紹了這三個卷子，以説明敦煌卷子中音義方面保存的

重要材料，是相當的多，而且特殊。其他如《莊子音》、《文選音》（P.2833）、《一切經音》——尤其是 P.2901——都在語言語音學史上，有不可思議的價值。此處不多説了。

第四類韻書。韻書的成立，本來是在齊、梁之間。但自隋陸法言《切韻》成書以後，長孫訥言為之箋注，唐人取士也用了陸韻，於是而古韻書全都亡佚。敦煌所有的寫本，都是與當時民生有關的書，佛經是佛教徒用的，韻書是士子進取用的，則敦煌無無用之書，是可想像的事情。所以我們可以作一結論：所有敦煌的韻書，都屬於唐人所使用的陸韻一系的韻書。據我所讀過的卷子來説，如法言《切韻序》有 P.2129、P.2638、P.2019 諸卷。屬於法言原書的韻目者有 P.2017，及巴黎未列號之戊。屬於法言的原本者，有倫敦的 S.2683，巴黎未列號諸卷之乙。屬於隋末唐初增字加注本者，有柏林藏 JIVK75，及倫敦 S.2071。屬於長孫訥言箋注本者，有倫敦的 S.2055，巴黎未列號之甲。屬於王仁昫《刊謬補缺切韻》者，有巴黎之 P.2011（國內別有兩個本子，一是羅振玉所印的項子京跋本，一是故宮博物院印的宋濂跋本，與此本大同小異）。屬於改革韻系與《廣韻》相近的孫愐《唐韻》者，有巴黎的 P.2018，P.2016，柏林的 VI21015。屬於《廣韻》的母本，晚唐諸韻集成本者，有巴黎的 P.2014、P.2015、P.5531，及未列號諸卷之丙。屬於北宋刊本的《切韻》者，即柏林的 JIID1 等。還有所謂《韻關辨清濁明鏡》一書，也見於巴黎未列號之丁。從這一系列的卷子中，我們考得了陸法言以後的唐人韻書的真像，及其演進的方法方式。又在王仁昫各卷中，列有各韻分合所用魏、晉以來各家韻部分合去取的説明。我們又從這個説明上，考出了陸氏《切韻》的成書，所謂「論定南北是非，古今通塞」的攝取分散諸家的具體情況。於是陸韻系統，因以大明。這不能不説是拾二千年來已佚的墜緒。中古音的情態，因而大明。則

中古所本之古音，也因而大明。對學術上是有一定的貢獻的。這批材料，我已在十多年前整理成為《瀛涯敦煌韻輯》一書了。不必再要去尋原始材料，即以此為本篇的介紹可也。

第五類古外國語言材料。此處之所謂古外國語言材料，是指西夏文、窣利文等現已亡佚的古代（中古時代）許多部族語言而言。這類語言現在的研究已有相當的成績，在歐洲學術界尤為重視，但不都是靠敦煌發現的這點材料來作的，大多數是結合蒙古、新疆所得的材料，才發明、發現這些語言的讀法〔四九〕。所以我們介紹，也祇好連同這一部分成績算進去。但我所知，實在太少，我祇能介紹一些已印行了的著作。大概所有材料，都在這些著作之中收羅去了。要是讀者欲作此類的專門研究，也可尋此書目而研究。

說到河西、西域、中小亞細亞一帶古語的研究，便不能不想到已故的羅福萇（君楚）先生，他是第一個創通西夏文的學者，他的著作都已自行印行。自他以後，怕要推伊鳳閣（A. L. Ivanov）的《西夏文研究》（Zur Kenntniss der Hsi-Hsia Sprache, *Bulletin de l'Academie Imperiale des Sciences de St. Petersbourg*, 1909）及王靜如的《西夏文研究》（已由前中央研究院印行）。這兩人的著作，在國內看見的人很多，我不用多說。此外如俄國 Nicholas Nevsky，法國有 M. G. Morisse，德國有 E. von Zach 及 Mrs. Anna Bernhadi 兩人。在《通報》（*Toung Pao*）的一九一九年出版一期中，有 B. Loufer 的一篇「The Si-Hia Language , A Study in Indo-chinese Philology」。但伊鳳閣的一篇《西夏國書說》，是篇綜合性的重要基本著作。

于闐語的重要著作，有 Sten Konow 氏的「Khotan Studies」（*Journal Royal Asiatic Society*, April, 1914）。又 Indoskythioehe Beitrag（Sitz. d. Konigl, Preuss Ahad., 1916）。又 A. von Stael- Holstein 氏之 Tocharisch und die Sprache II（Bulletin de l'Academie Imperiale des Sciences de St-Petersbourg. VI serie,1908）又 E. Leumann 氏之 *Zur nordarischen Sprache und Literature*. Schriften D. Wissenschaft Lichen Gesellschaft in Strassburg X, 1908。又 F.W, Thomas 氏之 The language of Ancient Khotan（Asia Major. Vol. II, Fase. 2，Apr. 1925）　而 P. Pelliot 氏之 Les Influences Iraniennes en Asie-Centrale et en extreme-Orient,（*Revue d'Histoire et de Litterature religieuses*, N. S., III, No.2 1912）實為其中堅。

龜茲語研究之者較多，茲舉其重要論文如次：

（一）E. Sieg und W. Siegling, *Tocharische Sprachreste*, Bd. 1. A. B. Berlin W. Leipzig, 1921.

（二）S. Levi, Le "Tokharien B", langue de Koutcha（*Journal Asiatique*, sept-oct., 1913）（此文馮承鈞氏曾譯載《女師大學術季刊》一.四號）。

（二）L. Auroussean, A propos de l'article de Sylvain Levi: Le Tokharien B, langue de Koutcha（*Toung Pao*, No.3.1914）

（四）A. von Stael-Holstein, Tocharisch und die Sprachl.（St- Peterssburg, 1909）.

（五）F. W. K. Mubler und E. Sieg, Maitrisimit und "Tocharisch"（*Sitzungsberichte der Koniglich Preufiischen Akademie der Wissenschaften*, 1916）.

（六）E.Sieg, Ein einheimischer name fur Toxri（lbid., 1918）.

（七）E. Sieg und W. Siegling, Tocharisch, die Sprache der Indoskythen（Ibid., 1908 XXXIX）.

（八）Lindquist, Zur Problem "Toxri"（*Le monde Orienta*, 1916）.

（九）E. Sieg und W. Siegling, Die Speisung des Bodhisattava vor der Erleuchtun. Nach einem in Turfan Gefundenen Handschriftenblatt in der B-Mundart des Tocharischen.（Asia Major. Vol. II, Face. 2, Apr. 1925）.

（十）S. Feist, Der gegenwartige stand des Tocharerproblems. Westasiat.

Zeitscher. , VIII , 1919-20.

窣利語，伯希和謂為嬀水流域康居、大夏之古語，性質屬於伊蘭語系，普魯士學士會員穆勒（Muller）及安特利亞（Andraeus）二氏曾研究之，而高蒂奧始通其讀。其重要著作有：

（一）R. Gauthiot, *Essai de Grammaire Sogdienne. Parti I: Phonetique*, Paris, 1914-1923.

（二）R. Gauthiot, Une Version Sogdienne du Vessantara Jataka （Joum. Asiat., jan.-fev., 1912 mai-juin, 1912）.

（二）R. Gauthiot et P. Pelliot. *Le Sutra des Causes et des Effects, texte sogdien de Touen-Houang*. Paris 1920-29.

古突厥語之研究，以穆勒（F.W.K. Muller）、潘恩（Bang）、卜拉克爾曼（Brockelmann）諸人為最。丹麥湯姆孫（Wilhelm Thomsen）亦有成就。穆氏有 Uiguri ca I-III.（*Abhandlangen der Preussischen Akademie der Wissenschaften*, 1908, 1910, 1922），湯姆孫有 Tuscica （Memoires de La Societe finno-ougrienne XXX VII, 1916.），《闕特勤突厥文研究》（Dechiffrement des Inscriptions de L'Orkhon et de L'Ienissei. 1893，又 "Ein Blatt in turkischer Runenschrift aus Turfan." *Szb. der K. Preussischen Akademie der Wissenschaftan*. vol. XV, 1910），勒考克（Le Coq）氏有 Ein christliches undein manichaisches manuskriptfragment in turkischer Sprache Turfan.1909，又 Manichaica.

斯坦因所得木簡中之佉樓書，為之考釋者，有波以耳（A. M. Boyer）、剌普遜（E. J. Rapson）及賽納爾（E. Senart）三氏，其書有 *Kharosthi Inscriptions discovered by Sir Aurel Stein in Chinese Turkestan, I-III.* Oxford, 1920-29。

吐火羅語研究者較少，我僅僅知道的祇有西額及西額林合著之《吐

火羅文之研究》（E. Sieg & W. Siegling. "Tochrisch, die Sprache der Indoskythen," *Sitzungsberichtte der K. Preussischen Akademie der wissenchaften.* Vol.XXX IX 1908）一文，他無可説。伯希和氏所得材料，則由西畹萊維（Sylvan Levi）及美以愛（Meillet）二氏研究之，頗有成績。此種語言，本為印歐系語新發現之一語系，在語言史上頗為重要。

東伊蘭語，亦與窣利語同屬伊蘭語系，惟文法構造已離原始狀態。斯特拉斯堡大學洛以曼（Lenmann）教授假名為「第二第三語」。然吐火羅語行於吐魯番、庫車一帶；而東伊蘭語則行於塔里木河以南，東自敦煌，西至于闐皆用之；而窣利語之行使更廣，自漢迄唐為中亞細亞通用語言。

十一　敦煌的科學材料

敦煌科學材料，要是僅從文獻古寫本中來説，是很少的。但人民的實際生活中所有一切，大體都與科學有關，如衣、食、住宅、使用工具等，莫不是與其時代相適應的。但這應就一般而論：就同時各地的一般人民生活而論，就六朝、隋、唐的一般人民生活而論。若單從敦煌來説，從敦煌的材料來説，則如塑像黏土的調和是科學，塑像與壁畫用的顏色是科學，貼金是科學，簷窟的木構建築是科學，楮白硬黃紙是科學，寫字的朱墨金粉是科學，染黑紙寫金字是科學，絹綉上的許多絲絹線是科學，綉花也有科學，雕版佛像佛經是科學，因而印刷術也是科學。我們要是一件件去追尋，祇要是一個物質，在敦煌的藝術——造型藝術——中、寫本中，所用到的一點一滴，莫不是當時的科學成就。梁思成一篇《從敦煌壁畫中去探索中國古代建築》中，「院的部署」、「殿堂」、「層樓」、「角樓」、「門」、「闕」、「廊」、「塔」、

「臺」、「牆」、「城牆」、「橋」，乃至於「臺基」、「柱」、「闌額及枋」、「斗拱」（鋪作、材與栔、斗和拱、昂）、「梁」、「簷椽」、「屋頂」、「瓦」、「瓦飾」、「門窗及牆」、「欄桿」、「窟椽彩畫」（見《文物參考資料》二卷五期），這真是一篇精心允當的發現。又，同書有陰法魯氏從壁畫中所認識出的唐代音樂和舞蹈，也是值得學習的文章。像這樣的探討，是可以大量從各方面、各種科學的門類去深厚細緻從事的。那麼這一個敦煌科學材料的課題，是寬博到敘述也不易敘述的地方。它可能關涉到中國中古時代的工藝史、科學史。這我們每個文化藝術科學者，都有責任去為敦煌的某種工藝或科學去努力，有如文獻工作者之於敦煌文獻。那末便不是我這短書所能詳，也不是我個人能力所及，所以現在收束下來，祇談談在敦煌文獻——卷子中所見到的科學材料。

敦煌卷子中所見到的科學材料，可真少得很。有許多似乎近於科學，而又不是科學的材料。把這一切除外，真有科學價值的，在我看來，祇有兩類：一是醫藥材料，一是曆數之學。因為這兩種事情，僅次於日用飲食衣服，為人民大眾必不可少。表面是通俗用的，而內容卻又是較為專門一點的書，這是人民所需要的。病了要醫，因而必然要有醫藥知識。耕作必須掌握時序，人與人有交際往來，也必然要有時日的記載與記憶，因而要有曆，如此簡單而已。其他再加點算術、營造、馬經、獸醫，已夠邊地居民與屯戍人家所用。「得此已足，故不復有他籍也！」

先說醫藥。

敦煌卷子中有若干卷《本草》，羅振玉氏影印一卷陶隱居的《本草集注序錄》凡存三三頁，卷末題《本草集注第一序錄》，這是開元六年九月的寫本，這是千多年來已若存若亡的古代醫藥專書，不知經過了

若干科學家苦心的研究，然後由經驗中去得到一些結論。陶隱居不過是幾千百醫藥科學工作者之中一個為遺產作總結的人，他這書成為兩千年來中國人民醫藥的聖典，不是偶然的。

這個卷子是唐以前寫本，是陶氏原本，其序錄中有云：「有毒無毒易知，惟冷熱須明，今以朱點為熱，墨點為冷，無點者是平。」這本寫法，便是朱墨雜陳的。但在《證類本草》所引陶氏《序錄》則云：「惟冷熱須明，今依本經別錄，注於本條之下。」是唐慎微所見陶本，已與原本異，則本卷為原本無疑。它可以作為政和、大觀兩《證類本草》及《食療本草》等所謂《唐本草》的校刊。又如 S.4534、P.3714，李勣、蘇敬《新修本草》（王重民先生所定者），也見《兩唐書志》，中土久亡，祇見日本，都可以作宋以後一切《本草》的祖本。

除此而外，在巴黎、倫敦各卷中，還有三五卷以上的《食療本草》。《唐書·藝文志》有《食療本草》三卷，同州刺史孟詵撰。此書也祇有後人續引的材料，而原書也已若存若亡了。現在巴黎、倫敦兩地存本，以《政和本草》所引《食療本草》校之，皆合，惟語有詳略，已頗名貴。且其書以朱書藥名，藥性冷熱，皆用小注旁。則對陶隱居原本的改易，亦自唐人始矣。關於《本草》的研究，以日本學人最起勁，國內還少人下功夫。《浙江省立圖館館刊》四卷五期有朱中翰《敦煌石室本草之考察》，也可以作部分參考，此外則尚少知聞。

又在巴黎藏卷中，有 P.2637 的藥方，P.2662 的藥方、醫方，P.2703 的藥方，P.3093、P.3201 的藥方，P.3287 的醫藥殘書等。又羅振玉《貞松堂西陲秘籍叢殘》中的《療服石藥方》，詳載病情、脈理、病因等，後各立醫方，及治療方法、煎藥方法等，至為詳盡，又是醫方中的最別緻的一種。

又 P.2675 伯氏注云：「新集備急灸經，下題『京中李家於市東印』」，

蓋自印本上抄錄者。云『灸經云四大成身』。他面為《神靈藥方》，咸通三年（八六二）書。」則為針灸術之僅見於敦煌者，但兩《唐書・藝文志》不載，當為佚冊。且又是從刊本中抄下，則其書當時盛行，且刊刻醫書，就目前所知，當以此書為最早了。

又 P.3477 卷為《玄感脈經》一卷，此當為脈理專書，也是敦煌僅見的醫書。內容如何，雖不可知，要必可貴是無疑的了。兩《唐書・藝文志》不載此書，當為佚亡典籍，更覺可貴。又 P.3481 卷，伯氏注云：「兩殘抄本，其一為醫書，其首句云『肺脈急甚為癲疾，微急為肺寒。』」想亦為《脈經》一類書。願國內醫學界人士，有人能注意此事，加以搜輯，正是發揚中醫的必不可少的一個過程。要是更結合斯坦因在玉門遺址所發現的顯明燧藥函來看，是很有價值的醫藥史料。

其次我們說日曆。

敦煌日曆的形式，與我們普通所見本，頗有些不同。如 P.3247、P.3248、P.3403、P.3476 四卷，伯氏皆注云：「凡星期日均以朱書『密』字（P.3476 作『蜜』，當為誤字）識之。則『密』字為星期日之專名。其書又名曰《七曜曆》，如 P.2693 是。」以七曜定日名，注有每日十二時的吉兇。如蜜、莫空、雲漢、嘀日、溫沒斯、舣溢、雞椴，這也是七曜曆的譯名。（羅振玉有跋文可參，但用字有誤。按密、莫空等乃七曜日名之胡譯，諸書頗有不同。日曜日名「密」，巴黎藏《七曜占星書》作「蜜」。月曜名「莫」，本卷作「莫空」。火曜日作「雲漢」，諸書同。水曜日作「咥」，本卷及《七曜占星書》皆作「嘀」，雍熙三年曆日序作「滴」。木曜日作「鶻勿」，本卷作「溫沒斯」，《七曜占星書》作「鬱沒斯」。金曜日作「那歇」，七卷作「舣溢」，《七曜占星書》作「郜頡」。土曜日作「枴院」，本卷作「雞緩」，《七曜占星書》作「雞椴」。）《七曜曆》是佛道入中土後，由佛教徒傳入的。〔最早記載高僧之通七

曜者，以僧祐《出三藏記集》所載安世高。言「世高為安息國王改後之太子……外國典籍，莫不該貫，七曜五行之象……悉窮其變」云云。又世高來華，在桓帝建和二年（一四八），《續漢書》載劉洪於靈帝熹平三年（一七四）上七曜術。此後史不絕書，而僧道中為最多。參《莫高窟年表》。〕晉末復有徐廣之《既往七曜曆》。七曜入中土後，對於中土曆法上是有所提高的。且七曜曆專家中尚有一個大家趙㪍，正是敦煌人，即曆法中所謂「甲寅元曆」〔大概是元嘉十四年（四三三）前的人〕又名「乾度曆」（見梁元帝《金樓子》），又名「玄始曆」（見《魏書》一○七上《律曆志》）。現存敦煌卷子中的曆，七曜曆居主要地位，這正是魏、晉以來的傳統（沙畹、伯希和兩人以為七曜曆輸入中土是摩尼教傳教士之力，說詳 un traite manicheen retrove en Chine. *Journal Asiatique*, 1911-1903，馮承鈞譯後段，題為《摩尼教流行中國考》，商務印書館印）。近人葉德祿有《七曜曆入中國考》一文，論之頗詳。這在中國顯然採用西方曆法此其一。書的名字或曰「某年具曆」（如 P.3247 曰《大唐同光四年具曆》一卷），或曰「具注曆」（如 P.2623《己未歲具注曆日》，P.2403 云《丙戌歲具注曆日》，倫敦天福十年、太平興國七年二本亦曰《具注曆日》）。亦有不加「具注」二字者（如 P.2765 祇云《甲寅年曆日表》）。大概所謂具注者，是每日下有吉兇宜否的注子（如上舉 P.2693 下注有每日十二時之吉兇）。則所謂「具曆」者，也即是「具注曆」之省。可見今本曆書之有吉兇等類注子，很早以來已經如是了。此其二。又當時曆書，不盡頒之於中朝，如 P.2623 有「翟奉達撰」字樣、P.3247 有「隨軍參謀翟奉進編」。〔按此翟奉進必為上卷之翟奉達無疑。又按，倫敦有顯德三年《丙辰歲具注曆日》一卷，注云：「登仕郎守州學博士翟奉達纂上，寫校弟子翟文進書。」則翟氏蓋世傳曆學（見後）。達之誤進，非僅於字形之筆誤矣。又按，卷子中有

奉達所寫《逆刺占》一卷，題記稱「天復二年年廿」，則奉達實生唐僖宗中和元年（八八一）。則撰同光丙戌曆時，年四十四，方當壯盛之秋，撰顯德己未曆時，年已七十四。守州學博士，至本卷（P.3247）之成，已登大年，年七十七矣。時序井然。則奉進為奉達之誤，必矣。奉達原名再溫，亦見於題記之中。又向達氏在敦煌曾見翟奉達上《壽昌縣地境》一書，《具注曆》中，別有天福十年《壽昌縣令》一卷，亦在奉達仕年之中，則奉達蓋當時博習技藝之士，為敦煌世家矣。又羅振玉《貞松堂西陲秘籍叢殘》中有天成六年殘曆一段，與此卷字跡極近。天成六年，去同光四年僅五年，亦為奉達所纂無疑。則奉達年二十左右，為寫官；四十左右，為造曆之史，可自此等零星材料，細心推考而知之矣。又按倫敦尚藏有北宋太平興國七年《具注曆日》，有撰者結銜云：「捍衛知節度參謀銀青光祿大夫檢校國子祭酒翟文進撰」云云，此翟文進，又必是二十六年前（顯德三年）為奉達寫校弟子之翟文進。則翟氏蓋敦煌一縣世掌天官之司馬氏矣。後此四年之雍熙三年丙戌歲《具注曆》，為安彥成編，翟氏之名，乃不復見。〕又如 P.3403之《丙戌歲具注曆日》為安彥成編，其時為雍熙三年（九八六），去翟奉達同光四年所編實週一甲子，則謂唐末五代乃至北宋初期敦煌曆書，皆當地自行編纂，當無大誤也[五十]。此其三。凡此皆為中國曆學史上重要事件，——尤其是第二件。——是為研究中國科學史者必不可不注意的材料。《華西大學中國文化研究所集刊》第四號有一篇章用的《敦煌殘曆疑年舉例》一文，是討論敦煌曆的論文。國內有的材料，見於羅氏《貞松堂西陲秘籍叢殘》者，有後唐天成元年殘曆、後晉天福四年、天福十一年殘曆三種，可作參考。

　　我想在目錄中還有《星占》殘卷（P.2512，羅振玉以為初唐人著作，備載甘、石、巫咸三家內外官星總二百八十三座，一千四百六十

四星，與《晉書‧天文志》陳卓的《星圖》相合，為今存星書的最早可考者，與李淳風《乙巳占》、瞿曇悉達之《開元占經》並傳）。星占書在巴黎還有 P.3081（以七曜曆為據，書中日名皆用粟特文），P.3064、P.3028（以十二獸名紀年歲干支）、P.2964（有圖）等。能輯而研究之，是很應當的（陳槃氏有《咸通鈔本三備殘卷解題》一文，是考定 S.6015、S.6349 兩卷的文章所謂《三備》，是上備言天文，中備言卜筮，下備言地理。這是講卜筮星占的專書，故亦附於此）。

此外在目錄中，可以判知其為有關科學的卷子如 P.2667 的算學的《營造部》，李儼氏有一篇《論敦煌石室立成算經》的文章，可作重要參考。如羅振玉印的《敦煌水部式》，可校《六帖》、《唐六典》，可訂證《唐百官志》的疏誤，可知唐代轉漕，於水陸常途外，曾有海途（羅氏長跋可參閱）。又如 P.3121 為營造屋舍園亭規畫，這是有關營造的科學。要是集合公私收藏，細為探討，則屬於科學範圍的文獻，是可能更多些，可惜公私目錄都不全，我們無法「按圖索驥」，正有待學人之努力！

《齊民要術》也頗有農事及小手工業技術上的一些科學價值，在敦煌也發現殘卷，頗可作為今本校勘之用。要是更能結合日本高山寺所藏北宋刊本，細為料理，必定有許多可正今本得失的材料。

參考五十則

〔一〕玉門關位置及與敦煌的距離　玉門關應在敦煌西，東經九十四度稍西一點，即斯坦因所發現的小方盤城，距敦煌約二百里，而且其設關當在敦煌建郡之前。近世學人，多據《史記‧大宛傳》言貳師將軍「引兵而還，……至敦煌，……上書……願且罷兵，益發而往，天子聞之大怒，而使使遮玉門曰，軍有敢入者斬之」的話，斷玉門在敦煌以東，乃至於認玉門縣即玉門關，這是不對的。詳辯見向達氏《玉

門關陽關雜考》，及夏鼐《新獲之敦煌漢簡》兩文（向文見《真理雜誌》一卷四期、夏文見《歷史語言研究所集刊》十九本）。敦煌本《沙州圖經》謂玉門關週一百三十步，高三十丈，此唐時制度。據向達氏之目驗，今尚如此。今由敦煌至玉門關，有兩道：一出敦煌西門，過黨河──漢之氏置水，唐之甘泉也。──五里，敦煌舊城。西南行十五里，南臺。二十里，雙墩子。七十里，至南湖店，一即唐人詩所謂「勸君更進一杯酒，西出陽關無故人」之陽關所在地，漢為龍勒縣，唐曰壽昌。一出紅山口，經水尾捲槽百五十里而至玉門關。一道由黨河經頭道溝、人頭疙瘩、鹼泉子，更七十里至大方盤城，一即古之河倉城，更西行四十里即至玉門。

〔二〕月氏與烏孫之占有敦煌　月氏又作月支、月氏。《史記·大宛傳》：「始月氏居敦煌、祁連間。」《水經注》：「《春秋傳》曰：『元姓之姦，居於瓜州。』杜林曰：『敦煌，古瓜州。……瓜州之戎，並於月氏者也。』」《舊唐書》四十：「敦煌，漢郡縣名，月氏戎之地。」《通典》百七十四，亦以肅州、瓜州等地為月氏故地。以上諸說，皆確指敦煌為月氏之根據地。然在何時，則《通典》百七十四云：「瓜州，古西戎地，戰國時為月氏所居。」自戰國到秦、漢之際，勢力強大，東取烏孫之地而有之（見後），又時凌匈奴。及至西漢，乃為匈奴之冒頓單于所破，復為老上單于痛擊，乃棄其故地，西奔伊犁，而建大月氏國（孝文帝后元三年後，西元前一六一年），而其地遂為烏孫所據。烏孫西漢居河西，在月氏之東，今甘州地。文帝前四年左右，為月氏所敗，殺其王難兜靡，並取其土地。及月氏為老上單于所敗，難兜靡之子昆莫，當武帝時，得匈奴之助，追月氏以報夙怨，烏孫遂據敦煌（王靜安先生有《月氏未西徙大夏時故地考》一文，可參閱）。

〔三〕漢武經略河西之原因　武帝經略河西，可自兩方面述之：一

為政治的，自高祖平城之辱，在封建的宗法社會下，為子孫引為大恥之事，勢在必雪。武帝時，天下久安，倉廩充實，士馬精壯，而武帝以壯盛之年，登主為帝，勇銳之氣，使他有報仇雪恥之雄心，得行其志，此其一。匈奴自秦以後，攻破月氏，首攬河西以去，西域諸國，咸受役屬，置左右賢王，右賢王居西方，直上郡以西，接氏、羌，是今綏遠、寧夏，以至河西，盡為匈奴右賢王統治區。於是前之匈奴囂張於北道者，至是乃環處於漢之西北。日逐王置僮僕都尉，使領西域，賦稅諸國，取富給焉。故漢欲解除匈奴在西北之逼害，並求得決戰之機會，必先通西域以斷匈奴經濟上之接濟。於是經略河西，遂為國策上之必要措施矣。此中除政治上的原因外，亦含有經濟上的作用。於是元朔二年，衛青出雲中取河南地，築朔方（《匈奴傳》），元朔五年春，復將十餘萬人出朔方、高闕，擊匈奴右賢王。元狩二年，復遣霍去病將兵深入右地，漢之軍鋒，直達祁連山。其秋，昆邪王殺休屠王以降，於是金城、河西，並南山至鹽澤，空無匈奴。於是減隴西、北地、上郡戍卒之半，以寬天下繇役。河西走廊，繇是成為漢之邊疆，而漢家西北邊禍以輕。自是漢使之往西域者，能直接往來，為漢家經營西域之張本。

〔四〕莫高窟本唐名　莫高窟之名，唐以前未見。石室所出《唐右衛十將使孔公浮圖功德銘》，有「謹選得敦煌郡南三里，孟受渠界，負郭良疇，厥田上上，憑原施砌，揆日開基，樹果百株，建浮圖一所，莫高窟龕圖畫功德二鋪」云云。又《大蕃故敦煌郡莫高窟陰處士修功德記》：「將就莫高山，為當今聖主及七代鑿窟」云云。兩功德銘與記皆唐時物。又《敦煌石室碎金》中，載唐人《敦煌錄》云：「州南有莫高窟，去州二十五里，中過石磧帶山坡，至彼斗下谷中，其東即三危山，西即鳴沙山，……古寺僧舍絕多。」又晚唐張議潮所修一洞，洞口

外有唐人《莫高窟記》一段（原多殘缺，此參 P.3720 卷補其缺奪，並加標點）云：

右在州東南廿五里三危山上，秦建元之世有沙門樂僔，杖錫西遊至此，遙禮其山，見金光如千佛之狀，遂架空鑱巖，大造龕像。次有法良禪師東來，多諸神異，復於僔師龕側，又造一龕。伽藍之建，肇於二僧。晉司空索靖題壁號仙巖寺。自茲以後，鑱造不絕，可有五百餘龕。又……至延載二年，禪師靈隱共居士陰祖等造北大像，高一百卅尺。又開元年中，僧處諺與鄉人馬思忠等造南大像，高一百廿尺。開皇年中，僧善喜造講堂，從初□窟。至大曆三年戊申，即四百四年。又至今大唐庚午即四百九十六年，時咸通六年正月十五日記。

此記多襲用武周聖曆元年《重修莫高窟佛龕碑》之處，是唐人皆名此為莫高窟無疑。宋世不廢其名。巴黎藏石室本《陰善雄墓誌銘》謂：「葬州東南莫高里之原。」《羅盈達墓誌銘》謂：「葬莫高里陽關河北原。」皆宋人之記載也。

〔五〕敦煌窟數最近之記錄　敦煌文物研究所最近的報告，其分配情形如下表：元魏 20　魏 88　唐 177　五代 29　宋 102　元 7　清 2

〔六〕敦煌石室各時代之形制異同　關於石室各代形制，《勘察報告》有一段總結，說：「……在大體上的形式輪廓，似乎改變不大。但在設計思想上，卻有極顯著的變化，這就是力求把束縛在牆裡的佛像，拿到牆外面來。原來魏的佛龕很淺，塑像衹有前半邊凸出牆面，後半邊好像陷在牆身以內。從隋到唐，都在把佛龕逐漸加深，使佛像能夠離開牆面獨立。到唐代末年，雖然達到了這個目的，可是佛像仍在龕內。宋代捨棄了佛龕，佛像放在主室中的壇上。壇後的背屏，成

為中心柱的遺跡，也是木構建築中扇面牆的仿效物了。」至於個別的內部格式，我們先說一說魏窟中有兩個形制非常特殊的洞窟（以下是節採，不是照錄）：有一個大的主室，三個或四個小龕，有一個的窟頂是水平的，上畫大小相間的平綦，有一個是窟頂兩側向上斜起，中部是平的，四面坡當中一鬥四藻井，這窟的壁面窟頂或門龕，都略感曲線型，給人以一種與他窟全不相同的印象。魏窟最普通的形式，是窟外有一人字坡頂的前室，窟內略呈方形，靠後面作中心柱，窟頂在中心柱作平綦，稍前作人字坡，中心柱四周都有較淺的佛龕。但也有無中心柱，或平面為方形，窟頂作四面坡，頂中心作一鬥四藻井的。隋窟與魏窟相彷彿，僅在細部手法上略有不同。有把窟頂面前部人字坡挪到窟後去的。唐窟形制仍襲以前各式，因有臥佛塑像，有成為扁長形的平面室者。因有大佛，有高達三層的洞窟，窟頂分四方漸向上縮小，成一小方藻井。佛龕多在西壁間，亦有西南北三壁俱有者，亦有在壁中央建一佛臺者。晚唐及宋代形制改變甚微。但宋代新闢或改造者，入口處甬道較深。內部一方形室，上作盝頂，正中作鬥四藻井。頂上四角，別以邊飾花紋圈出，一角畫四天王。室內偏後作壇，壇後側作大背屏，如寺宇內的扇面牆。元窟亦為方形盝頂，室中佛壇作圓形。歷代各窟，主要形制，已如上述。茲採用陳明達勘察報告圖如次，以佐觀省。

〔七〕敦煌石室各時代窟的細部差別各家記載多不完全。一九五一年的勘察報告，記錄詳盡，茲節錄如下：

一、藻井　魏代早期鬥四藻井中心圓光作蓬花，最外四個岔角作忍冬花紋。次一期的岔角除了忍冬花紋外，還有飛天、蓬荷花。再晚一期改忍冬為火焰，或其他花紋。鬥四的內面一層已不是方形，而是

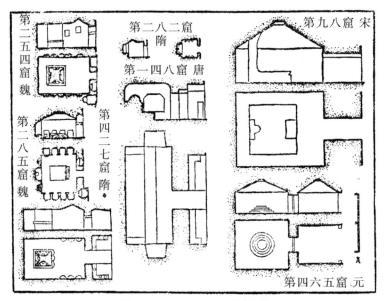

第二五四窟 魏
第二八五窟 魏
第二八二窟 隋
第一四八窟 唐
第四二七窟 隋
第九八窟 宋
第四六五窟 元

圖6　莫高窟各時代窟形圖

八角形。最晚的鬥四內層四個斜邊成弧形。

　　二、佛龕　魏窟窟龕淺，龕頂和後壁成了弧形，沒有顯著的分界。中心柱上四面都有龕。隋窟龕較深，宜多為雙層龕，沿龕頂是前高後低的斜面，中心柱上多三面有龕，一面無龕。唐龕特別深，所以中心柱上祇能一面作龕，龕頂四面作竣腳，如盝頂形式。晚唐及五代又漸不用竣腳，而於龕口加楣一道。

　　三、龕楣　佛龕外部邊沿作裝飾一週，即為龕楣，上部每用蛇形紋飾，至龕兩側順龕沿下垂，長度約為龕高二分之一至三分之一。其端在魏多用忍冬紋，自隋以後作龍頭形。

　　四、背光　魏、隋龕內佛像背光、火焰突出於龕外，與龕楣相連。唐代背光，則收縮於龕內。宋初背光則直繪於背屏上。

　　五、甬道　五代、宋初窟口斷面多作∩形，兩側壁上作凸塑之△△形

小格，壁腳作須彌座形及壺門，中繪成列供養像，面向窟內。

六、佛像配列　北魏時主龕有多寶、釋迦並坐像，其次有一佛二菩薩像之配列方式。魏末至隋，始有聽聞（阿難、迦葉）和菩薩，並於對面壁上畫天王像二，稍晚始塑天王於洞口之外，初唐時仍沿用此式配列，偶有列天王於佛壇上者。盛唐時始有將釋迦、聽聞、左右侍立菩薩、天王、供養菩薩共列於一壇之形式。晚唐及宋代佛壇上不列天王，而繪四天王像於窟頂之四角。

七、壁畫及天花　魏窟壁面多畫千佛，亦有分為三層，上層畫千佛，中層繪經變，下層繪供養人者，窟頂繞中心柱繪平綦門四，人字坡椽擋間繪忍冬等花紋，壁頂作伎樂天一周，伎樂天之下作城垛形磚紋一條，門四每層用花邊分隔，外層岔角作忍冬、飛天、蓮荷花、火焰，圓光多作蓮花。隋及初唐千佛已升至窟頂，壁面全作經變圖，壁腳作供養像，千佛之上作飛天一周，再上至方形藻井為數週各種花邊圖案所織成，圓光仍為蓮花。至宋窟頂上多繪團窠圖案，圓光中有繪龍的，而窟頂四角多用花邊圈出，內繪天王像。

八、色澤　彩色因受年久變色的影響，保存有原色的很少，就現在所存彩色觀察，魏代壁畫以赭色為主，間以淡綠、灰、黑、淡紅等色。一部分隋窟和魏窟沒有分別，另一些隋窟則僅能辨別赭、白、黑三色，餘色均褪而不顯。初唐窟色調較濃暗，主調多黑、綠二色，樓閣之紅多界以黑、綠，最近有幾個新發現的唐窟色調尚新，用色極為複雜，中間色繁多，均為植物性顏色調成而不易持久，故唐畫色多濃暗。晚唐壁畫均用赭色鉤勒，現存多粉綠、紅、白及少量之藍色，色調較初唐明朗。宋窟色多綠、白、黑，現存之畫均以淺色石綠為主調，其他顏色均因褪色的緣故不很明顯。西魏開始佛像衣飾已有貼金的，至唐代已有堆泥貼金的作法。

〔八〕敦煌石室之最早開鑿年代　關於敦煌石室開鑿最早的年代問題，一般都引用李懷讓《重修莫高窟碑》定為前秦建元二年，其文云：「莫高窟者，厥前秦建元二年，有沙門樂傳，戒行清虛，執心恬靜，嘗杖錫林野，行至此山，忽見金光千狀，有千佛□□□□□造窟一龕。次有法良禪師，從東屆此，又更於傳師窟側，更即營建。伽藍之起，濫觴於二僧。……」（此與前引張議潮所修一洞壁上之《墓高窟記》同文）按倫敦藏 S.797 卷題記，有「建初六年比丘德祐書戒經」。建初是西涼李暠年號，即東晉安帝義熙六年，西元四一〇年。則其時敦煌必已有寺。寺窟之創，應在此年之前。則樂傳建窟後四十五年，已有寫經。度此時石室規模，已不僅「造窟一龕」。又巴黎藏伯希和劫去經卷之 P.2691，有《沙州志》一篇，文云：「會時窟寺並亡，……從永和八年癸丑歲創建至今大漢乾祐二年己酉歲，算得五百九十六年。」按永和八年之「八」字應為「九」字之誤。大漢乾祐即五代後漢隱帝年號，二年當西元九四九年，上推五百九十六年，則為東晉穆帝永和九年癸丑，適西曆之三五三年也。則前於李懷讓《重修莫高窟記》者，且十三年。又「會時窟寺並亡」，當指會昌五年大毀佛寺一事，見趙令時《侯鯖錄》，則「會」下當脫一「昌」字。又張議潮《莫高窟記》一文，與李懷讓《重修記》前段相同，惟於「濫觴於二僧」下，有：「晉司空索靖題壁，號仙巖寺，自茲以後，鐫造不絕」諸句。按靖卒晉惠帝太安末，下距永和九年，早五十餘年。但以文義論，則此事應寫在樂傳師一段之前，則此處必為追敘，或索靖本於此處曾題仙巖寺一名，僅為題壁虛擬之詞，或有寺而並未鑿洞，皆無不可。甚至事出虛構，僅不過攀援鄉里豪貴，推論而及之，皆不必即據為開窟材料。故余衹取永和之說。但索靖時亦可能有石洞。《晉書・張駿傳》：「馬岌以酒泉南山有石室、玉堂，煥若神宮。」則晉以來河西一帶，固已久有石室之鑿

矣。為慎重計，余亦不敢據此以為推斷也。

〔九〕莫高窟寺名考　敦煌寺名，已見正文敦煌石室一段者外，莫高窟現有三寺，上寺名雷音寺，中寺名皇慶寺，下寺名三清宮。但石室所出文獻之記載，頗不止此。P.2250 號有千佛洞附近寺名與僧數單，計列：「龍興寺，僧數四十，徒數二十二。乾元寺，僧數二六，徒數十六。開元寺，僧數二四，徒數一四。永安寺，僧數二四，徒數一四。金光明寺，僧數三九，徒數二三。」其見於寫經題記中者，尚有淨土寺、蓮臺寺、顯德寺、靈圖寺、三界寺、崇福寺。亦有神泉觀、白鶴觀。這些寺觀，現在祇有一個三界寺尚存，其餘都不存了。又今上寺、中寺在唐以來名雷音、皇慶，則見碑記，已如正文所述不贅。又題記中，尚說到遠方寺院名稱，如定州樂豐寺（見 S.2106），荊州竹林寺（見 S.81），洛陽的廣德寺（S.2733）、承明寺（S.524），同敦煌諸寺，都曾有過關係。又莫高窟開建之時，正是佛寺大興之時；二二九年武昌建慧定寺，二三八年蘇州建通玄寺，二四一年金寧建保寧寺，次年建業建建初寺，三一二年金陵建甘露寺，三一四年長河建蓮華寺，三一六年建康建禪林寺，次年又建白馬寺，三四○年廬山建歸宗寺，三四四年建康建延業寺，三四七年剡州石城山建隱嶽寺，三四八年金陵建莊嚴寺。三五三年（莫高窟開建之年）前後建寺尤多，如金陵之瓦官寺（顧愷之已畫維摩詰像於壁）、長干寺，建康之安樂寺、建福寺、建寧寺、新亭寺，襄陽之檀谿寺，廬山之西陵寺、東林寺，武陵之平山寺，都在三五八年之前。則莫高當時必已建寺無疑。餘詳正文。

〔一○〕藏經洞封閉時代推測異說　敦煌藏經石室的封閉，陳垣說：「宋初蘊藏尚富，且不止釋典一門……經之封閉，大約在皇祐以後。……」斯坦因《西域考古記》引伯希和說，「在十一世紀初，其時西夏人 Tanguts 征服此地，危及當地宗教寺宇之勢」云云。恐皆不確。

余據一五一洞所出經卷題識考之，下限至至道元年而止，則洞之封閉，當在九九五年或稍後。詳《莫高窟年表》。

〔一一〕藏經發現異說　關於藏經洞的發現，據《王道士墓誌》記這件事，是：「以流水疏通三層沙洞，沙出壁裂一孔，彷彿有光，破壁則有小洞，豁然開朗，內藏唐經萬卷，古物多名，見者驚為奇觀，聞者傳為神物，光緒二十五年五月二十五日事也。」此說決非事實。流水疏洞，沙出壁裂，已非事實，而彷彿有光，更不可曉，這祇是掩飾之辭，不可從。但光緒二十五年五月二十五日之說則可信。在光緒三十二年所立《重修千佛洞三層樓功德碑》裡，把這段重要話，修改為「鄂省羽流圓籙，……覿迆北佛洞寂寥，多為流沙所淹沒，因設願披沙開洞。庚子孟夏，新開洞壁偏北，復掘得復洞」云云。其詞非常閃爍，更不可靠，故余皆不取。葉昌熾緣《督廬日記》兩記此事。其一云：「千佛洞石室，室門鎔鐵灌之，終古不開，前數年始發鍵而入。」又云：「莫高窟開於光緒二十六年，僅一丸泥，恚然扃鐍自啟，豈非顯晦有時哉。」

〔一二〕在國內之絹紙畫幅　絹紙畫多流落國外，國內似乎也不少。除羅振玉所得外，南林蔣氏有《于闐公主供養地藏菩薩畫像》（即李聖天之孫女，為敦煌曹氏婦者，即曹延祿之妻），《曹氏繪觀音菩薩像》（王靜安先生《觀堂集林》有跋。按曹氏兩圖，亦葉昌熾所得者）。又葉昌熾學使甘肅時，得舊佛像一幅（癸巳十一月十二日），《水月觀音絹畫》一（此是乾德六年曹延清供養，甲辰八月二十日日記），《南無地藏菩薩像》（此為于闐公主李氏供養，疑即南林蔣氏所藏一幅也。甲辰九月五日日記，此為王宗海所贈）。又端方亦藏開寶八年靈修寺尼畫觀音像。

〔一三〕斯坦因盜經始末參考文章　斯坦因盜經始末，除賀昌群一

文即《斯坦因敦煌取經記》，向達有《斯坦因敦煌獲書記》（《圖書館學季刊》四卷三、四期）。此外則可參閱王竹書譯，《北平圖刊》二十四年九月份九卷五期。又《國聞週報》七卷三三期有吳金鼎氏《斯坦因敦煌盜經事略》一文。

〔一四〕敦煌美術圖錄關於敦煌塑像與壁畫的圖錄，斯坦因的《西域考古記》，及 Innermost Asia： Detailed Report of Explorations in Central Asia, Kan-su and Eastern Iran，與 Ruins of Desert Cathay： Personal Narative of Explorations in Central Asia and Westernmost China 諸書，及日人大谷光瑞的《新西域記》、邵元沖的《西北攬勝》、陳萬里的《西行日記》，及《敦煌留真輯》，都有刊載。但伯希和書最為齊備而有系統，參閱三十條。最近中央文化部彩印的《敦煌壁畫選集》，印刷精良，大可備覽。

〔一五〕敦煌捲軸計數　羅振玉說：「石室捲軸入歐者，約計先後不下二萬軸，我學部所得五六千軸，日本橘瑞超所得四百餘軸，吉川小一郎攜歸百餘軸。」又說：「敦煌之效，斯丹前馳，伯氏繼武，故英倫所藏，殆逾萬軸，法京所度，數亦略等。」又伯氏所得，全藏巴黎國民圖書館寫本部，王重民為北京圖書館攝歸者約三千片。斯氏所得，除回鶻、突厥文卷子約二百卷，藏於 India office 圖書館外，其餘全藏不列顛博物院，向達先生攝選者約五百片。

〔一六〕學部取經及卷子之散失　羅振玉《石室書序》云：「往者伯君告余，石室捲軸取攜之餘，尚有存者，予亟言之學部，移牘甘隴，乃當道惜金，濡滯未決，予時備官大學，護陝總督者，適為毛實君方伯慶藩，予之姻舊，總監督劉幼雲京卿廷琛與同鄉里，與議購存大學，既有成說，學部爭之，比既運京，復經盜竊，然其存者尚六七千卷，歸諸京師圖書館。……遺書竊取，頗留都市，然或行剪字析，以易升斗。其佳者或挾持以要高價，或竊匿不以示人。」

〔一七〕線條圖案在中國美術史上的作用　在一九五五年第一期的《文物參考資料》上，有一篇陳明達《漫談雕塑》的前半篇，論線條圖案，為我們民族藝術基本特徵之一，並有若干幅插圖，足以說明此事，是一篇較有見解的文章，可以參看。

〔一八〕漢代美術　按漢代的藝術，我們專舉漢墓的材料者，以其必為民間藝人所創作，而且其內容題材表現與人民實際生活有關者至多，如耕作、紡織、舂杵、汲飲、市集、駕車、撐船、畢鳥、鬥獸、負載、殺牲等屬於人民的畫面。亦有狩獵、巡遊、獻俘、享宴、百戲、歌舞、投壺、蹴鞠等，屬於統治階級的畫面。對於當時統治者的藝術，如文帝未央宮、承明殿的畫，武帝甘泉宮的天地鬼神的壁畫，賜霍光的周公相成王畫，宣帝的麒麟功臣圖像，成帝畫趙充國之像於甘泉宮，並及匈奴王后之像，及光明殿的正人烈士像，毛延壽的宮中畫像，自然已不可見。王延壽《魯靈光殿賦》，及《兩京》、《兩都賦》所載後漢明帝的纂述經史故事的畫官圖（至唐猶存在），雲臺的二十八功臣像，還有其他若干可考的藝術，也都成空文。《歷代名畫記》所傳漢武創製祕閣以聚畫書，漢明雅好丹青，別開畫室，又創立鴻都學，以集奇藝，天下之藝術品雲集，及董卓之亂，山陽西遷，圖書縑帛，軍人皆取為帷囊，所收而西，七十餘乘，遇兩道艱，半皆遺棄，這遺留下來的一半，我們也絲毫看不見了！故不據為論說。又後漢明帝最好書畫，曾設畫官，除《畫官圖》、《列仙圖》、《禹貢圖》、《二十八將像》等而外，並收集佛教經典，與畫於白氈上之佛像，仿造數本，置於南宮清涼臺，及顯節壽陵。又畫《千乘萬騎遶塔三匝圖》於白馬寺壁上，是佛教畫入中土之最早可考者，今皆不傳。

〔一九〕敦煌美術來源自東方考　敦煌初期的佛教藝術，一定是從南方去的無疑。張僧繇畫佛最早，不細論。便是佛教畫有名四典型之

一的曹仲達，亦南方人。北魏雖然也有董伯仁畫白雀寺、北齊劉殺鬼畫大定寺，就非南方之敵。南方此時，往往從廣州運入佛像，建業、荊州、廣陵一帶的大寺，都向更南地方去奉求金身供養，在南方都起了典型示範作用。東晉太和（三六六-三七〇）時，造像大興，竺道一之造金鍱千像，慧護之丈六釋迦牟尼像，都是印度作風。而戴逵的丈八彌陀像，與夾紵之行像，則依據經典，想像創造，不因襲印度槀本，是為中國佛教藝術分立派別之始。南朝初期的劉宋，鑄銅佛像至丈六、丈八者，史不絕書。小金像時有製作。塑像、檀像，更為普遍。有名的戴顒所造尤多。此時印度藝術的兩派，犍陀羅與中印派，與中國想像而得的戴逵所作，都在南方流行。中期的梁武帝，信佛尤篤，光宅寺的丈八彌陀像，大愛寺的丈八檀像、銅像，同泰寺的十方佛銀像，而南梁的壁畫為尤盛。又遣和尚郝騫到印度，傳入舍衛國祇園精舍鄔陀衍那王的檀像模型造而歸。印度和尚到中國的，如迦佛陀、摩羅菩提、吉底俱等，皆善畫佛像。中印的壁畫，也由此傳入中國，廣施於武帝所建諸寺。這些事實，是否件件都與敦煌藝術有關，自不必去多加附會。但敦煌初期藝術，受到南方佛寺影響，是不成問題的。大概秦將呂光，率領車師王等討伐龜茲、焉耆，平定西域之後，北方與中亞久斷的交通，此時必然重興，而龜茲僧鳩摩羅什，從呂光來到涼州，應算佛教由北方再入中國之始，必然帶入了中亞一帶的藝術，但這些藝術，是否也受印度影響，是很難說的（見後）。此時正是北魏建國之初，南朝佛事正在大大發展中。北魏初期禁佛毀寺，但等它到達中原，建都洛陽之後，造像建寺之風大盛，洛陽一地的佛寺林立，必然是用南方僧眾之力。（敦煌經卷中有洛陽佛寺中僧尼寫經，此必由洛陽僧尼之到敦煌者傳入。亦敦煌藝術隨時由東去之一證。）直接大量由西方吸取印度藝術，應自唐代與西方貿易關係發達以

後，乃至在玄奘以後，才大發達。（玄奘去時，途中極艱難，則其時交通，尚未大發達也。）近年庫車（大龜茲）所出壁畫，如佛再生說法圖等，差無意趣，且絕無印度作風，可為敦煌唐以前不受西域化印度藝術之佳證。但《魏書‧釋老志》有這樣一段話：

太安初（四五五），有師子國胡沙門邪奢遺多、浮陀難提等五人，奉佛像三到京都，皆云備歷西域諸國，見佛影跡及肉髻。外國諸王，咸遣工匠摹寫其容，莫能及難提所造者。去十餘步視之炳然，轉近轉微。

是北魏有從西方來的胡僧，而且是備歷西域諸國，已有工匠摹寫的事實了。這時正是在魏已移洛陽，大造雲岡石佛（始興安二年，西元四五三）的第二年。雲岡石佛主其事者為曇耀，其一部分雕像與裝飾（如佛籍洞毗細天像、和溫婆天像，又如多數洞壁上的浮雕）。不僅有濃厚的南天竺、錫蘭風味，且其式樣與作風，均有倣效犍陀羅石刻之跡。但此事已在永和九年後一百多年了。參閱《敦煌造型藝術》章隋、唐各段正文自知。

　　〔二〇〕中、印藝術的影響　印度阿旃陀石窟的建築開始，前於敦煌者近五百年，而完成則後於敦煌二百年。在此時期，中、印交通已大發展，則不論敦煌、雲岡、龍門、麥積、天龍山，乃至南方諸地之寺窟，都受到這一事實的影響。所以阿旃陀的降魔變（第一洞），見於我國各地的壁畫，在敦煌，在法隆寺，皆有此一主題之作品，雖各有其民族特有的形式。又如龍王、天王等像，莫不皆然。到隋、唐之際，則西域的尉遲父子，入仕中原，有凸凹畫法，使中土繪畫受大影。凸凹畫法，實與印度阿旃陀之渲染深淺方法，分出明暗陰影者同

源，此唐畫法之一大進步，為中、印交流不可否認之事實。

〔二一〕犍陀羅的影響　犍陀羅式用筆挺拔雄健，光色明顯熱烈，可說是超現實主義派的擴張表式。隋、唐作風，則與此異，保有民族固有作風，至為深厚，用筆不雄健，也不十分嚴整，用色平塗，以青綠為多。可是在形式上，仍參有西法，如長身細腰，深眼高鼻，重白黑染法，如畫鼻及眼眶而求其凸出。及至唐朝，則二三百年間，它完全脫去犍陀羅式的風格，而自成為向。東方作風，佛像雍容和悅，細密大方，用筆圓潤，設色富麗，高光渲染，成為一種遊絲描法。至宋、元時畫，部分用筆，略有頓挫，有脫棄遊絲描趨向。

〔二二〕汲冢古書　晉初太康二年，汲郡人不準，盜發魏襄王墓，或言安釐王冢，得竹書數十車（按，出土年代異說，有太康元年、太康二年、咸寧五年、咸寧中四說，此據《束皙傳》）。所出書，據晉以後各家傳說，有《紀年》十三篇，《易經》二篇，《易繇》二篇，《陰陽卦》二篇，《卦下易經》一篇，《公孫段》二篇，《國語》三篇，《名》三篇，《師春》一篇，《瑣語》十一篇，《梁丘藏》一篇，《繳書》一篇，《生封》一篇，《大曆》二篇，《穆天子傳》五篇，《圖詩》一篇，雜書十九篇。

〔二三〕世界大佛窟　印度阿旃陀石窟開鑿於西元前二世紀，七百年後，乃完成二十九個大石窟。《大唐西域記》記此寺大佛高七十餘尺，上有石蓋七重，比敦煌為更大。他如義大利之佛羅倫薩、中印度之開里納西克、庫爾和等，更在其下了。

〔二四〕麻布上畫　我在巴黎的集美博物館（Musée Guimet）看見過四幅敦煌壁畫，是麻布底子的。據伯希和告我，並非摹造，是原出品。又在大不列顛博物院我也見過（也可能是供幡）。壁畫還有一種方式，是用絹與粗布，貼在壁上畫的，在歷代的畫史，都曾有過著錄，

則敦煌之可能有麻布膠在壁上再畫的事，並非偶然。

〔二五〕論山水畫　山水畫張彥遠《歷代名畫記》説：「魏、晉以降，名蹟在人間者，皆見之矣。其畫山水，則群峰之勢，若鈿錦犀櫛，或水不容泛，或人大於山，率皆附以樹石，映帶其地，列植之狀，則若伸臂布指。詳古人之意，專在顯其所長，而不守於俗變也。國初二閻擅美匠學，楊、展精意宮觀，漸變所附，尚猶狀石則務於雕透，如冰澌斧刃，繪樹則刷脈縷葉，多悽梧菀柳，功倍愈拙，不勝其色。」此記魏至唐山水臺閣畫之大要。六朝山水幼稚，視漢無大殊，形狀碎細拘板，大小比例不符。自漢墓堂所出各畫，即可推知。至隋則江志和、展子虔，號山水大家，江氏「筆力勁健，風韻頓爽，模山擬水，得其真體」，展氏則有「咫尺千里」之勢。而臺閣名手，如鄭法士常在「飛觀層樓之間，襯以喬林嘉樹；碧潭素瀨之旁，糅以雜英芳草；曖曖然有春臺之思」。諸家名作，如法士之《遊春苑圖》，展氏之《雜宮苑圖》、《南郊圖》，董伯仁之《雜臺閣圖》、《農家田舍圖》皆已失傳。其精工之處，為唐、宋之所宗師。然寫石則「務於雕透」，畫葉則「刷脈縷葉，功愈多而愈拙」，祇以賦色見長。至唐乃有李思訓、吳道玄、王維稱大家，但其作品，大都遺佚。至敦煌壁畫中的山水畫，畫山水在輪廓中，是作長線遊絲，皴法如後世的披麻皴，然甚草草；畫樹與葉，多用雙鉤法，形狀頗為拙獃；葉子也用雙鉤法。其稍後各洞之畫，有作沒骨法者，用色彩塗染而成，有濃淡，布置略近西法，與隋、唐以來大家皆不相同，大約為匠人所作，仍存六朝以來古法，與彥遠所評全同，與漢墓所見亦顯為一系之傳衍云。

〔二六〕北魏以前中土的美術　從敦煌考古發掘所發現的六朝初期畫磚，實與遼陽漢墓壁畫極其相近，這是敦煌藝術未受佛教東來以前的本來面目，——這是説，它是純粹中國式的作品。

〔二七〕宋畫風氣之別出　宋代的敦煌，已成為邊遠之地，故窟壁畫中，很少受北宋中原自然主義興起以後山水花鳥高度發展的影響。宋真宗時玉清宮、昭應宮的修建，集天下著名畫師，日夜趕工競賽完成的壯大場面，在莫高窟畫風上，也難以看出。

〔二八〕藝術以人民生活現實而變　全部敦煌美術，無不以此而變，變之最大而又最真切者，是與人民生活實際最切的變。即以純宗教的美術而論，凡宗教性最重即崇奉最大的，則其變最少。天王像比迦葉像變的大，迦葉像比維摩詰像變的大，往往突破宗教性格而為之。維摩像比文殊、普賢變的大，文殊、普賢比釋迦佛變的大（觀音變相最多，為另一問題）。其中釋迦單身像，不論是畫，是塑，在敦煌作品中，與由中亞傳來的希臘式佛教美術雕刻的形式全同。自六朝至元，其變化最小，幾乎不受時代變遷的影響，也無所謂中、印接觸多寡的影響。這是說明人民對於佛的崇敬最高，在人民的信仰中，最堅實，在宗教傳說中最定型。人民藝術家受到這兩種宗教制約，於勢不能變，「所以完全是一種保守態度」，所以衣褶方面常常模仿希臘式佛教美術雕刻佛像的標本，有一定的式樣。

〔二九〕唐衣服頭面飾　供養人衣服頭面飾，可以考見一代文物制度，茲略為紹介如次。衣服的情況，衣有深服、淺服、短服之別。深服僅露靴尖；淺服則露足；短服即短褐，前短後稍長，多為武士行人裝。又如領有方圓之別，方領同我們現在穿的長衫略近而較高，有的前低後高，高了包著後腦；圓領前面開孔極大，胸部直露出一半，下幾及乳，但普通則僅露上胸者多。袖有長短寬緊之分，長袖出手三五尺，下垂及地；短袖稍近手腕；長袖必寬，短袖多緊，緊則約束腕上。腰間多有帶纓，帶纓有下垂與衣齊者。又婦女多有外衣，如今無領女大衣而較長，亦有略短者。衣色各種皆備，多為大紅、大綠、大

藍、大青、大紫。頭則男有品服、幞頭、弁、幘，亦有如今尖頭小帽者，如西人呢帽而大緣者，更有翹角四面者。女以頭飾為主，其有冠者，則如今鳳冠，繁飾視貴賤而有差。茲舉回鶻聖天公主隴西李氏服裝為例。衣圓領緄繡紫色架服，長垂及地，下不見鞋。領上飾花紋，內衣紋飾更多。袖短緊束及手腕。胸前以斜方深色巾兩幅被衣外，綴以兩紅纓絡帶，帶下端有物形金玉飾。又如于闐公主曹延祿妻李氏，鳳冠垂瓔珞珠飾，衣深邊大袖紅紫長服。項鍊、珠纓、玉飾、陸離。衣上加長被巾，滿緄繡百花。他女則無冠而頭飾至繁，無項鍊而有緄繡大圓領飾，繡草蟲，袖不鑲邊，而用緄繡。這都可以考見當時有官品的婦女服飾。

　　至於頭飾以婦女為複雜，髮髻式樣繁多，在唐舞俑中所常見之高髻（即所謂雲髻）、大髻（髻大於面），固然很多，而編髮為許多特殊形狀者，亦不鮮，如所謂飛鳥髻、墮馬髻，也都是高髻之一類，大概這是比較莊嚴一點的髮式。還有很短小的，下垂的（即所謂垂髮），從兩面分梳的雙鬢，大體看供養人的身分而定。不過在唐人詩詞中所見到的髻，幾乎也都出現在敦煌畫中。至於髮上的裝飾品，也極其繁複，大體可分兩種：一種是以縮髮的笄為基礎，而在笄上加花飾，如飛鳥、蝴蝶、龍、鳳之屬；一是簪在髮上鬢邊，純作裝飾用的，玉蟬、金雀、金翡翠、玉搔、玉搔頭、山花、梳櫛都有。大都可為唐詩的印證者。

　　婦女的面部化妝，從敦煌各畫看來，與唐人詩文中所說，也無甚變化。臉上無不施脂粉的，有的是艷如芙蓉，正是白居易的「臉如芙蓉胸如玉」。口唇則有臙脂，岑參所謂「朱唇一點桃花殷」。也有作泥黑色的，大概是所謂胡俗（白居易《時世妝》所謂「烏膏」）。兩頰或口的左右，或施紅色的畫點，也有用黃色的，這即唐人詩中所謂的「妝

靨」。妝靨除紅、黃兩色外，有用純圓點的，有作一彎新月形的。在于
闐公主曹延祿妻李氏供奉像群的婦女面上，紅、黃色圓點滿面，多至
八、九處，有的點在眉上，下唇下，兩頰諸處。額上施黃粉，名曰「鴉
黃」或「額黃」，溫庭筠詞所謂「蕊黃無限當山額」者是也。額上又有
所謂「花鈿」，這是唐人常制，在敦煌也有額間用紅，花鈿不用貼而以
紅、綠色畫者。此等頭面飾，以唐以後諸窟為最甚。魏、隋各窟為簡
單，此情少見。

　　〔三〇〕造型美術的參考　造型美術的圖片，以斯坦因、伯希和兩
人攝製最先，劫去最多，斯坦因的《西域考古圖記》，詳載他所劫去的
古畫目錄，而特別的標本，則選刊於《敦煌千佛洞圖錄》（Serindia:
Detailed Report of Explorations in Central Asia and Westernmost China, volumes
I-V. Oxford: clarendon press, 1921. The Thousand Buddhas）.又不列顛博物院
刊行魏勒（A.Waley）的詳細解說。此等古畫的全部內容，以本書及伯
希和《敦煌圖錄》（Les Grottes De Touen-Houang.又 A. Maybon 有「L'art
Bouddhique du Turkestan Oriental」一文論之）兩書為最全。日人大谷光
瑞之《西域考古圖譜》，亦有敦煌美術材料陳萬里氏敦煌千佛洞壁畫留
真，未見。勒考克著「Buried Treasure of Chinese Turkestan」（此為 Berwell
女士英譯本）。又伯希和有《中國唐宋兩代壁畫變遷考》（Les
deplacement de paroi en Chine sourles Tang et les Song, R. A.A.volum VIII），也
可作一部分參考。而最為有用者，為賀昌群氏之《敦煌佛教藝術的系
統》（《東方雜誌》二十八卷十號）一文。參閱第十四條。解放後的照
像印本，以中央文化部印的一種最好，其代摹本，也可作為樣品看。
此以敦煌文物研究所所摹為最多。

　　〔三一〕佛徒的努力　從敦煌佛經中有兩件事也很可以看出當時的
宗教信仰的虔誠。一、珍藏古寫本，由經卷之寫錄年代，及題記年

代，可知在當時的各寺中，愛護經典古本的情形。如天保二年（五五○）比尼法常所奉誦之《妙法蓮華經》，於三百年後之大中七年，為莫高鄉人陰仁衷所保藏。又大業三年（六一五）沙門曇枚所寫之《涅槃經音義》，有八十三年後聖曆元年（六九八）之題字。二是經典之搜求，此可於異地異元考見之。得自異地者，如貞觀四年（六三○）長安普仁寺主惠宗之《四分律戒本》，長安二年（七○三）長安西明寺新譯之《金光明最勝王經》，皆在敦煌經卷中是也。又如後魏正始中忽有天監五年（五○六）、六年（五○七）所寫之經卷，此可能是得自南朝的卷子。又有題署廣政十年（九四七）之佛經，則明明得自西蜀者矣。

〔三二〕佛經刻本　古人造佛菩薩像作功德，於範金、刻石、圖繪外，兼有雕版。敦煌所出唐人寫經紙背印有木刻千佛像，是唐刻也。杜工部詩：「嶧山之碑野火焚，棗木傳刻肥失真。」然是陰識，非陽刻也。陽文之始，自刻書始。唐中葉已有之。元微之作《白氏長慶集序》自注曰：「揚、越多作書摹勒樂天及余雜詩，賣於市肆之中。」是唐代已有雕版書之證。然唐代刊書，曆日字書外，以佛經為最早。司空表聖文有《為東都敬愛寺講律僧惠確化摹雕刻律疏》云：「自洛城罔遇，時交乃焚，印本漸虞散失，慈更雕鎪」云云。是惠確以前，東都早有律藏印本。敦煌所出《一切如來佛頂尊陀羅尼》，其經題下字二行「大朝灌頂國師三藏大唐廣智不空譯」十五字，國字上空一格，蓋亦唐刊本也。敦煌所出尚有晉天福十五年曹元忠刊《金剛經》（此兩經皆被劫至巴黎）。

〔三三〕唐代尊老　唐高祖建老子廟，太宗列老子於釋迦之上，皆以帝王之力，尊崇道教，使與佛教相抗衡。至高宗親謁老子廟，令王侯以下皆習《道德經》。玄宗天寶元年，追崇老子為玄元皇帝，享於新廟，又於五嶽設真君祠，長安、洛陽及諸州設玄元廟，以《道德經》

冠群經之首，設崇玄館，立玄學博士。於是道教乃成唐世正教。詳余《莫高窟年表》。

〔三四〕《老子》卷子紙墨字跡最精，乃佛道紙墨之比較佛經中卷子，一般說來，皆極平常，紙以楮白為最多，字跡大體不好，而且往往很壞，但也有極考究的卷子，如用朱書、色書。（P.2003《佛說閻羅王授記四眾預修生往生淨土經》，用色寫。P.2010《觀音經》全用色寫。P.2210《瑜伽師地論》用誅書，P.2768《大雲經》朱書，P.2013 用色寫。又 P.2006 則為黑底金字，如後世羊腦箋者）也有絹本佛經。又伯希和所得諸卷中，還有絲綉的《佛說齋法清淨經》一卷，藍絹本，先以墨書，後綉以白絨。蓋佛經多為酬願乞福之作，視施主之貧富地位，而有差別，其中自有其變化無定之客觀條件。而《道德經》則為國家崇祀之經典，故選擇務中精良，且有一定之成規在，故紙質墨色皆屬上選，字體亦極工楷，他籍所不如也。

〔三五〕《老子》全書字數問題　《史記》說《老子》著書五千餘言，是最早的記錄。傅奕考竅的四個本子，是三家本五七二二，洛陽官本五六三五。王弼兩本，多字本為五六八三，少字本為五六一〇。河上公兩本，少字本為五三五五，多字本為五五九〇（詳鄧嘉緝《上谷訪古記》）。司馬承禎定著本五千三百八十言，遠及日本之瀧川本五千三百二言，都無如敦煌本之簡。其與相近者，惟易州龍興觀之《景龍碑》。此與敦煌寫本，蓋皆道教徒之所傳。則吾人謂湊足五千言之《道德經》為道教徒所傳之本無疑。故杜光庭曾譏之曰：「五千餘言，亦不確定其數，文質相半，義理兼通。局字數而妨文，剪文勢而就數，皆失其旨也。司馬遷云五千餘言，亦不定指五千字矣。其有刪文約數，俯就四千九百九十九文者，而云析『卅幅』為『三十幅』以滿五千，此又膠柱刻舟，執迷不通也。」是四千九百九十九字本，已通行

於唐代，而文學之士，審其文理，知其妄謬，然不及指明其為道士所傳，而但曰執迷，微意故已在矣。

試以 P.2584、P.2417 兩卷，與今本王弼本校，則有三種刪法。一是刪語詞，如之、而、者、其、乎、焉、也、矣、故、以、載、則、亦、夫、若、邪、謂、為、雖、且、將、非、不、獨、與、或、亦、於、多、有、兮、皆、也哉、也夫、是以、是謂、可以、莫不。二是刪略名詞動詞及副詞，如道、德、民、人、天下、聖人、敢、殺、死、孰能、不病、若驚、樂、必、似、常、上、高、久、復、其次。此等刪法，已使文理不順，顯為淺人所作。至第三種刪法，更形荒謬，則如刪二章之「生而不有」句，三章之「為無為」句，二十三章之「道者同於道，德者同於德，失者同於失，同於道者」等十九字，二十八章刪「為天下蹊，為天下式，為天下谷」十二字，三十章刪「大兵之後，必有兇年」，八十四章刪「常無慾」（以上 P.2584）。六十一章「以靜為下」，六十三章「是以聖人終不為大，故能成其大」，七十六章「是以聖人猶難之」（以上 P.2417 卷）。為了縮減字數，不惜改動經文，如改「三十幅」為「卅幅」，改「儽儽」為「魁」（P.2584），改「蜂蠆虺蛇」為「蠆」，改『「是以」為「故」（P.2417 卷），真是心勞日拙。

〔三六〕《老子》上下篇問題　《老子》二篇題名《道經》、《德經》，始見於魏、晉人書中。《牟子理惑論》：「老氏《道經》亦三十七。」（此題漢大尉牟融撰。其實魏、晉人偽書）《北齊書・杜弼傳》曰：「弼上《老子法言》，竊惟《道》、《德》二經」云云。《經典釋文・老子音義》亦題上篇曰《道經音義》，下篇曰《德經音義》。賈公彥《周禮師》氏《疏》引《老子道經》云：「道可道」，《德經》云：「上德不德」。顏師古《漢書・魏豹傳》注引《道經》，《田橫傳》注引《德經》。章懷太子《後漢書・翟輔傳》注引《老子道經》。則初唐時人已習用之矣。

其必本於晉、宋以來舊本無疑。

〔三七〕道教之倏興與倏衰　敦煌道經書寫之年代，似亦表現道教倏興倏衰之痕跡。按三處所藏道經，有年代可考者如下：

《太上道本通微妙經》　　七一五　　一見

《無上祕要》　　　　　　七一八　　二見

《道經》　　　　　　　　八二四　　一見

《老子道德經》　　　　　七五一　　二見

《太上大道玉清經》　　　七五三　　一見

由上表可知《道經》之寫，始於開元三年，終於天寶十二載，為時僅三十九年。此雖僅能代表道教在中古時期之敦煌情形，似為曇花一現。然道教與釋氏之爭，本起於漢末，而宋以後仍不衰，則為歷史上存在之事實，亦不能以此為唯一的或真實的衡斷也。

〔三八〕王肅《古文尚書釋文卷》　一九一六年，伯希和隨使來華，道出滬上，張元濟得此卷影本，亟以收入《涵芬樓祕笈》第四集中，附吳士鑑《校語》二卷，是為本卷最早之印行。羅振玉印入《吉石庵叢書》中，是為較精之印本。吳氏序云：「綜其大要，與今本不同者六：此本多承用古文，而今本《釋文》悉已改竄，當出衛包之手，其不同者一。此本間採孔傳，而今本大半刊削，然注疏本所載《釋文》，往往而在，其不同者二。今本音訓但有經傳，而此本《舜典》並及正義，凡十餘條，其不同者三。元朗用王注，正義用姚方興本，自是不同，乃今本所列之字，無一出姚本之外者，而此本則猶存王注，未為後人所削，其不同者四。放勛殂落，屢見故書，今本已失其舊，得此單文，可徵元朗所據今文，與今本有截然歧異者，其不同者五。此書音訓，先經後傳，每節每句，略可尋省，惟「摯」字之音，乃屬下文，因此考見元朗句讀，與今本亦異，其不同者六」云云。分析本

卷異同，差得要點。雖有未周，或失檢處，無傷於允當也。

〔三九〕《漢書》等古史　P.2773，有五十九行，起《蕭何傳》，訖《張良傳》，王重民以為是大顏注。又 S.2053《漢書・蕭望之傳》，起「臣與參政事諸侯聞之」，至後題，共二百八十六行，「民」字不諱，高祖時寫本，與巴黎《漢書・刑法志》，及《敦煌石室碎金》所印匡衡、張禹、孔光等傳，皆為蔡謨集解。

〔四〇〕《沙州圖經》　羅氏有跋，茲節錄之：「所記水渠泊澤池堰，多不見於他書。七渠之名，僅都鄉渠可見於《使于闐記》。……所記城塞驛路，多為古今地理之所不及。……所記十六國時諸涼遺事，與崔鴻書多異。効穀城辛武賢所開井，足訂《漢書》孟康注《西域志》之訛，崔不意為漁澤都尉，足補《漢志》顏注之奪。《匈奴傳》起亭燧，足正師古隧道之曲解……」此書之作，在開、天間。此為伯希和照寄端方，而羅氏借印者，為法京所藏，名《沙州都督府圖經》卷三。又英倫有《沙州圖經》卷第一，其標目：第一沙州，第二、第三、第四敦煌縣，第五壽昌縣。則篇目斑斑可考。其跋甚長，為本卷至好之研究結論。又跋《西州圖經》，證知兩志所言之五縣與此卷六縣之説不合，高昌、前庭並載，足補史志之誤。又柳中在西州之西北，與諸書異。又所載十一道，《唐志》及諸地志均不載。均為地志要言，可為諸書補正者。是此卷之作，當在乾元以後，陷蕃以前，亦甚重要。

又羅氏印有慧超《往五天竺國傳》殘卷，記周遊五天竺行程，及國土、宗教、物產、民風。「此書成於玄宗開元十五年，書中記述不能如《西域記》之詳贍。古殊域紀行之書，惟有《法顯傳》及《西域記》，《宋雲行記》僅《洛陽伽藍記》所載數十行。其隋、唐兩志所載智猛、法盛等十餘家之書，放佚殆盡。此書晚出，得與法顯、宋雲諸書並傳，亦幸事也！」

〔四一〕敦煌地方志　Lionel Giles 以斯坦因所得之卷（即 S. 788 卷）為主，有一文論敦煌地方志片斷（A Topographical Fragment of Tun-Huang. B.S.O.S. Vol. VII）。又羅振玉氏印《諸道山河地名要略》，及《貞元十道錄》諸卷，均為之跋，以《諸道山河地名要略》，定為唐志之韋澳所撰，體例即本之《元和郡縣圖志》，故證圖志之訛誤。又有可補唐史志疏略者，如置代北水運使，《地理》、《食貨》皆不載，又可補唐中葉以後表志所未詳之制度。《貞元十道錄》存劍南道十二州，校以《通典》、《元和郡縣志》、《兩唐地理志》，異同至多，又各州距兩京道里，各縣距州道里，與諸書亦多不合。又各州貢賦予《元和郡縣志》亦多不合。又向達氏於敦煌見翟奉達所為《壽昌縣地境》，為後晉天福十一年作，為地志中最完整之書。向氏有跋。又別見地志殘卷，為天寶初年唐人寫本，存隴右、關內、河東、淮南、嶺南諸道，每州識其屬縣，州記距京里程、貢品，復以硃記其等第，與羅氏印本頗可參合。

〔四二〕唐代戶籍　日本鈴本俊有《敦煌發現唐代戶籍與均田制》一文，可參考。又鈴木俊尚有《唐代之結婚難》一文，也是從戶籍的下層，考見唐代下層人民結婚難的文章。王國維先生對好幾卷殘卷有詳跋，可參。

〔四三〕姓望問題　唐代講門閥，所以姓氏書也相因而發達，如我抄得的 P.3421 卷，列：

始平四姓

雍州　馮龐宣陰

馮氏　承姬姓周文王裔　　畢公之後

龐氏　承帝□之苗裔　　　若□□諸楚五子

陰氏　承帝嚳之苗裔　　　□□武丁封為陰氏遂有陰氏興焉

以下還有扶風郡出六姓，新平郡出一姓等。又 P.3191 殘卷第六，

列河南郡賀、褚、穆、祝、藺、丘、寶、南宮、獨孤等。北京位字七十九號，列口陽郡三姓，并州儀、景、魚。雁門郡三姓，岱州續、薄、解。與上二卷繁簡各異。可見當時此類姓望書，撰者必多。又北京本一卷，沒有題記，文云：「以前太史曰堯置九州，今為八千五郡，合三百九十八姓。今貞觀八年五月十日壬辰，自今以後，明加禁約，前件郡姓出處，許其通婚媾。結婚之始，非舊委怠，必須精加研究，知其譜囊，相承不虛，然可定疋。其三百九十八姓之外，又二千一百雜姓，非史籍所載，雖預三百九十八姓之限，而或媾官混雜，或從賤入良，營門雜戶，慕容高賈之類，雖有譜亦不通，如有犯者，別除籍。光祿大夫兼吏部尚書許國公士廉等奉勅，令臣等定天下民族。若不別條舉，恐無所馮，准令許事訖，件錄如前，勅旨依奉。」這是奏勅修的官書，正是初唐所定，較《元和姓纂》早了二百年。

〔四四〕《雲謠集雜曲子》　王靜安先生跋，據崔令欽《教坊記》推證云：「《雲謠集雜曲子》所用曲調，為開元教坊舊物。」因而推論「唐人樂府見於各家文集、《樂府詩集》者多近體詩，而同調之見於《花間》、《尊前》者，則多為長短句。蓋詩家務尊其體，而樂家祇倚其聲」云云。為詞體、詞式、詞與詩關係等最重要之說明。又王先生跋羅振玉藏《春秋後語》背記之《望江南》與《菩薩蠻》二詞：「據《教坊記》，已有此二曲，而其風氣則《望江南》因贊皇首填此詞，劉（禹錫）白諸公，相繼而作；《菩薩蠻》則因宣宗所喜，皆為風氣使然。此卷背記，書於咸通間，距大中不過數年。此卷二調，雖別字聲病，滿紙皆是，可見沙州一隅，自大中內屬後，又頗接中原最新之文化也。」云云。說敦煌曲子始末，至為精備矣。

〔四五〕《文選》、《玉臺新詠》羅振玉影印《文選西京賦》、東方朔《答客難》、揚雄《解嘲》、《王文憲文集序》、《恩倖論》、《孝武紀贊》

四卷，及《玉臺新詠》一卷，且有跋文。

〔四六〕《秦婦吟》張蔭麟　校按，此實出英人翟理斯（Lionel Giles）。翟氏於一九二三年英國皇家學會百週年紀念之慶祝，以此為論文。後又加入巴黎兩卷，共五本，重新寫定，於一九二六年發表於《通報》二十四卷四五合期，而張氏譯之者。

〔四七〕《晏子賦》法人馬古烈（G.Margoulies）曾據 P.2564、P.3460 兩卷校其文字異同，著《晏子賦考》（Le "Fou" de Yen- Tseu，1929 *T'oung Pao*）一文譯之。

〔四八〕敦煌字跡之妙　王靜安先生論敦煌草書云：「敦煌所出蕭涼草書札，與羲、獻規摹，亦不甚遠。南朝碑版，則如始興忠武王碑之雄勁，《瘞鶴銘》之浩逸，與北碑自是一家眷屬也。」

〔四九〕中國境內古外族遺文及著作　中國境內古今所居外族至多，古代匈奴、鮮卑、突厥、回紇、契丹、西夏諸國，均立國於中國北部，其遺物頗有存者，然世罕知之。惟元時耶律鑄見突厥《闕特勤碑》及《遼太祖碑》，當光緒己丑（一八八九），俄人拉特祿夫訪古於蒙古，在元和林故城北，得突厥《闕特勤碑》、《苾伽可汗碑》、回鶻《九姓可汗碑》三碑。突厥二碑，皆中國、突厥二種文字，回鶻碑並有粟特文字。及光緒之季，英、法、德、俄四國探險隊入新疆，所得外族文字寫本尤夥，其中除梵文、佉盧文、回鶻文外，更有三種不可識之文字，旋發見其一種為粟特語，而其他二種則西人假名之曰「第一言語」、「第二言語」。後亦漸知為吐火羅語及東伊蘭語。發明粟特語者為法人哥地奧（Robert Gauthiot），吐火羅語者為西額（Sieg）及西額林（Siegling）二氏。東伊蘭語則伯希和之所創通也。又釋《闕特勤碑》之突厥語為丹麥人湯姆孫（Thomson）。此正與玄奘《西域記》所稱三種語言相合。粟特語即玄奘所謂之窣利，吐火羅即玄奘之覩貨邏，其東

伊蘭語則其所謂蔥嶺以東諸國語也。……惜我國人尚未有研究此種古代外族語言者。欲研究之，勢不可不求之英、德、法諸國。惟宣統庚戌，俄人柯智祿夫大佐於甘州古塔得西夏文字書，而元時所刻《河西大藏經》，後亦出於京師，上虞羅福葨，乃始通西夏文之讀。蘇聯使館參贊伊鳳閣博士（Ivanov）更為西夏文之研究。

　　中國境內之外族文字的參考書：

　　《和林金石錄》　李文田編，《靈鶼閣叢書》本。

　　《意園文略》　盛昱撰，漢軍楊氏刻本，一冊。

　　《和林三唐碑跋》　沈曾植撰，《亞洲學雜誌》二期。

　　《西夏國書略說》　羅福葨，上虞羅氏印。

　　伯希和教授論文王國維譯，刊《北京大學國學季刊》一期。

　　〔五〇〕西州曆書不由中朝頒賜　此事羅振玉《敦煌張延綬別傳跋》亦言之。

地域文化研究叢書・敦煌文化研究叢刊　A0204021

敦煌學論稿　上冊

作　　者　姜亮夫

版權策畫　李煥芹

責任編輯　曾湘綾

發 行 人　林慶彰

總 經 理　梁錦興

總 編 輯　張晏瑞

編 輯 所　萬卷樓圖書股份有限公司

臺北市羅斯福路二段 41 號 6 樓之 3

電話　(02)23216565

傳真　(02)23218698

出　　版　昌明文化有限公司

桃園市龜山區中原街 32 號

電話　(02)23216565

發　　行　萬卷樓圖書股份有限公司

臺北市羅斯福路二段 41 號 6 樓之 3

電話　(02)23216565

傳真　(02)23218698

電郵　SERVICE@WANJUAN.COM.TW

ISBN 978-986-496-462-8

2019 年 3 月初版

定價：新臺幣 360 元

如何購買本書：

1. 轉帳購書，請透過以下帳戶

   合作金庫銀行　古亭分行

   戶名：萬卷樓圖書股份有限公司

   帳號：0877717092596

2. 網路購書，請透過萬卷樓網站

   網址　WWW.WANJUAN.COM.TW

大量購書，請直接聯繫我們，將有專人為您

服務。客服：(02)23216565　分機 610

如有缺頁、破損或裝訂錯誤，請寄回更換

版權所有・翻印必究

Copyright©2019 by WanJuanLou Books CO., Ltd.

All Rights Reserved　　　　**Printed in Taiwan**

國家圖書館出版品預行編目資料

敦煌學論稿　上冊/ 姜亮夫著.-- 初版.-- 桃

園市：昌明文化出版；臺北市：萬卷樓發

行, 2019.03

　冊；　　公分

ISBN 978-986-496-462-8(上冊 ： 平裝). --

1.敦煌學

797.9　　　　　　　　　　　　108003201

本著作物經廈門墨客知識產權代理有限公司代理，由浙江大學出版社授權萬卷樓圖書股

份有限公司出版、發行中文繁體字版版權。

本書為真理大學產學合作成果。　　　　　　　校對：喬情／臺灣文學系四年級